삶이 고(苦)일 때

붓다, 직설과 미술

우리가 꼭 가야 할 성지 베스트 8

삶이 고(苦)일 때

붓다, 직설과 미술

청화 강소연 지음

불광출판사

<u>일러두기</u>

〈본문의 구성〉

- 본문은 붓다 8대 성지를 해설하는 내용을 총 8장으로 구성했습니다. 장마다 각각 ① ② 등 해당 성지에서 일어난 일과 사진 순서대로 세부 항목을 나눴습니다.
- ① ② 등 세부 항목은 다시 성지 속 '이야기'와 그것을 불교미술로 표현한 '작품'으로 나누고 입체적인 해설을 가미했습니다. 그리고 이 모든 글과 미술을 관통하는 해설은 '붓다의 직설(직접적인 설법)'을 인용했습니다.
- 붓다의 직설 및 경전의 중요 문구는 파란색 글자로 표기해 눈에 잘 띄게 했습니다.
- 미술 작품의 개별 제명은 〈 〉를 사용해 표기했고, 한 주제의 전체 명칭은《 》를 사용해 표기했습니다.
- 본 책은 총 8장으로 구성됐는데, 각 장의 바탕색은 빨강·주황·노랑·초록·파랑·남색· 보라 등 총 7개의 차크라 색깔과 붓다를 상징하는 자마금색을 사용했습니다.
- 현지 사진은 모두 저자가 촬영했으며, 그 외는 출처를 밝혔습니다. 출처 표기가 잘못된 사례를 알려 주시면 재쇄 시 반영하겠습니다.
- 작품 설명 시, 우측(오른쪽)과 좌측(왼쪽)의 방향은 모두 '정면에서 보았을 때'를 기준으로 합니다.
- 미술 작품 사진은 해당 설명 부분에 (도 0-00)으로 표기했습니다.
- 본문의 경전 인용에서 'D'는 디가 니까야, 'S'는 쌍윳따 니까야, 'M'은 맛지마 니까야의 약자입니다.
- 바르후트 스투파의 유적 유물은 콜카타 인도박물관에서 볼 수 있습니다.

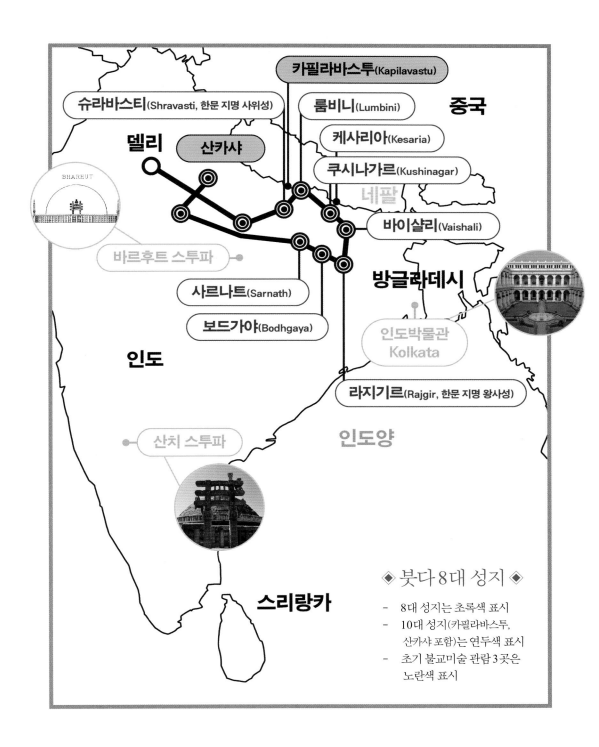

카필라바스투(Kapilavastu)

슈라바스티(Shravasti, 한문 지명 사위성)

룸비니(Lumbini)

중국

델리

산카샤

케사리아(Kesaria)

쿠시나가르(Kushinagar)

네팔

바이샬리(Vaishali)

BHARHUT

바르후트 스투파

방글라데시

사르나트(Sarnath)

보드가야(Bodhgaya)

인도박물관
Kolkata

인도

라지기르(Rajgir, 한문 지명 왕사성)

산치 스투파

인도양

스리랑카

◈ 붓다 8대 성지 ◈

- 8대 성지는 초록색 표시
- 10대 성지(카필라바스투, 산카샤 포함)는 연두색 표시
- 초기 불교미술 관람 3곳은 노란색 표시

『삶이 고(苦)일 때
붓다, 직설과 미술』에 대하여

『삶이 고(苦)일 때 붓다, 직설과 미술』은 석가모니 붓다의 발자취를 따라가는 성지 순례의 책이다. 붓다는 '존재는 곧 고통'이라는 진리를 고성제(苦聖諦)로 밝히고 그것에 대한 해결책을 찾았다. 그리고 고통 속에 있는 중생을 위해 자신이 찾은 방법을 설법으로 전했다. 붓다의 생애는 '고(苦)'라는 실존적 문제를 풀기 위한 여정이라 하겠다. 붓다가 어떤 수행을 통해 이 문제를 풀고 자유와 해탈을 얻었는지, 그분의 족적으로 따라가 보자. 성지 속 붓다의 직설(直說)과 유적을 통해, 우리도 그 가르침을 따라 '존재의 고통'에서 벗어나 보자. 고성제에서 출발하여 도성제(道聖諦)로 완성하신 붓다의 '존재 해탈법'을 따라가 보자.

붓다가 탄생하고 사유하고 수행하고 득도하고 설법하고 교화한 곳은 그것을 기념하기 위해 유적과 유물로 장엄되었고 현재는 세계인의 성지가 되었다. 이 책은 총 8대 성지(룸비니·보드가야·사르나트·슈라바스티·산카샤·라지기르·바이샬리·쿠시나가르)로 구성됐는데, 각 성지에서 어떤 일들이 실제로 일어났는지 또 붓다께서 그곳에서 하신 말씀과 가르침은 무엇인지 해당 장소의 기념비적인 유물과 함께 생생하게 소개했다.

성지에서 행해진 다양한 가르침과 성지에 있는(또는 관련된) 다양한 불교미술이 소개되지만, 이러한 내용을 관통하는 것은 붓다가 설한 '진리'이다. 깨달았을 때 보이는 '진리의 세계'를 문자로 나타낸 것이 '불교경전'이고, 미술로 시각화하여 나타낸 것이 '불교미술'이다. 불교경전이나 불교미술이나, 모두 진리의 세계를 표현하는 방편이다. 이에 본 책에서는 '경전과 미술'을 두 축으로 삼아 깨달음의 세계를 구현하고 설명했다. 경전으로는, 붓다의 말씀이 가장 생생하게 담겨있는 초기 경전인 디가 니까야·맛지마 니꺄야·쌍윳따 니까야·앙굿따라 니까야·숫따니빠따·담마빠다·붓다차리타 등을 인용했다. 미술로는, 성지에 남아있는 유적과 출토 유물, 그리고 초기 불교미술(바르후트 스투파·산치 스투파·간다라 및 마투라 불상 등)이 고찰되었다. 이러한 이유로 책 제목을 붓다 '직설과 미술'로 삼았다.

아무쪼록 이 책을 통해 붓다의 행적을 따라가며, 진리의 말씀을 그곳에서 듣고 또 진리의 내용을 미술로 보는 '생생한 체험'을 하시길 바란다. 본 책의 내용은 2018년부터 2020년까지 강소연 교수의 '석가모니 부처님의 발자취를 따라가는 불교미술 여행'이라는 제목으로 「미디어붓다」에 연재한 것을 전면 수정 및 보완하여 엮은 것이다. 2017년 초겨울의 성지순례, 아름다운 동행을 권하시고 연재를 청탁해주신 광륵선원 혜민 스님께 이 지면을 빌려 깊은 감사를 드린다. 또 은덕(恩德)으로 후원해주신 봉은사 원명 주지스님, 금당사 원행 회주스님, 은적사 성우 주지스님, 그리고 류지호 불광미디어 대표님께 감사드린다. 이 책이 모양새를 갖추기까지 정성을 다해주신 백지원 디자이너님과 김효경 표지화가님, 그리고 무한한 인내심으로 책을 하나로 엮어주신 최호승 편집차장님께 진심으로 감사드린다.

삶은 왜 고(苦)일까?
_고성제의 원리

> "그대가 지치고 초라하게 느껴질 때/ 그대 눈에 눈물이 고이면/ 내가 모두 닦아
> 드리리/ 난 당신 편이에요/ 사는 게 힘들고 친구 하나 없다 느낄 때/ 내가 험한
> 세상의 다리가 되어 건네 드리리 … 어둠이 깔리고 세상엔 온통 고통만이 가득
> 하네."
>
> – 「험한 세상 다리가 되어(Like a bridge over troubled water)」 중에서

"세상엔 온통 고통만이 가득하네(Pain is all around)." 뭇 대중의 공감을 일으켜
크게 사랑받고 있는 유명 팝송의 한 구절이다. 석가모니 붓다가 태자였던 어린 시
절, 왕궁을 나와 목격한 세상의 첫 모습. 그것은 "고통의 가득함"이었다.

'존재 = 괴로움'의 진리, 고성제

> "성을 나와 동산으로 행차할 때 … 길가에서 밭 가는 농부를 보매/ 흙을 뒤칠 때
> 온갖 벌레들이 버둥질치며 죽네 … 농부는 일에 시달려 몸은 여위고 흐트러진

머리에 땀을 흘리며 온몸은 흙먼지로 뒤집어썼네/ 밭 가는 소도 지쳐서 혀를 빼물고 헐떡거리네."

－「출성품」, 『붓다차리타』

눈 앞에 펼쳐진 세상의 실체는 '모두 살려고 발버둥치는 모습'이었다. 생명 또는 존재에 대한 집착은 '고통'이라는 양상으로 드러나고 있었다. "그 온갖 고통을 관찰하시고/ 나고 멸하는 법[생멸법(生滅法)]을 사유하실 때/ 참으로 슬프다! 모든 세상 사람들은 어리석어 미처 깨닫지 못하는구나."

무엇을 깨닫지 못하는가? 바로 앞 문장에 해답이 제시되어 있는데, 그것은 '생멸법'이다. 모든 존재는 '일어나고 사라지는 생멸'이라는 변화의 철칙에 지배받고 있다. "늙음·병·죽음으로 무너지는 것/ 이 세상은 참으로 수고롭고 괴롭구나!" 태어날 때는 태어나려고 발버둥치고, 태어나서는 생존하느라 발버둥치고, 늙어 갈 때는 아프지 않으려고 발버둥치고, 죽어 갈 때는 죽지 않으려고 발버둥친다. 그러니 붓다의 말대로 "참으로 수고롭고 또 수고롭지" 않을 수 없다. 그러면 이러한 수고로움이 죽으면 끝나는 것인가? 물론 아니다. 죽어서 몸이 없는 상태(중음 기간)에서도 역시 '다시 몸 받으려는 발버둥'은 계속되어, 결국 우리는 재생(再生)하게 된다. 이러한 생멸의 무한 반복을 '윤회'라고 한다.

'나' 자체가 고통 덩어리, 오취온

존재 그 자체가 괴로움이라는 진리! 붓다는 사성제(四聖諦)의 가장 첫 번째로 고성제(苦聖諦)를 천명했다. 성제(聖諦)란 '진리'란 뜻인데, 이는 누구에게나 해당하는 보편적인 법칙이자 사실을 말한다. 삶이 고통일 수밖에 없는 이유는 그것이 생멸의 변화라는 '무상(無常)'의 원리를 갖고 있기 때문이다. 무상한 것을 어리석게 집착하니 결과는 고통이다. 한 번 형성된 것 또는 만들어진 것은 맹목적으로 존재하기 위해 필사적으로 버둥질친다. 몸도 한 번 만들어지면 그것을 유지하려고 최대한 애쓴다. 마음도 마찬가지이다. 한 번 만들어진 마음은 끊임없이 계속 올라온다. 이것을 불교에서는 자성(自性)이라고 하는데, 자성은 자신을 스스로 유지하려는 성품이다.

물론, 몸도 마음도 (내 것이 아니므로) 컨트롤이 불가능하다. '물질과 느낌, 기억과 반응, 그리고 그것에 대한 인식'은 조건 따라 일어나 파도친다. '물질과 느낌, 기억과 반응, 그리고 그것에 대한 인식'을 '색(色)과 수(受), 상(想)과 행(行), 그리고 식(識)'의 오온(五蘊) 또는 오취온(五取蘊)이라고 한다. 붓다 설법의 요체를 담은 『대념처경』의 「고성제(괴로움이라는 진리)」에는 '나'라는 것을 '오취온(五取蘊)'으로 규정한다. "요컨대, 취착하는 다섯 가지 무더기(또는 덩어리) 오취온 자체가 괴로움이다." '오온'이라고 부르는 것은 '취착(취하려는 집착)'을 기반으로 하기에 '오취온'이라 하는데, 이것이 '나의 실체'이다. "오취온(나) 자체가 괴로움이란 것은 어떤 것인가? 그것은 취착하는 물질의 무더기 색취온(色取蘊), 취착하는 느낌의 무더기 수취온(受取蘊), 취착하는 기억의 무더기 상취온(想取蘊), 취착하는 상카라의 무더기 행취온(行取蘊), 취착하는 알음알이(인식)의 무더기 식취온(識取蘊)이다." 즉, 취착(또는 갈애)으로 만들어진 '색수상행식의 덩어리'가 '나'라는 것. 그리고 그것의 성품 자체가 취착이므로, 우리는 항상 '취착의 고(苦)'에 시달릴 수밖에 없다.

어떻게 하면 고통에서 벗어나는가?

고통은 컨트롤이 불가능하지만, 거기에서 벗어날 수는 있다. 붓다가 밝혀놓은 길을 따라가 보자. 우선, 붓다가 태자 시절에 정사유(正思惟)를 하는 장면을 보면 "모든 나고 죽음[생사(生死)]과 일어나고 멸함[기멸(起滅)]이 무상하게 변화하는 것을 관찰할 때/ 마음은 안정되어 움직이지 않았네/ 오욕은 구름인 듯 사라져 버렸네"라고 기술되어 있다. 생사와 기멸의 변화, 그것을 통찰했을 때, 고통이 사라지는 경험을 한다. 무상함을 관찰하니, 본질인 공(空)이 드러났다. "그것을 관찰하였을 때"라는 대목이 핵심이다. 고통에 휘둘리지 않고 그것을 관찰하는 통찰지(반야지혜)의 계발이 고통을 타파하는 첫걸음인 것이다. "그리고 취착을 떠난 희락(법열)이 생겨 첫 번째 삼매를 받았다/ 기뻐하거나 슬퍼하지도 않고/ 의심하거나 어지럽지도 않고/ 혼침하거나 취착하지도 않고/ 무너지거나 그것을 싫어하지도 않고/ 맑고 고요하여 모든 무명을 떠나/ 지혜의 광명이 돌아가고 더욱 밝아졌다." 통찰지를 키워 고통을 소멸하기 위해, 우리는 부단히 붓다의 가르침대로 '계(戒)-정(定)-혜(慧)'를 닦아야 한다. 그러면 '천근의 무거움이 아니라 날아갈 것 같은 경안이며, 불타는 뜨거움이 아니라 청정한 광명이며, 어두운 감옥이 아니라 밝은 자유'이다.

1장

붓다의 탄생지
룸비니

〈마야부인의 꿈〉(기원전 2세기)
바르후트 스투파의 난간 부조,
콜카타 인도박물관 소장

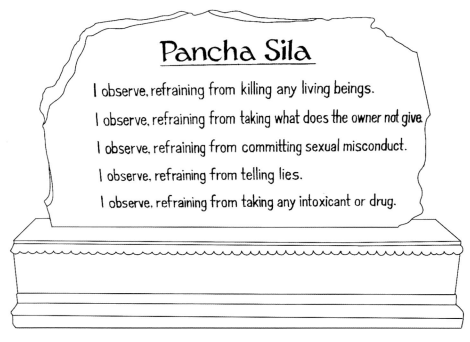

Pancha Sila

I observe, refraining from killing any living beings.

I observe, refraining from taking what does the owner not give.

I observe, refraining from committing sexual misconduct.

I observe, refraining from telling lies.

I observe, refraining from taking any intoxicant or drug.

1-1 판차실라(5계)를 새긴 돌 조각, 룸비니 동산 입구 소재(일러스트)

①

◈ 석가모니 붓다의 탄생 ◈

석가모니 붓다는 어떻게 세상에 오게 되었을까? 붓다의 깨달음은 한 번의 생애로 달성하기에는 너무나 깊고 넓다. 29세에 출가하여 단 6년 만에 깨달은 만고불변의 진리. 수많은 위인들이 오랜 세월에 걸쳐 수행에 정진하였건만 붓다의 경지에는 이르지 못했다. 위대한 그의 가르침은 어떻게 가능한 것일까? 의문이 들지 않을 수 없다. 여기서 그의 전생이 궁금하다. 먼저, 붓다가 스스로 본 자신의 전생 모습을 살펴보자.

나는 아무 때 아무개로서 나서 아무 곳에서 삶을 거두었다. 한 번의 삶, 두 번의 삶, 세 번의 삶, 네 번의 삶 … 백 번의 삶, 십만 번의 삶 …, 나는 수많은 전생의 일들을 기억해 냈다. 세상이 여러 가지로 변화하고 또 개변했던 시대를 기억해 냈다. 아무 때 아무 곳에서 나의 이름은 아무개였고, 나의 가족은 이러했고, 나의 모습, 나의 길, 모두 그러저러한 것이었다. 그러저러한 선과 악을 경험한 끝에 급기야 아무개로서 아무 곳에서 삶을 거두었다. 그러나 나의 삶은 거기서 끝나지 않고 또 다른 삶으로 이어졌다. 다시금 내가 있게 되고 내 이름은 이러저러했으며 내 가족은 저러했고, 내 나라, 내 일, 내 모습은 각각 그러저러했다. 갖가지 선과 악을 경험한 끝에 급기야 아무 때 아무 곳에서 삶을 거두었다. 그러나 나의 삶은 거기서 끝나지 않고 또 다른 삶으로 이어졌다.

－싯다르타 태자, 전생을 보다

석가모니 붓다가 큰 깨달음을 얻기 직전에 자신의 전생을 보는 대목이다. "아무 곳에서 아무개의 이름으로, 그리고 지금은 여기에 태어나 있네"(『붓다차리타』)라며, 백번 천번 만번의 나고 죽음을 훤하고 여실하게 꿰뚫어 봤다. 생사(生死)를 무한하게 반복하는 광경! 바로 우리의 모습이다.

붓다 전생 이야기, 자타카(Jataka)

석가모니의 전생 이야기로 유명한 자타카 이야기가 있다. 석가족의 왕자로 태어나 완전한 깨달음에 이르는 위업을 달성하기 이전, 어떠한 생을 거쳤는 지에 관한 내용이다. 그는 전생에 천인이었고, 국왕이었고, 수행자였고, 토끼였고, 사슴이었고 원숭이였다. 무수한 생을 거쳤고 무수한 모습으로 삶을 반복했다. 동물과 인간, 하인과 국왕, 거지와 부자를 넘나들며 참으로 다양한 삶을 살았으나, 어떤 형태와 어떤 환경의 삶을 받았든지 간에 그것을 관통하는 행위가 있었다. 그것은 '수행'과 '보시'였다.

무주상보시(無住相報施)! 무주상보시란 대가 또는 이유가 없는 무조건적인 베풂을 말한다. 무려 547건에 달하는 자타카 이야기 중에 가장 잘 알려진 것으로 시비왕의 보시·사슴 왕 루루·오백 마리 원숭이의 왕 이야기 등이 있다. 매에게 잡혀 먹일 운명에 처한 비둘기를 구하기 위해 자신의 몸을 보시한 시비왕, 임신한 암사슴을 구하기 위해 먼저 희생되기로 한 사슴 왕, 위기에 처한 부하 원숭이들을 탈출시키기 위해 자신의 등짝이 다 부수어지도록 버틴 원숭이 왕, 산불로 먹을 것이 없어지자 자기 몸을 불태워 먹잇감으로 보시한 토끼 등등. 붓다의 전생담인 자타카에는 보시·지계·인욕·정진·선정·지혜의 여섯 가지 수행(6바라밀)을 어떤 상황에서도 불굴의 의지로 지켜나간 주인공을 만날 수 있다. 무수한 6바라밀의 수행공덕의 삶을 거쳐 지금의 석가모니 붓다가 존재하게 된 것이다.

자타카에서 인과법(因果法)●의 진리를 어김없이 확인할 수 있는데, 다양한 이야기 속의 수행 공덕 중에서도 가장 두드러지게 나타나는 것이 보시이다. 위험과 곤경에 처한 타인을 위해, 가장 소중한 자신의 생명까지 내던지는 보시이다. 이렇게 조건 없이 보시하는 존재를 '보살'이라고 한다. 그런데 참된 보시가 되기 위한 세 가지 조건이 있다. 그것은 "첫째, 베푸는 자의 마음이 깨끗할 것·둘째, 받는 자의 마음이 깨끗할 것·셋째, 베푼 물건이 깨끗할 것"이다. '수행과 보시'로 요약되는 6바라밀의 완성으로 지금의 석가모니 붓다가 있게 된 것이다.

룸비니 동산, 둘러보다

석가모니 붓다와 관련한 수행지·성도지·설법지 등 주요 성지들은 대부분 현재의 인도 지역에 위치한다. 그런데 붓다가 탄생한 룸비니와 유년 시절을 보낸 카필라바스투(카필라성) 네팔의 영역에 있어서 석가모니 성지를 모두 둘러보려면, 인도와 네팔 사이의 국경을 넘나들어야 한다. 룸비니 동산은 네팔 남동부 지역의 테라이 평원에 위치한다.

● 인과법이란? 모든 일은 원인에서 발생한 결과이며, 원인 없이는 결코 아무 일도 생기지 않는다는 법칙이다.

1-2 룸비니 동산에 핀 꽃

1-3 마야데비 사원과 푸스카르니 연못

붓다 탄생지인 룸비니의 입구를 들어서면, 먼저 판차실라[pañca-śīla, 5계(五戒)]를 새긴 커다란 돌 조각을 만나게 된다. 힌디어와 영어 2개 언어로 새겨진 5계의 내용은 다음과 같다.

> 나는 지킵니다. 살아 있는 것을 죽이지 않을 것을.
> 나는 지킵니다. 주지 않은 것을 훔치지 않을 것을.
> 나는 지킵니다. 부정한 성행위를 저지르지 않을 것을.
> 나는 지킵니다. 거짓말을 하지 않을 것을.
> 나는 지킵니다. 혼미하게 만드는 술이나 약물을 마시지 않을 것을.
> ─판차실라(5계)

불살생(不殺生)·불투도(不偸盜)·불사음(不邪淫)·불망어(不妄語)·불음주(不飮酒)의 5계를 보면서 룸비니 동산을 들어가고 또 나가게 된다. 즉, 자신을 청정하게 하는 계를 마음에 새기고 출입하라는 의미이다. 우리나라 사찰의 입구에는 사찰을 지키는 호법신인 '사천왕'이 있는데, 룸비니 동산에는 스스로 자신을 지키라는 의미에서 '5계'가 있다. 진입로에는 저수지 늪이 있어 물이 풍부한 윤택한 곳임을 알 수 있다. 부드러운 평지를 따라 걷는데 노랑 분홍 꽃들이 만발하다. 방문 시기가 11월 말 겨울인데도 습한 기운과 아름다운 꽃들이 아스라이 맞아준다.

'WORLD HERITAGE SITE LUMBINI(세계문화유산 룸비니)'라고 새겨진 유네스코 공식 표지판을 지나, 성지 한 가운데로 들어오면 마야데비(Mayadevi) 사원과 푸스카르니(Puskarni) 연못(구룡못)을 만나게 된다. 하얀 벽의 마야데비 사원 안에는 석가모니 붓다의 탄생 장면을 조각한 부조가 있는데, 사진 촬영이 금지되어 찍을 수가 없다. 탄생 부조는 마모가 심해 형체를 알아보기 힘들었다. 하지만

1-4 WORLD HERITAGE SITE LUMBINI
(세계문화유산 룸비니)

오른팔을 들고 있는 마야부인과 옆구리에서 탄생하는 아기 붓다, 그리고 아기 붓다를 받으려 하는 하녀의 골격이 남아 있어 윤곽으로나마 탄생 장면을 유추할 수 있다.

> "꽃과 물이 서로 비추고 아름다운 새들은 지저귄다. …(중략)… 맑은 향기 온 누리에 가득 채우는데, 부인은 홀연히 산기(産氣) 있음을 느끼고 밖으로 나와 북으로 이십 보를 걸어 아름다운 꽃송이가 달린 무우수(無憂樹) 나뭇가지를 잡았다. 순간, 태자는 아무런 고통도 없이 어머니의 오른쪽 옆구리를 트고 평안히 탄생하였다."
> -『불본행집경』

1-5 무우수 나무   1-6 무우수 꽃

마야부인이 무우수 꽃의 아름다움에 이끌려 무심코 이를 꺾으려고 팔을 들자, 그
옆구리에서 태자가 태어났다는 탄생 이야기. 무우수의 '무우(無憂)'는 '근심이 없
다'라는 뜻이다. 이는 산스크리트어(고대 인도어)인 '아소카'에서 유래한다. '아(無:
없다)'와 '소카(憂: 근심)'를 번역한 것으로 본 명칭은 '아소카 나무'이다. 룸비니 성
역 안에는 후대에 심은 무우수가 있다. 4월 8일, 매우 화창한 봄날. 주홍빛 꽃송이
만발한 아름드리 나무 그늘 밑에서 탄생한 붓다! 2,500년 전, 바로 그 역사적 순간
의 현장에 서 있다.

◈ 〈디팡카라의 수기〉 ◈

'석가모니 붓다는 어떻게 세상에 오게 되었을까?'라는 의문으로 책의 본문을 시작했다. 『불종성경(佛種姓經)』에는 붓다의 최근 전생에 해당하는 모습이 나온다. '디팡카라●의 수기(授記)●●'인데, 이는 '연등불의 수기'라는 이름으로도 유명하다.

수메다의 염원

석가모니 붓다는 전생에 '수메다'라는 이름을 가진 사제였다. 수메다는 선혜(善慧) 비구 또는 무구광(無垢光)이라고도 번역되어 대승 경전에 나온다. 수메다는 수억의 돈과 무진장의 곡식을 쌓아 놓은 큰 부자였다. 또 학문에도 통달한 수승한 학자였다. 남부러운 것 없는 그가 어느 날 고요히 앉아 있다가 "나는 이 몸을 버리고 가야겠다!"라고 결심한다. 그리고 "수백억의 재산을 연고가 있는 자와 연고가

● 디팡카라(Dipaṃkara) 붓다는 대표적 과거불로서 의역하면 연등불(燃燈佛) 또는 정광불(定光佛)이 된다. 음역하여 제화갈라라고도 한다.

●● 수기(授記)란, 이미 깨달음을 얻은 부처가 특정 수행자에게 '앞으로 그대는 부처가 될 것'이라고 증언해주는 것을 말한다. 미래의 증과(證果), 즉 깨닫게 됨을 미리 예언하는 것이다. 초기 경전에 나오는 대표적 수기로 석가모니가 전생에 연등불에게 수기 받는 것과 미륵이 석가모니에게 수기 받는 것이 있다. 또 대승 경전에는 아미타부처님의 전신인 법장 비구가 세자재왕불에게 '미래에 아미타불이 될 것'이라고 수기 받는 것(『무량수경』)과 석가모니 부처님이 사리불에 수기를 주는 것(『법화경』) 등이 있다.

없는 자에게 모두 주어 버리고 설산(히말라야산)으로 들어갔다"고 한다. 왜 그랬을까? 이유는 다음과 같다.

> "재생(再生)이란 실로 고통이다. 육신의 부서짐도 또한 고통이다. 누구나 태어난 자는 반드시 늙고 병든다. 나는 이제 늙지 않고 죽지 않는 안온한 진리의 세계(또는 열반)를 찾아야겠다."
> -『불종성경』

그리고 그는 이렇게 생각했다. "똥 속에 빠진 자가 물로 가득한 연못을 보고도 그 연못을 원하지 않는다면, 그것은 연못의 잘못이 아니다. 적들에게 포위당한 자가 빠져나갈 길을 발견하고도 그 길로 도망가지 않으면, 그것은 길의 잘못이 아니다. 병에 걸린 사람이 의사를 보고도 병의 치유를 의사에게 구하지 않는다면, 그것은 의사의 잘못이 아니다. 자신의 목에 시체가 걸려 있는데도 그것을 혐오하여 벗어버리지 않는다면, 그는 즐겁고 자유자재로울 수 없다. 그러므로 나는 이 몸을 버리고 가야겠다"라고 판단했다. 여기에 언급된 '나의 이 몸'은 윤회를 거듭하게 만드는 갈애와 집착, '근본 무명'을 말한다.

디팡카라 붓다의 수기

어느 날 디팡카라 붓다가 마을에 온다는 소식을 듣고, 수메다는 "지금 씨앗을 심자. 기회를 놓치면 안되겠다"라며 씨앗을 심을 기회가 왔다는 생각에 기뻐했다. 그리고 디팡카라 붓다를 위해 길을 청소한다. 그런데 청소가 미처 다 끝나기도 전에 디팡카라 붓다가 도착해 버렸다. 이에 수메다는 청소가 끝나지 않은 진흙탕 길에서 디팡카라 붓다의 발이 더럽혀 질까봐, 얼른 긴 머리카락을 풀어서 펼쳤다. 그리고 엎드려 누운 상태에서 이렇게 말한다. "디팡카라 붓다께서는 저를 밟고 가소서. 진흙일랑 밟지 마소서." 바로 이 장면은 초기 불교미술의 단골 주제로 〈수메다와 디팡카라 붓다〉 또는 〈디팡카라의 수기〉라는 제명으로 무수하게 조형된다.

〈수메다와 디팡카라 붓다〉(도 1-7)에는 디팡카라 붓다가 마을로 들어서자 천신과 마을 사람들이 환영 나온 모습이 조각되어 있다. 디팡카라 붓다의 출현으로 매우 기쁘고 흥분된 분위기이다. 한 손에는 향가루가 든 병을 들고 다른 손에는 연꽃 봉우리를 들어 올리며 공양을 올리고 있다. 이 부조상에는 수메다의 움직임이 순차적으로 세 번에 걸쳐 조각되어 있다. 첫째는, 합장하며 머리를 숙여 디팡카라 붓다를 경배하는 장면(도 1-7의 왼쪽 맨 위)으로 묘사되었다. 둘째는, 디팡카라 붓다 바로 앞에서 꽃과 향을 뿌리며 공양을 하고 있다. 나이가 진득한 노인의 모습이다. 셋째는, 묶은 상투를 풀어 긴 타래머리를 디팡카라 붓다의 발아래에 펼쳐 놓고 몸을 엎드리고 있는 모습(도 1-7의 맨 아래)이다. 디팡카라 붓다가 발을 더럽히지 않게 얼굴을 진흙 속에 묻고 머리카락을 펼쳤다. 자신의 머리카락을 밟고 있는 디팡카라 붓다의 발목을 잡고, 수메다는 엎드린 채 이렇게 발원한다.

> "오늘 나는 기원한다. 나의 번뇌가 모두 타서 없어지기를! 이 상태로 나는 무엇을 할 수 있겠는가. 나는 여기서 법을 증득하여 그것으로 모든 것에 대한 앎을 얻어서, 천신을 포함한 세계에서 붓다가 되기를 기원한다. 나 혼자만 겨우 건질 수 있는 힘을 보인다 한들 그것으로 무엇을 하랴. …(중략)… 나는 모든 것에 대한 앎을 얻어서, 많은 사람들을 건지기를 기원한다."

모든 것을 버리고 자신과 남을 위해 오로지 깨달음만을 구하겠다는 수메다의 간

디팡카라 붓다

수메다(석가모니
붓다의 전생)

1-7 〈수메다와 디팡카라 붓다(Megha and the Buddha
　　　Dipaṃkara)〉 또는 〈디팡카라의 수기〉(2세기경), 부조 판넬,
　　　파키스탄(고대 간다라 지역 스와트 밸리) 출토, 편암에 금박,
　　　22.2cm x 21.3cm x 3.8cm, 뉴욕 메트로폴리탄 미술관 소장

1-8
수메다가 디팡카라
붓다를 위해 머리를
숙이는 장면.
그 움직임이 순차적으로
세 번에 걸쳐 표현됐다
(도1-7의 부분).

절함이 뚝뚝 묻어난다. 그러자 디팡카라 붓다는 수메다에게 이렇게 말한다.

"극도의 고행을 실천한 이 고행자를 보라. 한량없는 겁이 지난 뒤에 세상에서 붓
다가 될 것이다! …(중략)… 생모의 이름은 마아이고, 아버지 이름은 숫도다나이
며, 그 자신은 고타마라고 불릴 것이다. 이 사람은 실로 붓다의 씨앗이다."
— 『불종성경』

1-9 수메다의 머리카락을 밟고 진흙탕을 건너는 디팡카라 붓다. 붓다의 발목을
　　 잡고 수메다는 명원한다. "나의 번뇌가 모두 타서 없어지기를!"(도1-7의 부분)

1-10 마야데비 사원의 전경, 룸비니 동산

1-11 〈탄생지 석주〉, 마야데비 사원의 서쪽, 룸비니 동산(일러스트)

②

◈ 붓다 탄생지의 발견 ◈

〈탄생지 석주〉

석가모니 붓다의 탄생지는 어떻게 알려지게 되었을까? 붓다의 실존 여부에 대해서 서양의 많은 학자들이 의문을 가졌었다. 샤카족(석가족)의 뜻이 '태양의 후예'라는 이유로, 급기야 붓다의 탄생을 원시적 태양숭배 신앙으로 여기기도 했다. 하지만 이러한 학설들을 무색하게 만드는 역사적 발견이 있었다. 바로 석가모니 붓다의 탄생지가 명시된 '아소카왕 석주(石柱)'의 발견이다! 1896년, 네팔의 카드가 샴쉬르(Khadga Shamsher) 장군과 독일의 고고학자 알로이스 퓨러(Alois Führer) 박사가 함께 이 석주를 찾아냈다(도 1-11). 그전까지 룸비니 동산은 나무와 잡초가 무성한 채로 잊혀 있었다. 석주에는 다음과 같은 명문이 브라흐미 문자로 새겨져 있다(도 1-12).

> 신들의 축복을 받은 '피야다시왕'은 즉위 20년 되던 해에 친히 이곳에 와서 참배했다. 이곳이 석가모니 붓다의 탄생지이기 때문이다. 그리고 돌담을 만들고 돌기둥(석주)을 세워 탄생을 기념했다. 룸비니 마을은 세금을 면제받았고, 생산물의 8분의 1만 바치면 되었다.

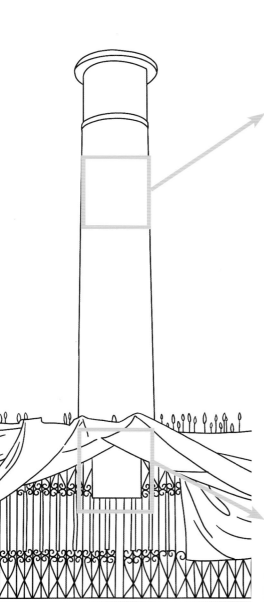

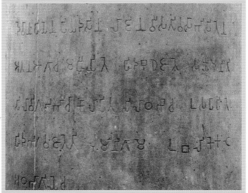

1-12 〈탄생지 석주〉의 명문(브라흐미 문자로 새겨짐, 내용은 본문 참조)

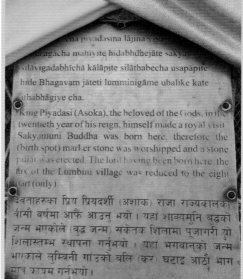

...na piyadasina lājina visa...
...na agacha mahiyite hidabhdhejāte sakyam...
...silāvigadabhīchā kālāpite silāthabecha usapāpite
...hide Bhagavam jāteti lumminigāme ubalike kate
...ubhabhāgiye cha.

King Piyadasi (Asoka), the beloved of the Gods, in the twentieth year of his reign, himself made a royal visit. Sakyamuni Buddha was born here, therefore the (birth spot) marker stone was worshipped and a stone pillar was erected. The lord having been born here, the tax of the Lumbini village was reduced to the eight part (only).

देवनाहरुका प्रिय प्रियदर्शी (अशोक) राजा राज्यकालको बीसौं वर्षमा आफैं आउनु भयो । यहां शाक्यमुनि बुद्धको जन्म भएकोले (बुद्ध जन्म) संकेतक शिलामा पूजागरी यो शिलास्तम्भ स्थापना गर्नुभयो । यहां भगवान्को जन्म भएकाले लुम्बिनी गांउको बलि (कर) घटाई आठौं भाग मात्र कायम गर्नुभयो ।

1-13 〈탄생지 석주〉의 명문, 영어 번역 표지판

'피야다시(Piyadasi)'는 '모든 것을 자애심으로 대하는 자'라는 뜻이며 '친애희견왕'으로 번역되기도 하는데, 이는 '아소카왕(304~232 BCE)'을 일컫는 명칭이다. 아소카왕이 기원전 249년에 붓다의 탄생지임을 기리기 위해 이곳에 몸소 행차하여 참배하고, 탄생지임을 기리기 위해 석주를 세웠다. 그리고 역사적 탄생지인 이곳 룸비니 마을에 특혜를 주었음을 알 수 있다. 당시는 생산물의 6분의 1을 나라에 바치는 것이 법이었으나, 룸비니는 8분의 1로 줄여 주었다.•

붓다 탄생의 기념 석주는 오랜 세월을 견디는 와중, 벼락을 맞아 균열이 생겼고 기둥머리가 부러진 상태로 현재 높이 7.2미터로 남아 있다. 무려 2,200여 년의 세월을 견딘 석주는 마야데비 사원의 서쪽에서 만날 수 있다. 기둥머리에는 마상(馬像)이 있었다고 전하는데(도 1-11), 지금은 마상의 연꽃 받침 일부만 남아 있는 것을 확인할 수 있다. 석주를 보호하는 울타리에는 앞에 소개한 명문의 내용을 영어로 번역해 놓은 표지판(도 1-13)이 있다.

푸스카르니 연못

마야데비 사원의 북쪽 앞쪽으로는 커다란 사각형 연못이 정비되어 있다. 이 연못은 푸스카르니(Puskarni) 연못이라고 하는데, 이는 '연꽃이 피어있는 호수'란 뜻이다. 이 연못은 마야부인이 출산 전 목욕을 한 곳이자, 출산 후 아기 붓다를 목욕시킨 곳으로 유명하다. 이 연못을 '성스러운 연못(The Sacred Pond)'이라고 부르기

● 명문의 해독은 『불타의 세계』(나까무라 하지메, p.182) · 『샤카무니 붓다』(마성, 대숲바람, 2010, p.76) · 『The Life of Buddha as Legend and History』(Thomas E.J. Munshiram Manoharlal Publishers, 1992, p.18) 등 참조.

도 하는데, 한역 불전에서는 '구룡못'이라고 칭한다. 연못 옆에는 수백 년은 족히 넘어 보이는 거대한 보리수가 있다. 이 보리수는 지층 속 연못물을 풍족히 빨아들여서인지 아름드리 잎사귀를 자랑한다. 보리수에는 티베트·태국·스리랑카·한국 등 세계 각지에서 온 순례자들이 걸어놓은 깃발들이 만국기처럼 줄지어 걸렸다. 다양한 국적의 스님들이 이곳에 와서 현지에서 수행하는 모습을 볼 수 있다. 연못물 표면은 매우 잔잔해서 주변의 사원과 보리수를 그대로 비추고 있다. 아기 붓다를 씻겼던 그 연못물! 그윽하고 신비스러운 연못물에 손을 담가 본다. 그런데 차갑지 않다. 부드러운 미온수가 손등을 어루만진다. 아기 붓다의 몸에 닿았던 바로 그 감촉이다.

이곳 룸비니 동산을 다녀간 두 명의 옛 중국 승려가 있다. 동진 시대의 법현과 당 시대의 현장이다. 403년에 이곳을 방문한 법현(337~422 추정)은 그의 인도 순례기 『불국기(佛國記)』(또는 『고승법현전』, 『법현전』이라고도 함)에서 다음과 같이 기록하고 있다.

"도시 카필라바스투에서 동쪽으로 50리에 룸비니 동산이 있다. 마야부인이 연못에 들어가 목욕을 하고, 연못 북쪽으로 나와 약 20 발자국 걸어간 뒤, 손을 들어 (무우수) 나뭇가지를 잡았다. 그리고 동쪽으로 얼굴을 향하고 아기 붓다를 낳았다. 아기 붓다는 땅에 닿자마자, 일곱 걸음을 걸었다. 두 용왕이 나타나 그의 몸을 씻어 주었다. 이러한 상서가 벌어진 곳에 우물이 만들어졌다. 이곳 목욕지의 물은 지금도 승려들이 물을 떠가기도 하고 마시기도 한다."
-법현, 『불국기』 제22장

법현이 방문한 때인 5세기 초는 굽타왕조 시대였으므로, 그는 불교 예술의 최전

1-14 아기 붓다가 처음 목욕한 푸스카르니(Puskarni) 연못

1-15 푸스카르니 연못 옆의 거대한 보리수

성기의 모습을 목격했을 것이다. 어려서부터 병약하여 요절할까 싶어서 절에 맡겨진 그가 13년 동안 27개국을 순례하고 기적처럼 살아 돌아왔다는 것은 놀랄만한 일이다.●

　법현이 다녀간 후, 약 200년 뒤에 현장(602~664)이 이곳을 방문했다. 그의 『대당서역기』에 "붓다 탄생지에 세워진 석주가 벼락 맞아 부러져 있었다"라는 기록으로 미루어 보아, 그 당시 이미 이곳은 방치되고 있었음을 알 수 있다. 9세기에 이 지역은 무슬림의 지배를 받았고, 이어서 힌두교도들의 지배를 받게 된다. 그러는 동안 이곳 사원들이 파괴되었으며 탄생지로서의 기억은 잊혔다. 그러다가 19세기 말, 샴쉬르 장군과 퓨러 박사의 (아소카왕이 세운) 〈탄생지 석주〉의 극적인 발견으로, 붓다 탄생지는 다시 세상에 드러났다.

● 법현은 세 명의 형이 어려서 모두 요절하자 부모님이 3살 때 절에 의탁해 사미가 되었다. 집에 데리고 오자 중병에 걸려서 다시 절에 돌려보내니 바로 나았다고 한다. 그는 장안에서 출발해 돈황을 거쳐 파미르 고원을 넘어 인도로 들어가서 순례하고 스리랑카로 건너가 인도양을 횡단, 죽을 고비를 넘기고 산동성 청도로 들어왔다. 『불국기』, 『대당서역기』, 『왕오천축국전』은 동양의 3대 순례기로 꼽힌다. 『한 권으로 읽는 팔만대장경』(진현종, 들녘, 2007, p.123) 참조.

◆ 〈탄생〉과 〈관욕〉의 장엄 ◆

"저 룸비니의 수승한 동산, 흐르는 샘물과 꽃 열매 우거지고 고요하고 평온해서 선정의 사유하기에 알맞은 곳 …(중략)… 맑고 온화한 기운이 매우 적절할 때, 마야부인은 재계하고 청정한 공덕 닦았고 보살(아기 붓다)이 오른쪽 옆구리에서 탄생하셨다."

–마명, 「탄생」『붓다차리타』

카필라성의 동쪽에 있는 꽃동산에서 인류의 역사상 대사건이 일어났다. 석가모니 붓다의 탄생이다. 붓다가 이 세상에 안 오셨더라면 어땠을까? 생사윤회 속에 갇힌 중생들이 과연 스스로 벗어날 방법을 찾을 수 있었을까? 집요하게 작용하는 오온(五蘊)의 파도 속에서 '반야지혜'를 밝히는 길을 가르쳐 주신 분. 그것을 스스로 볼 수 있게 설법해 주신 분. 궁극의 자유와 평화로 가는 길을 안내해 주신 분. 존재의 실체를 꿰뚫어 보는 비밀을 알려주신 분. 그래서 고통에서 벗어나게 해주시는 분. 이 분의 위대한 탄생은 일찍이 간다라 미술의 조각에서부터 확인된다.

〈붓다 탄생〉의 조각상

〈붓다 탄생〉(도 1-16)을 보면, 가운데의 마야부인을 중심으로 왼쪽의 천신들과 오른쪽의 채녀(궁중의 시녀)들이 각각 일렬로 좌향좌와 우향우를 하고 서 있음을 알 수 있다. 마야부인이 오른팔로 풍성한 잎사귀 한 자락을 잡고 있으며, 벌어진 겨드랑이 밑으로 조그마한 아기가 나오고 있다. 아기를 천신이 천으로 받으려 하고 있다.『대불전경』에서는 "보살이 어머니 태로부터 나올 때, 천신들이 먼저 받고 나중에 사람이 받았다"라고 하거나 "보살이 땅에 닿기 전에 천신의 아들 네 명이 보살을 받았다"라고 한다. 〈붓다 탄생〉의 왼쪽 네 존상은 경전에 언급된 '천신의 아들 네 명'으로 사료된다.

후대의 석가모니 일대기 관련 경전들(『대화엄경』·『보요경』·『서응본기경』·『수행본기경』 등)에는 초기 경전에 언급된 천신들이 '제석과 범천' 그리고 '사천왕'으로

붓다를 출산 중인 마야부인

1-16 〈붓다 탄생〉(2세기경), 간다라 출토, 페샤와르박물관 소장

1-17 마야부인의 옆구리에서
태어나는 아기 붓다
(도 1-16의 부분)

기술되고 있다. 『대화엄경』에는 "나무 아래 칠보로 된 일곱 송이의 연꽃이 피어났고 그 크기가 수레바퀴만 했으며, 보살(아기 붓다)이 그 연꽃 위로 내려가 붙잡는 이 없이 스스로 일곱 걸음을 걸었다. …(중략)… 사천왕이 하늘 비단으로 태자의 몸을 받쳐 들어 보배로 장식된 안석에 놓았고, 석제환인(제석)이 일산으로 받쳤고 대범천왕(범천)이 흰 불자를 가지고 곁에 모셨다"라고 되어 있다.

〈붓다 관욕〉의 조각상

탄생 다음으로 이어지는 풍경이 아기 붓다를 씻기는 '관욕(灌浴)'의 장면이다. 탄생' 장면과 '관욕' 장면 또한 불교미술사의 주요 주제로, 끊임없이 반복해 조형된

1-18 〈붓다 관욕〉(2세기경), 간다라 출토, 페샤와르박물관 소장

1-19 아기 붓다의 머리에는
'깨달음의 빛'을 나타낸
둥근 광배가 있다
(도 1-18의 부분).

42

다. 탄생과 관욕은 순차적으로 일어나는 풍경으로, 『대불전경』 및 『붓다차리타』에는 "(보살이 탄생할 때) 두 가지 물줄기가 허공에서 나타났다. 하나는 찬 물줄기이고 또 하나는 더운 물줄기이다"라고 쓰여 있다.

〈붓다 관욕〉(도 1–18)을 보면, 두 채녀가 아기 붓다를 잡고 있고 그 위에서 기다란 물줄기가 쏟아져 내려와 그를 씻기고 있다. 아기 붓다의 머리 위로는 남녀의 두 존상이 있고, 이들은 둥근 물주머니를 손에 들고 있다. 그리고 여기서 물이 쏟아져 내려와 아기 붓다의 머리에 닿는다.

> "용왕의 형제 '가라'와 '울가라'는 왼편에서는 따듯한 물을, 오른편에서는 차가운 물을 뿌려주었다. 제석과 같은 큰 천신들이 하늘 옷을 가지고 와서 태자의 몸을 감쌌다. 하늘에서는 꽃과 향이 비 내렸다."
> –『수행본기경』

『수행본기경』에 따르면, 물을 뿌리는 두 존상은 용왕의 형제인 가라와 울가라라고 쓰여 있으나 〈붓다 관욕〉(도 1–18)에는 두 존상이 여성과 남성의 모습이므로 용녀와 용왕으로 추정된다. 『보요경』에는 우리에게 익숙한, '구룡(九龍, 아홉 마리의 용)'이 나타나 더운물과 찬물을 토해 몸을 씻은 기록을 찾아볼 수 있다. 예로부터 중국에서는 아홉 종류의 용이 있다고 여겼다. 창조의 신으로 여겨진 용은 변화무쌍하고 참으로 다채로운 모습을 하고 있다. 사슴의 뿔·사자의 갈기·물고기의 비늘·호랑이의 발톱·뱀의 꼬리 등. 창조의 신인만큼 온갖 만물의 모습 중 일부를 모두 포용하고 있는 모습으로 나타난다. 용이 나은 아홉 자식 '비희·이문·포뢰·폐안·도철·공복·애자·산예·초도'를 바탕으로 용생구자설(龍生九子說)이 생겨났다. 용의 고어(古語, 옛말)는 '미르'이다. 그런데 물의 고어 역시 '미르'이다. 같은 어원을 공유한다는 것은 '물=용'이라는 뜻이다. 물은 뭇 생명이 살아가기 위한 필수 조건이므로, 물과 생명 창조와는 불가분의 관계이다. 이에 물의 신은 곧 창조의 신과 동격이 된다.

불교경전 상의 붓다 탄생의 대목에 '물'과 관련하여 '구룡'이 등장하게 된 것은 예로부터 '물(비, 연못, 시내, 강, 바다)의 신'이었던 '용'이 접목되어 나타난 것으로 해석된다. 우리나라《팔상탱》에도 어김없이 붓다 탄생의 장면에 '구룡'이 등장하여 붓다 관욕을 하고 있다. 마야부인이 목욕하고 또 아기를 씻긴 '푸스카르니 연못'이 '구룡못'으로 부리는 이유도 여기에 있다.

탄생과 관욕을 한 후, 칠각의(七覺意)를 상징하는 일곱 걸음을 걷고 나서 아기 붓다는 이렇게 천명한다. "나는 세상에서 제일 높다. 나는 세상에서 제일 어른이다. 나는 세상에서 제일 뛰어나다. 이것이 최후의 탄생이다. 재생(再生, 다시 태어남)으로 귀결되는 일은 이제 없다." 이 말을 통해 룸비니에서의 붓다 탄생은 붓다가 궁극의 불성(佛性)으로 가는 시작이자 마지막임을 알 수 있다.

2장

붓다 성지의 이정표
아소카왕

〈사르나트 아소카왕 석주〉복원 일러스트 ⓒWikimedia

2-1 〈아소카왕 석주〉(279~232 BCE), 대림정사, 바이샬리 소재

①

◈ 《아소카왕 석주》 ◈

허허로운 창공을 가로질러 2,000년 넘게 우뚝 서 있는 전법(傳法)의 상징! 전법의 구심점으로서 《아소카왕 석주》의 그 위풍당당한 모습은 아소카왕의 위대함을 상기하게 한다. 하늘을 찌를 듯 아득히 높이 솟은 아소카왕 석주. 이토록 장엄한 석주가 있는 한, 불교의 몰락은 없을 것만 같다. 그만큼 아소카왕 석주의 존재감은 특이하고 강렬하다.

아소카의 법륜

석가모니 붓다의 성지를 순례하면서 계속 만나게 되는 것이 《아소카왕 석주》이다. 탄생의 장소 룸비니, 정각의 장소 보드가야, 초전법륜의 장소 사르나트, 마지막 안거의 장소 바이샬리, 사리 안치의 산치 스투파 등 《아소카왕 석주》는 붓다 성지의 곳곳마다 이정표 역할을 한다. 물론 기원전 3세기경 세워진 이들 돌기둥이 현재까지 멀쩡할 수는 없다. 대부분 부러지고 넘어지고 해서 기둥의 아랫부분 또는 머리 부분만 남아 있다. 하지만 기적처럼 당시 모습을 그대로 유지하고 있는 것도 있는데, 바이샬리의 대림정사와 라우리야 난단가르의 석주가 대표적 유적이다.

　현재 확인되는 아소카왕 석주는 14개(도 2-9 참조)이다. 회백색 사암으로 직경 약 1미터 되는 둥근 기둥의 몸체가 하늘을 향해 올곧게 세워졌다. 석주들의 높이는 평균 15미터인데, 가장 긴 것은 21미터에 달하기도 한다. 높은 산이 없고 지평선의 평지가 광활하게 펼쳐지는 인도의 환경적 특성을 생각하면, 이들 석주는 아주 멀리서도 보이는 유일한 랜드마크(이정표)였을 것이다. 석주의 머리 부분은 아름답게 조각했는데, 탐스러운 연꽃 대좌 위에 동물 조각상이 서 있는 모습이다. 인도에서 전통적으로 신성시되는 동물인 황소·코끼리·사자·말 등으로 장식되는데, 그중에서도 사자상이 많다. 〈사르나트 아소카왕 석주〉는 조형적으로 가장 뛰어난 것으로 손꼽힌다. 〈사르나트 아소카왕 석주〉의 〈사자상 기둥머리〉 조각을 보면 네 마리 사자가 등을 맞대고 사방을 향해 서서 포효하며 굽어보는 모습(도 2-3)을 하고 있다. 사자가 딛고 서 있는 받침은 둥근 원판인데, 그 외면에 법륜(法輪) 네 개가 빙 둘러 조각됐다. 법륜의 사이사이에는 황소 또는 말 등의 동물을 새겨 넣었다.

최초의 전법 표시, 최초의 불교 상징

현재 〈사자상 기둥머리〉는 사르나트 성지 한편에 건립된 사르나트 고고학박물관에 소장되어 있다. 박물관 안으로 옮겨져 전시된 〈사자상 기둥머리〉의 설명에 따르면, 본래 네 마리의 사자상 위에 커다란 '법륜'이 올려져 있었음을 알 수 있다. (47페이지의 복원 일러스트 참조) 따라서 무엇보다도 중요한 도상은 '법륜'임을 알 수 있다. 석가모니 붓다의 첫 설법지 초전법륜(初轉法輪)의 장소인 사르나트에 세워진 석주인 만큼, 법륜의 조형적 의미 또한 자명하다. 이곳을 비롯한 여타 석주에

2-2 라우리야 난단가르의 〈아소카왕 석주〉 마우리아 왕조(246 BCE), 높이 21m , 비하르 소재

2-3 〈사자상 기둥머리〉,
　　〈사르나트 아소카왕 석주〉의 일부
　　사르나트 고고학박물관 소장

2-4 〈사자상 기둥머리〉(도 2-3의 부분)의 법륜

2-5 〈산치 스투파 아소카왕 석주〉의 기둥머리,
사자상 위 법륜은 복원 이미지 ©Wikimedia

2-6 〈사르나트 아소카왕 석주〉의 부조, 산치
스투파 제3탑 남문 패널 ©Wikimedia

서도 법륜은 다수 발견된다. 뭇 대중이 아주 멀리서도 볼 수 있도록 했던 도상은 사자가 아니라 법륜이라는 것을 알 수 있다. 사자는 법륜을 바치기 위한 받침 역할을 하고 있다.

산치 스투파 앞에 세워졌던 석주의 기둥머리(도 2-5)를 참조하면, 〈사르나트 아소카왕 석주〉의 원형이 어땠는지 쉽게 추측할 수 있다. 또 산치 스투파의 부조에 표현된 〈사르나트 아소카왕 석주〉(도 2-6)에서 법륜을 떠받치고 있는 사자상의 기둥을 확인할 수 있어 본래 모습을 유추할 수 있다. 이런 이유로, 법륜은 최초의 불교 상징이자 전법의 상징임을 알 수 있다. 최초의 전법은 주지하듯이 석가모니 붓다가 다섯 수행자를 앞에 두고 행한 초전법륜이다. 초전법륜의 위대한 상징을 '법륜'으로 도상(圖像)화하여 범국가적 차원에서 최초로 공표한 것이 아소카왕 석주이다. 그래서 이 법륜은 'Ashoka's Wheel(아소카의 법륜)'이라고도 불린다. 초전법륜이 이미지, 즉 '사자가 떠받치고 있는 법륜'의 도상은 인도의 국장이자 국기, 또 화폐의 기본 모티프로 쓰이고 있다(도 2-7, 8). 인도뿐만 아니라 태국과 스리랑카에서도 법륜을 국기의 상징으로 사용한다.

법륜의 상징성은 크게 두 가지로 나눌 수 있다. 첫째는, 아소카왕의 통치 체제와 관련된 정치적 성향이다. 즉, 불법(佛法)으로 통치하겠다는 아소카왕의 포부를 법륜을 통해 만천하에 천명한 것이다. 둘째는, 본질적인 종교적 이미지로서의 법륜이다. 법륜은 '깨달음의 모습' 그 자체로서, 그것이 상징하는 바는 불교에서 매우 중요하다. 이에 대해서는 다음 절에서 소개한다.

2-7 동전 속 법륜 사자상 모티프

2-8 인도 국기의 한 가운데에 묘사된 법륜

◈ 불교에 귀의한 이유 ◈

15만 명이 국외로 추방되었다. 10만 명이 살육되었으며, 수십만 명이 죽었다. 갠지스 강둑에서 고다바리 강둑까지, 강에서 강으로, 언덕에서 언덕으로, 마을에서 마을로, 온 천지가 전쟁으로 인한 시체로 뒤덮였으며 추방당한 전쟁 난민의 참담함은 이루 말할 수 없었다. 칼링가 전투의 사상자는 무려 55만 명 이상 될 것으로 추정되었다.

-칼링가 전쟁의 대학살

아소카왕의 할아버지는 찬드라굽타였다. 그는 알렉산더대왕의 침공을 막은 장본인이다. 종횡무진 승승장구하던 알렉산더대왕의 군대는 인더스강에서 찬드라굽타를 만나 처음으로 좌초되었다. 마우리아 왕조의 시조 찬드라굽타의 인도 통일의 대위업은 손자 아소카왕 때에 이르러 비로소 완성된다. 찬드라굽타 – 빈두사라왕 – 아소카왕의 3대에 걸쳐 이루어진 인도 통일의 마지막 종지부를 찍는 전쟁이 그 유명한 칼링가 전쟁이다. 칼링가는 강력한 군대를 가진 독립 왕국으로 좀처럼 승복하지 않는데, 최종적으로 칼링가 왕국을 파괴하여 제국의 통일을 완성한 사람이 바로 아소카왕이다.

"칼링가 전쟁은 아소카왕의 승리로 끝났다. 그러나 전쟁의 승리는 오히려 그에게 깊은 슬픔과 회한을 남겼으며, 이는 훗날 그가 무력의 정복을 버리고 다르마

(法)의 정복으로 전환하는 이정표가 된다."●

"칼링가 사람들의 처참한 살육과 비참한 이주를 보고 아소카왕은 몹시 괴로워하고 비통해했다. 아소카왕의 다르마의 준수·다르마의 사랑·다르마의 전파는 더욱 열렬해졌는데, 이는 칼링가 정복에 대한 후회 때문이다"라고 〈아소카왕 암벽비문 칙령〉에는 전한다. 이 같은 내용은 아소카왕의 통탄의 고백이라 할 수 있다.

아소카왕은 폭력이 아니라 비폭력으로, 무력이 아니라 자비로 통치하겠다는 것을 영토 각지의 암벽 또는 석주에 새겨서 천하에 그 이념을 공표한다. 이를 '암벽 칙령' 또는 '석주 칙령'이라고 한다(도 2-9, 10). 우리가 잘 아는 《아소카왕 석주》라는 것은 석주 기둥 표면에 그 이념을 새긴 것으로 '석주 칙령'에 해당한다.

아소카왕이 이처럼 다르마에 귀의하게 된 계기는 원효 대사의 불법 전향에의 계기를 연상케 한다. 백제군과 신라군의 싸움에 원효는 신라군의 화랑으로 참전한다. 자신의 군대가 이기자 승전의 기쁨에 젖어 환호하던 그였지만 다음 전투 때 패배를 겪으며 절친한 친구를 잃게 된다. 친구를 잃었을 때 비로소 지난번 전투 때 죽인 상대편 군사들이 눈에 들어오게 되는데, 무자비한 살인을 부추기는 정복 욕망에 환멸을 느낀 원효는 활과 칼을 버리고 머리카락을 깎고 출가하게 된다.

●   이거룡, 『전륜성왕 아쇼까』, 도피안사, 2009, p.29.

2-9 주요 《아소카왕 석주》 모양과 지역 표기

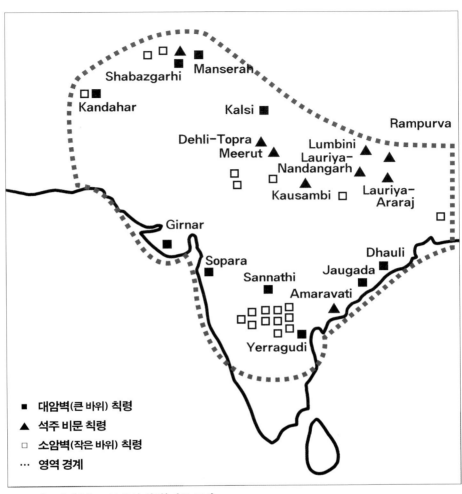

Shabazgarhi Manserah
Kandahar
Kalsi   Rampurva
Dehli-Topra
Meerut   Lumbini
              Lauriya-
              Nandangarh
          Kausambi   Lauriya-
                      Araraj
Girnar
Sopara   Dhauli
        Sannathi   Jaugada
              Amaravati
        Yerragudi

- ■ 대암벽(큰 바위) 칙령
- ▲ 석주 비문 칙령
- □ 소암벽(작은 바위) 칙령
- … 영역 경계

2-10 아소카왕 '다르마(법)의 칙령' 비문 표시

2-11 칼을 버리는 아소카왕. '무력의 정복'에서 '자비의 정복'으로 전환하다. ⓒ김효경

②

◈ 석주 칙령 ◈

만일 용서할 수 있다면, 잘못을 저지른 사람이라도 용서해야 한다.

너를 죽임으로써 나를 살찌우는 정복이 아니라,

너를 살림으로써 나도 사는 정복이어야 한다.

그들이 나를 두려워하지 않길 바라며,

그들이 나를 신뢰하고,

나로부터 슬픔이 아니라 행복을 받기를 소망한다.

아소카왕(304~232 BCE)이 돌벽(암벽)과 돌기둥(석주)에 새긴 이 같은 내용은 아소카왕의 진심 어린 '참회'의 일기라 할 수 있다. "만일 용서할 수 있다면 잘못을 저지른 사람이라도 용서해야 한다." 어쩌면 아소카왕은 이 글을 통해 '가능할지 모르겠지만 부디 나를 용서해 줄 수 있겠니?'라고 민중을 향해 절절한 참회와 호소를 하고 있는지도 모르겠다. 그 이유는 본인이 저지른 참혹한 칼링가 전쟁 때문이다.

다르마에 의한 통치

인도의 대(大)통일을 위해 벌어진 마지막 전투, 칼링가 전쟁에서 자행되었던 참혹한 대학살. 전쟁에서는 승리하였으나, 그 후 아소카왕은 깊은 후회와 침통에 빠져든다. 수십만 명의 이산가족, 무너진 인간의 존엄성, 처참한 살육의 풍경, 짓밟힌 생태계. 그는 무력 정복에 대해 참담한 회의를 느낀다. 그의 가슴에는 참회와 후회의 눈물이 철철 흐른다. 그리고 "그들이 나를 두려워하지 않길 바라며, 그들이 나를 신뢰하고, 나로부터 슬픔이 아니라 행복을 받기를 소망한다"라고 천명하고, '무력'이 아닌 '다르마'에 의한 통치로 대대적인 전환을 한다. 여기서 '다르마'란 '법(法)'을 말한다. 아소카왕이 말하는 '법'이란 '붓다의 법'을 말한다. 붓다의 법의 핵심은 '자비'이다. 자비를 바탕으로 한 평등과 조화를 일컫는다. "전쟁의 북소리 대신 다르마가 울려 퍼지는 소리가 있어야 한다. 나의 아들들과 후손들은 무력 정복은 염두에 두지 말 것이다."●

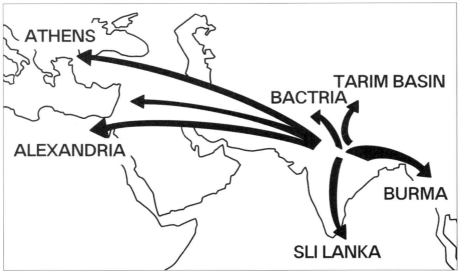

2-12 아소카왕 통치 시대(260~218 BCE)의 불교 전파의 영역

그는 참회와 반성이 담긴 이러한 새로운 정치 이념을 공공연하게 '칙령'으로 새겨서 전국적으로 퍼뜨린다. 인도 전 지역 곳곳의 작은 돌벽에 새긴 것이 '소암벽 칙령'이고, 큰 돌벽에 새긴 것이 '대암벽 칙령'이다. 그리고 주요 도시들 한 가운데에는 돌기둥, 즉 석주를 세워서 '석주 칙령'을 반포했다. 붓다 성지마다 만나게 되는 《아소카왕 석주》가 바로 이러한 칙령이 새겨진 돌기둥인 것이다.

칙령의 비문과 석주가 세워진 곳들은 주요 도시와 도서 지역, 교통의 요지 및 종교의 성지 등이다. 이는 해당 지역 관리에게 '다르마의 칙령'대로 다스리라는 명령이자, 모든 백성에게 이것을 준수하라는 공표이다. 인도 전역에는 다양한 인종·다양한 언어·다양한 풍습과 종교가 존재했기에 이것을 모두 아우르는 이념이 필요했다. 만인에게 보편타당한 이러한 다르마의 이념은 각 지역 사람들이 읽기 편하도록 각 지역의 해당 언어로 새겨졌다. 그래서 칙령이 카로슈티 문자 또는 브라흐미 문자 등 각기 다른 문자로 새겨진 것을 발견할 수 있다. 이는 아람어·그리스어·프라크리트어 등 각지마다 다른 언어를 사용하는 백성들을 배려한 것이다.

살아있는 모든 존재에 대한 자비

역사상, 유명한 석주 또는 비문들이 많이 존재한다. 이집트의 오벨리스크 또는 페르시아의 돌기둥 등에는 대개 국왕의 업적·전쟁의 승리·신의 숭배·영토 점령의 표시 등과 같은 내용이 새겨져 있다. 하지만 《아소카왕 석주》는 다르다. 아소카왕 석주와 아소카왕 암벽 비문에는 "더 이상 무력 정복은 없다. 다르마의 자비의 정

●   칙령의 주요 내용은 『전륜성왕 아쇼까』(이거룡, 도피안사, 2009, pp.30~31) 참조.

복만 있을 뿐이다"라는 선언이 담겨 있다. 앞으로 그 어떤 누구도 무력의 정복은 있을 수 없다는 선전포고이다. 잔혹한 무력 통치에서 생명을 존중하는 다르마의 통치로 전환한 아소카왕 칙령의 기본적 내용을 요약하면 다음과 같다.●

　　(1) 사람과 동물에 대해 상처를 입히지 말라.
　　(2) 조화로운 인간관계를 갖자.
　　(3) 자기 규제의 윤리로써 자비·서로 도움·자제·보은·분에 맞는 생활·신앙과 다르마에 대한 존경 등을 실천하자.

너무도 단순해서 오히려 감동이다. 사람으로서 당연히 지켜야 할 도리! 우선, 무엇보다도 살아있는 존재에 대한 기본적인 존중과 평등을 강조한다. 이는 사람뿐만 아니라 동물에게도 동등하게 적용된다. 또 식용으로 무수하게 살육되는 가축들의 수를 하루에 세 마리로 제한하고, 앞으로는 이것마저도 못 죽이게 한다는 내용을 발견할 수 있다.
　　칙령의 내용은 사람과 사람 사이의 존중과 조화를 가장 우선으로 한다. 부모·스승·노인·종교인에 대한 보시와 존경, 친구와 도반 사이의 바람직한 관계, 극빈자와 하인에 대한 바른 예우 등이 언급된다. 살아있는 모든 존재는 평등하므로, 그 누구도 그 무엇을 함부로 해칠 수는 없다는 생명평등사상과 생명존중주의를 확인할 수 있다. 칙령에 명기된 개개인의 생활 윤리는, 특정 종교나 사상을 넘어, 누구에게나 보편타당한 매우 인간적인 내용임을 알 수 있다. 이러한 '다르마 이념'의 상징은 '다르마 차크라', 즉 '법륜(法輪)'이라는 이미지로 표상화되었다.

● 　『佛陀의 世界』(나까무라 하지메, 김영사, 1984, p.274) 참조.

◈ 미술 속 아소카왕 ◈

인도 전역에 8만 4천 탑을 세우고 불교를 국가적 차원에서 대대적으로 전파한 최초의 국왕 아소카*. 그는 못생기고 난폭하여 '잔인한 아소카'로 불렸다.** 하지만 불교에 귀의한 후, 그는 '피야다시왕(만물을 자비로 대하는 왕)'으로 불리게 되었다. 석가모니 붓다의 입멸 200년 후, 아소카왕이 없었더라면 이토록 넓은 지역으로 불교의 전파가 가능했을까. 또 아소카왕이 사리탑을 세워 장엄하지 않았다면, 대중적 불교의 신앙은 가능했을까. 석주와 사리탑은 신앙의 구심점이자, 불교미술의 시작점이다. 국가적 차원에서 시작한 전법의 최초이자 최고 후원자인 아소카왕. 아소카왕은 불교 전파에 있어 매우 중요한 역할을 하였기에 2,000년이 넘는 불교미술의 전통 속에 영원히 살아있게 된다.

●   '아소카'는 번역하면 '무우(無憂)'가 된다. 아소카왕이 불교로 전향한 이후에는 전륜성왕 [cakravarti-rāja: 정법(正法)으로 세상을 통치하는 이상적인 제왕]으로 불렸다. 아소카왕, 무우왕, 피야다시왕(친애희견왕), 전륜성왕 등은 모두 같은 인물을 지칭하는 말이다.

●●   아소카왕은 99명의 왕자를 살해하고 왕위에 오른 것으로 알려져 있다. 아소카는 맏아들이 아니어서 상속권이 없었고, 또 아버지 빈두사라왕이 아주 싫어한 아들이었다. 추한 외모는 잘생긴 맏아들 수시마와 비교되었다. 아버지는 수시마를 당연한 후계자로 여겼고, 아소카는 안중에도 없었다. 누구도 어쩔 수 없었던 탁실라 지역의 반란을 단번에 진압했으나, 아버지는 마땅치 않게 여겼다. 아소카는 왕위 쟁탈전에서 99명의 이복형제들을 무참하게 죽이고 통치권을 장악했다. 이 소식을 들은 병중의 아버지는 피를 토하고 분노하며 죽었다고 한다. (이거룡, 『전륜성왕 아쇼까』, 도피안사, 2009, pp.85~90)

2-13 흙을 보시하는 아이(소아시토), 〈녹원전법상〉의 부분, 조선 중기 변상판본

2-15 흙 보시의 공덕으로 아이는 훗날 전륜성왕이 된다. 해인사 팔상탱 〈녹원전법상〉의 부분

흙을 보시한 아이

우리나라 조선 시대를 관통하여 전통 사찰에 걸렸던 주요 불화 장르 중 하나가 《팔상탱(八相幀)》이다. 석가모니 일대기를 여덟 장면으로 나누어 그린 것인데, 이 중에 제7번째 화폭인 《녹원전법상》에는 석가모니 붓다가 득도한 후 전법하는 모습이 그려져 있다. 먼저 녹야원에서 다섯 수행자에게 법을 전하는 모습이 나타난다. 전법의 내용은 붓다가 노사나불로 화신한 모습으로 장엄된다. 그리고 금강계단으로 묘사되는 깨달음과 그것을 향한 계율의 단(壇)이 우뚝 서 있다. 이러한 전법상에 빠지지 않고 고정으로 나오는 두 이야기가 있는데, 하나는 '포금치지(布金置地)'이고 또 하나는 '소아시토(小兒施土)'이다. 포금치지는 수달장자(급고독 장자)가 금을 사서 절터에 깔아 기원정사를 마련해 준 이야기이다. 또 하나는 소아시토로 흙을 보시한 아이 이야기이다. 흙을 보시한 이 아이가 바로 아소카왕이다. 아소카왕과 수달장자는 불교의 전법에 결정적인 역할을 한 두 인물로, 그 업적을 기리기 위해 지금까지도 우리나라의 팔상탱 《녹원전법상》 속에 살아 숨 쉬고 있다(도 2-13, 14, 15, 16).

2-14 흙장난을 하던 아이가 '흙을 쌀가루'라며 한 줌 쥐어 부처님께 공양한다(도 2-13의 부분).

2-16 흙 공양을 인연으로 아이는 '장차 전륜성왕이 되리라'는 수기를 받는다(도 2-15의 부분).

"어느 때 부처님께서 성안에 들어가 걸식하실 때였다. 아이들이 흙으로 집과 창고를 만들어 쌀이라고 하며 흙 놀이를 하였다. 그중에 두 아이가 마침 부처님이 지나가는 것을 보고, 흙을 쌀이라고 하며 공양을 했다. 부처님은 빙그레 웃으시고 그것을 받아 아난에게 주시며 말씀하셨다. '이 흙을 가지고 정사에 내가 거처하는 방에 바르라. 이 아이들이 기쁜 마음으로 흙을 보시한 공덕으로 내가 열반에 든 후 백 년 뒤에 국왕이 될 것이다. 이름은 '아소카'이다. 한 가지로 삼보를 받들어 불법을 크게 일으킬 것이며, 사리를 널리 펴고 나를 위해 8만 4천 탑을 건립하리라.'"

-『현우인연경(賢愚因緣經)』

『현우인연경』 이외, 붓다와 관련된 아소카왕의 전생 기록이 담긴 경전 내용을 살펴보면 다음과 같다. 덕승(德勝)과 무승(無勝)이라는 아이가 흙을 가지고 놀면서, 흙으로 성을 만들고 그 안에 집과 창고를 만들어 흙으로 보릿가루라 하며 쌓아 넣었다. 부처님이 지나가자 덕승이 매우 기뻐하며 두 손으로 창고 속의 흙을 움켜쥐고 보릿가루라며 세존께 받들어 올렸다. 그리고 "장차 저로 하여금 천지를 덮어 다시 공양을 할 수 있도록 해 주십시오"라고 소원을 빌었다. 이에 붓다는 아난존자에게 "내가 죽은 뒤 백 년 후, 이 아이는 전륜왕이 될 것이니 성은 공작(마우리아)이고, 이름은 아육(아소카)으로서 정법으로 다스리고 교화할 것이다. 또 내 사리를 널리 전파하여 8만 4천 탑을 조성하여 무수한 중생을 편안하게 할 것이다"라고 했다.●

이를 통해 석가모니 붓다가 전생의 아소카왕에게 '전륜성왕'의 수기를 주신 내용을 확인할 수 있다. '전법과 교화'로 세상을 구하는 대왕으로서의 그의 역할은 흙 보시의 인연으로 이미 예견돼 있었다.

● 『아육왕경』,『대당서역기(大唐西域記)』 등 참조.

붓다 성지를 참배하는 아소카왕

아소카왕의 실제 모습은 어떠했을까? 백방으로 단독 초상을 찾아보았지만, 그의 아버지 빈두사라왕까지는 단독 초상이 확인되는데 이상하게도 아소카왕은 없다. 피부가 거칠고 못생긴 추남이었기에 없는 것일까. 그의 실제 모습이 어떠했는지 확인할 도리는 없지만, 산치 스투파의 부조로나마 그의 모습을 엿볼 수 있다. 스투파의 장엄문(莊嚴門)에는 아소카왕의 전법 활동 내용이 대서사시적인 풍으로 조형됐다. 산치 제1탑 동쪽 문에서는 '보리수를 참배하는 아소카왕'의 모습을 만날 수 있다(도 2-17, 18). 붓다 깨달음의 장소인 보드가야로 행차한 아소카왕의 행렬이 얼마나 어마어마한 규모로 진행되었는지 알 수 있다. 무수한 신하들이 횡렬 종대로 늘어서 있고, 어마어마한 공양물을 군중이 바치고 있다. 아름다운 풍악이 울려 퍼지며 참배의 행진은 진행된다. 참배 장면의 한가운데에는 금강보좌가 있고, 그 위에 커다란 보리수가 있다.

초기 불교미술의 무불상(無佛像) 시대에는 석가모니 붓다를 사람의 형상으로 표현하지 않는다. '깨달음의 도상'으로 표현했다. 보리수·텅 빈 금강보좌·비어 있는 꾸띠(수행자가 기거하는 작은 집)·발자국 등이 그것이다. 이들 도상 자체가 석가모니 붓다를 상징한다. 도상(圖像)이란, 종교적 진리의 이미지(상징 또는 기호)를 말한다. 보리수의 오른쪽을 보면, 커다란 코끼리에서 내리는 아소카왕과 그 부인의 모습이 확인된다. 아소카왕 뒤에는 하인이 천개(天蓋)를 받쳐 들고 있다. 왕과 왕비는 보리수 가까이 이동하여 보리수를 향해 합장하고 무릎을 꿇고 있다(도 2-18). 보리수의 왼쪽으로는 왕과 왕비, 어린 왕자가 둥근 단지를 들고 공양을 올리고 있다. 왕과 왕비의 순차적 이동을 복수(複數)적 표현으로 나타내고 있다. 왕과 왕비의 주변으로 어린 왕자와 공주가 보여 왕가 일족이 모두 행차하였음을 알 수 있다. 그 뒤로는 뭇 신하들이 꽃 공양·향 공양·범패 공양을 하며 뒤따른다.

2-17 붓다 깨달음의 장소 보드가야를 참배하는 아소카왕, 산치 스투파 제1탑 동쪽 문의 부조 ⓒ이선형

2-18 코끼리에서 내려 '보리수와 금강보좌(붓다의 상징)'에 합장하는 아소카왕과 왕비(도 2-17의 부분)

2-19 사리탑(라마그라마 탑)을 참배하는 아소카왕, 나가라자(용왕)가 지키고 있어서 이 사리탑은
열 수 없었다고 한다. 산치 스투파 제1탑 남쪽 문의 부조

2-20 전차를 탄 아소카왕, 붓다의 사리탑을 중심으로 나가라자와 대치하는 모습(도 2-19의 부분)

호법의 상징, 아소카왕과 나가라자

산치 스투파 제1탑 남쪽 문의 조각에는 '사리탑을 참배하는 아소카왕'의 모습이 있다. 기다란 난간 부조의 한 가운데에는 붓다의 사리탑이 반구형으로 둥글게 묘사되었다. 그 왼쪽에는 '나가라자(Nāga-Raja: 용왕)와 나기(용왕의 왕비)'가 보이고, 오른쪽에는 아소카왕이 보인다(도 2-19). 아소카왕은 (부조의 오른쪽 끝부분을 보면) 왕비와 함께 코끼리를 타고 나타난다. 주변에 아이들 모습이 보여 일가가 함께 나왔음을 알 수 있다. 그런데 사리탑 쪽으로 와서는 아소카왕이 전차로 갈아탄 모습이다. 즉, 싸울 태세를 갖춘 것이다(도 2-20). 그 이유는 나가라자의 등장에 있다. 나가라자의 전설에 따르면 "아소카왕이 전법을 위해 붓다의 사리탑 8기 중 7개의 탑은 열어 분파하였다. 하지만, 마지막 라마그라마 탑은 나가라자가 굳건히 지키고 있어 열 수 없었다"는 내용이 있다

　　이러한 이야기를 통해 아소카왕과 나가라자 용왕은 서로 붓다의 사리탑(라마그라마 탑)에 관한 보호권 또는 종주권을 행사하고자 하였음을 알 수 있다. 왼쪽의 나가라자와 나기는 머리 뒤에 7마리의 뱀을 광배로 삼고 있다(도 2-19). 뭇 뱀들의 대왕인 것이다. 뱀은 습기가 많은 곳, 즉 '물'을 상징한다. '나가'는 산스크리트로 뱀 또는 코브라를 뜻한다. '나가라자'는 '뱀들의 제왕'이라는 뜻으로 '용왕(龍王)'으로 번역된다. 그런데 일반적인 뱀이 아니라, 강·호수·바다 등 물을 지배하는 정령을 말한다. 나가라자의 몸은 뱀의 형상이고 머리는 사람의 모습이다. 7마리 또는 9마리 등 무수한 뱀들의 머리가 합쳐진 코브라의 형상으로 표현되기도 한다. 남방의 불상 중에는 붓다의 광배로 나가라자가 등장하는 경우가 종종 있다. 생명의 근원으로서의 물의 신 나가라자가 붓다 또는 불교의 호법신이 된 것이다. '나가'는 남성, '나기 또는 나기니'는 여성으로 표현되며, 그 모습은 신비롭고 아름답다.

보리수를 시기한 왕비와 쓰러지는 아소카왕

산치 스투파 제1탑 남문에는 '보리수를 시기한 왕비 이야기'가 조각되어 있다. 아소카왕이 붓다가 깨달은 장소의 보리수를 너무 아끼고 사랑하는 것을 왕비가 시기한 나머지, 보리수를 저주하여 시들게 하였다는 이야기이다. 아소카왕의 많은 왕비 중 유독 질투가 많았던 이 왕비는 아소카왕이 자신에게 관심을 주지 않자 이러한 만행을 저질렀다. 시든 보리수를 보고 충격을 받은 아소카왕이 쓰러지는 장면(도 2-21)이다. 두 명의 시녀가 그를 부축하고 있다.

아소카왕은 룸비니·사르나트·보드가야 등 붓다의 성지를 직접 방문해서 그곳에 석주 및 사원을 건립하고 붓다의 뜻을 기렸다. 이러한 거국적 불사(佛事)로 불교는 급격히 퍼져나갔고, 승가는 보호되었으며, 민중들은 이들 장소를 성지(聖地)로 삼았다. 이렇게 석주를 세워 이정표를 표시한 공덕으로, 현재의 우리도 바로 이곳이 붓다가 위대한 업적을 일으킨 곳임을 알게 되었다. 그리고 붓다의 발자취를 따라 성지 순례가 가능하게 된 것이다.

2-21 보리수를 시기한 왕비. 보리수가 시든 것을 보고 충격을 받아 쓰러지는 아소카왕을 두 시녀가 부축하고 있다. 산치 스투파 제1탑 남문의 부조 ⓒWikimedia

2-22 〈법륜과 연꽃〉(복원 일러스트), 바르후트 스투파 동문의 최상부 부조,
승가 시대(125BC~73 BC), 사암, 콜카타 인도박물관 소장

③

◈ 《다르마 차크라》 ◈

'다르마 차크라(Dharma-cakra)'는 한자로 '법륜(法輪)'으로 번역되며, 아소카왕 석주의 가장 꼭대기를 장식하는 핵심 도상이다. 즉, 만인에게 법륜을 하늘 높이 보이기 위해 석주를 만들었다는 것을 알 수 있다(도 2-23). 그만큼 법륜이 상징하는 바는 크다. 법륜은 '궁극의 깨달음'을 나타내는 이미지이다. 석가모니 붓다 또는 불교 그 자체를 상징한다. 초기 불교미술 시대인 무불상(無佛像) 시대에는 석가모니 붓다가 있어야 할 자리에 법륜이 있다. 법륜이 바로 '깨달은 붓다의 모습' 그 자체인 것이다. 바르후트 스투파와 산치 스투파의 뭇 조각에서는 법륜의 도상을 만나볼 수 있다. 예를 들면, 금강보좌 또는 연화대좌 위에, 붓다가 앉아 있어야 할 자리에 법륜이 있음을 볼 수 있다(도 2-24). 또 붓다 성도의 장소인 보리수 아래, 그리고 녹야원의 첫 설법의 장소 등을 표현한 미술 속에도 어김없이 법륜이 있다.

이미지의 왕

법륜을 최초의 불교 상징으로 내세운 아소카왕은 '전륜성왕(轉輪聖王)'이라고 불린다. 전륜성왕의 뜻은 '자신의 전차 바퀴가 굴러가는 곳은 모두 지배한다'는 의미로 '온 천하 어디를 가든 방해받지 않는 통치자'라는 뜻이다. '법륜을 굴린다'라

2-23 〈법륜 숭배〉 바르후트 스투파의 부조, 슝가 시대(2C
BC), 사암, 콜카타 인도박물관 소장

2-24 〈법륜 숭배〉 산치 스투파 제1탑 서문의 부조

는 것을 '전법륜(轉法輪)'이라 한다. 불교의 진리를 설법하거나 전파하는 것을 전법륜이라고 하는데, 붓다 최초의 설법을 '초전법륜'이라고 하는 이유는 여기에 있다. 전륜성왕이 어떤 장애물이라도 모두 타파하며 전차의 수레바퀴를 힘차게 굴려 지배하듯, 붓다의 진리와 설법 또한 어떤 마구니(무명과 번뇌)라도 깨뜨려 부수어 버린다는 의미를 지닌다. 즉, 아소카왕이 전륜성왕으로 불리는 이유는 불법(佛法)으로 천하를 다스린다는 의미가 담겨 있다. 바르후트 스투파 또는 산치 스투파의 장엄 문(門)의 가장 높은 중심에 있는 것이 법륜의 조형(도 2-22, 31, 33)이다. 무수한 조형 이미지 중에 가장 핵심이 되는 '이미지의 왕'인 것이다. 붓다의 법인 '다르마'로 통치한다는 아소카왕의 상징이기에 이것을 '아소카의 차크라[Ashoka's Chakra: 아소카왕의 윤보(輪寶)]'라고도 부르는데, 이는 마우리아 왕조의 상징이기도 하고 현재 인도 국가의 상징(도 2-26)이기도 하다.

2-25 힌두 사원의 법륜, 법륜은 불교뿐만 아니라 자이나교 및 힌두교의 상징물이기도 하다.
어느 종교에나 보편적으로 공통하는 '원초적인 신성성'을 표현하기 때문이다. ⓒWikimedia

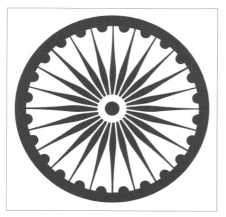

2-26 법륜(다르마 차크라), 신성한 빛줄기가
원형으로 방사되는 모습.

2-27 법륜(다르마 차크라)이 회전하는 모습

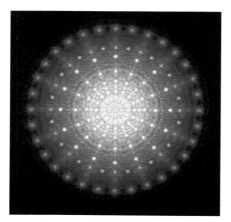

2-28 법륜(다르마 차크라)이 열리는 모습

2-29 법륜(다르마 차크라)이 회전하는 모습

원초적 신성성

법륜은 최초의 불
교 이미지이자 가장
오래된 불교의 상징이
다. 그런데 법륜은 불교
뿐만 아니라 자이나교 또
는 힌두교의 상징이기도 한
데, 그 이유는 이 이미지가 어
느 종교에나 공통하는 '원초적
신성성'을 나타낸 것이기 때문이다
(도2-25). 원형의 바탕에서 무수한 빛줄
기가 뿜어져 나오고 그것이 회전하며 돌아
가는 모습은 '온갖 만물이 바탕에서 현상(現象)
하는 모습'이다. 이것을 무수한 바퀴살의 수레바
퀴가 돌아가는 것에 비유한 모습(도2-26, 27)이다.

이러한 현상을 불교적 용어로 풀자면, '바탕 자리
[법신(法身)]에서 공덕 장엄[보신(報身)]이 일어난다'라
고 표현할 수 있다. 법신을 조형적으로 표현할 때는 둥근
모양[원상(圓相)]으로 나타낸다. 여의주·보주·마니보주·명
주(明珠)·일원상(一圓相) 등으로 표현된다. 법신을 바탕으로
일어나는 보신은 무량한 빛줄기의 발산과 회전으로 나타난다.

2-30 법륜은 붓다32상의 특징 중 대표 상징으로 손바닥 또는 발바닥에 묘사된다.

이 같은 신성한 에너지의 작용(보신)을 경전 상에는 서기(瑞氣)·서응(瑞應)·상서(祥瑞)·영서(靈瑞) 등 용어로 나타내고 있다. 이러한 모습은 신성한 에너지와 소통하는 창구인 차크라가 열릴 때 나타나는 모습이다.

법륜은 영원히 멈추지 않고 구르고 있기에, 불성(佛性)은 온 누리에 가득하다는 붓다의 가르침을 나타낸다. 끊임없이 돌아가고 있는 법륜은 끊임없이 일어나는 번뇌와 무명을 타파한다. 원초적 신성성과 하나가 된 붓다의 외적 특징인 32상 중 가장 대표적 징표가 법륜이다. 그래서 붓다의 손바닥과 발바닥에는 법륜(도 2-30)이 있다. 이를 '천폭륜상(千輻輪相)'이라고도 하는데, 천 개의 바퀴 살처럼 무량한 빛줄기가 방사된다는 의미이다.

허공의 바탕(법신)에서 에너지의 소용돌이(보신)가 일어나서 만물이 생성되는 모습. 이는 모든 존재가 창조되는 원초적인 모습으로, 불교에서는 연기[緣起, 또는 연생(緣生)]라고 한다. 연기란 이것과 저것이 만나 조건 지어지면서 일어나는 현상을 말한다. 그런데 무엇이든 존재하려면, 그것이 존재할 수 있는 바탕이 있어야 한다. 모든 존재의 바탕·모든 의식의 바탕을 법신이라 한다. 그러면 가장 근본이 되는 법신부터 알아보자.

'물고기는 물을 아는가?'

물고기는 자신이 바다라는 공간 속에 있다는 것을 알까? 답은 '모른다'이다. 단, 깨달은 물고기는 '안다.' 이는 '사람은 자신이 허공(또는 공간) 속에 있다는 것을 아는가'라는 물음과 같다. 답은 '모른다'이다. 단, 깨달은 사람은 '안다'이겠다. 우리는 허공이라는 바탕 공간과 그 안의 기체(공기)를 매양 인식하고 살지는 않는다. 물고기가 물이 없으면 죽듯이, 사람도 공기가 없으면 죽는다. 하지만 물의 바탕 공간, 공기의 바탕 공간을 일상에서 자각하지는 못한다. 그 이유는 우리의 눈(육안)은 피사체(대상이 되는 물체)만 보기 때문이다. 그 피사체가 '존재할 수 있는 바탕'은 보지 못한다.

비유하자면, 영상과 스크린의 관계이다. 우리는 영화가 상영되는 동안 피사체인 '영상'만 보지, 그 영상을 비추는 바탕인 '스크린'은 보지 못한다. 우리 자신의 존재도 평생 그렇게만 봐왔다. '나'라는 피사체만 보이고, 그것에만 평생 몰두해 있다. '개체의 감옥'에 갇혀 있는 것이다. 마음은 몸에 갇혀 있고, 또 반대로 몸은 마음에 갇혀 있는 상태이다. 맞물린 조건들의 작용과 압박에 갇혀 있다. 옥죄여오는 조건들의 억압을 우리는 팔자 또는 운명이라 부른다. 그래서 자유로운 바탕 공간과 바탕 의식을 보지 못한다.

이렇게 '바탕 자리'의 중요성에 대해 운운하는 이유는 '법신'을 말하고자 함이다. 법신에 관한 깨달음으로 인해 '존재'라는 것을 비로소 제대로 보게 한다. 『반야심경』에서 나오는 유명한 글귀인 '전도몽상(轉倒夢想)'인 상태에서 벗어나게 된다는 말이다. '전도'는 바르게 또는 제대로 보지 못하고 뒤집어 보는 것을 말하고, '몽상'은 헛것을 현실로 착각한다는 말이다. 여태껏 개체의식(또는 자의식)에 갇혀서 전도몽상으로 세상을 보았다. 즉 '나'라는 '개체'에서 '주변'을 보았는데, 깨닫게 되면 이제는 '전체'라는 주변에서 '개체'를 보는 방식으로 대대적인 인식의 전환이 일어난다. 이렇게 법신과 하나 되면, 이윽고 우리는 기나긴 전도몽상 상태에서 벗어날 수 있다. 자의식에 갇혀 평생토록 맹렬하게 헛발질한 고단함을 멈출 수 있다.

허공에 가득한 '아는 마음'

붓다 가르침대로의 수행 결과로서 일경성(一境性)을 체험하면, 바탕 자리에 눈을 뜨게 된다. 원리를 요약하면 다음과 같다.

특정 대상에 집중 → 대상이 (솜구름처럼) 희뿌옇게 퍼짐(니밋따가 나타난다) → 대상이 투명해짐 또는 무량한 빛으로 변함 → 대상의 사라짐 → 대상에 붙어 있던 인식(나)도 사라짐 → 나와 대상(주체와 객체)이 모두 사라지면서 → 바탕 자리와 하나 됨 또는 바탕 자리가 드러남.

처음에는 집중하는 나(주체)가 있고, 집중의 대상(객체)이 따로 분리되어 있다. '나와 대상'이 하나가 되게 집중을 몰아가면, 결국 주객이 모두 사라져 버린다는 것. 이러한 방법을 통해 '나'라는 개체의식(자의식)에서 벗어나게 되고, '바탕 의식'으로 전환이 온다. '나'라는 몸과 마음에 갇혀 있던 의식이 광활한 바탕으로 풀려나게 된다. 위에 '바탕 공간' 또는 '바탕 자리' 등의 용어를 썼는데, 여기서부터는 '바탕 의식'이라는 용어를 쓰도록 한다. 그 이유는 바탕 자리의 성질 또는 성품이 '아는 마음'이라는 '의식'이기 때문이다. 대승불교에서는 이를 '법신'이라 한다.

사마타 수행[선정(定)]을 통해 고요한 마음의 크기는 커지고 위빠사나 수행[통찰(慧)]을 통해 (고요한 마음을 바탕으로 나오는) 통찰지의 밀도는 높아진다. 두 가지 수행(사마타와 위빠사나)을 통해 통찰지(반야)를 완성해 나간 것을 '반야바라밀다'라고 하고, 이는 '법신'을 가리킨다.

아름다운 해방, 진정한 휴식

드넓은 바탕과 하나가 되는 순간, '나'라고 하는 개체의식(자의식)의 감옥에서 벗어
난다. 바탕 의식으로 전환하면, 끊임없이 파도치던 오온은 멈추고, 마침내 진정한
휴식이 찾아온다. 그 이유는 바탕 의식에서 보면 '내가 객관화'되기 때문이다. 바탕
의식과 하나가 된다는 것은 변함없는 든든한 친구를 둔 것과도 같다고 하겠다. 몸과
마음이 고통스러울 때, 언제든 바탕에 기대어 쉴 수 있기 때문이다. 법신(바탕 의식
또는 바탕 자리)의 특성은 '여여(如如)하다'·'고요하다'·'순수하다'·'청정하다'·'반
응하지 않는다'·'부동(不動)이다' 등이다. '여여'는 '있는 그대로'라는 뜻이다. 대상
을 있는 그대로 보고 일체를 분별하지 않는다는 의미이다. 분별하면 반응하고, 반
응하면 흔들린다. 분별함이 없기에 흔들리지 않는다. 이러한 상태를 '부동지(동요되
지 않는 경지)'라고 부른다. 여여하게 보이기에 세상은 그저 평등할 뿐이다. 어떤 판
단도 어떤 개념도 들어가지 않는다. 모든 것이 그냥 존재할 뿐이다. 그래서 바탕 의
식을 '반응 없이 아는 마음'이라고도 부른다. 일체에 반응하지 않기에 오염되지 않
는다. 그래서 법신 앞에는 '청정(清淨)'이라는 수식어가 따라붙어, '청정법신'이라
고 한다. 철학과 심리학에서는 이것을 순수 의식 또는 우주 의식이라고도 부른다.

중생의 마음[탐진치(貪瞋癡)]은 좋고 싫음의 분별과 반응으로 오염 일로이다.
반면, 법신의 마음은 무분별과 청정함으로 충만하다. 반응하지 않기에 오염되지
않는 이러한 성품은 '물방울과 연잎'에 비유된다. 연잎 위의 물방울은 또르르 구른
다. 연잎 위에서 퍼지거나 스미거나 섞이지 않고 본래의 동그란 모양을 유지하며
굴러다닌다. 물방울은 연잎의 돌기 위에 떠 있기에 사실상 분리되어 있다. 물방울
이 연잎을 더럽히지 못하듯, 온갖 사물과 작용이 바탕 의식을 더럽히지 못한다. 하
지만 온갖 사물과 작용은 바탕 의식 속에 있고, 바탕 의식은 이들을 고요한 적멸
속에서 그저 여여하게 알고 있을 뿐이다.

2-31 산치 스투파의 북문

2-32 이미지의 왕 〈법륜〉, 장엄문의 최상부 조각
(도 2-31의 부분)

2-33 〈법륜·연꽃·만물〉 삼라만상 창조의 장엄(도 2-31의 부분)

◆ 존재를 보는 요령 ◆

궁극의 깨달음인 바탕 의식을 근본불인 '청정법신 비로자나'로 설정하는 것이 대승불교의 불신관(佛身觀)의 시작이다. 가장 오래된 대승경전인 『8천송 반야경(Aṣṭasāhasrikā Prajñāpāramitā)』에는 '법신(Dharmakāya)'이라는 용어가 처음 나온다. "(반야바라밀다는) 실로 여래들의 진정한 사리이다. 왜냐하면 세존께서는 이렇게 말씀하셨기 때문이다. '불타세존들은 법신이다. 하지만 비구들이여, 너희들은 결코 눈에 보이는 육신을 진신(眞身)으로 여기면 안 된다. 너희들은 나를 법신의 완성체로 볼 것이다.' 그래서 여래들은 반야바라밀다라는 궁극의 실재에서 나온 것으로 보아야 한다." 붓다는 진리의 완성인 '반야바라밀다'를 '법신'으로 규정하고, 본인도 '궁극의 실재로서의 법신'이라고 말한다.

법신→보신→응신

불교미술에서 '궁극의 실재로서의 법신'은 '원상(圓相)'으로 표현된다. 초기 불교미술을 대표하는 산치 스투파 장엄문의 중심에는 '법신의 원상(도 2-32)'이 조형되어 있다. 코끼리가 등에 원상을 떠받치고 있다. 원상의 안쪽으로 작은 돌기들이 둘러있어 전형적인 초창기의 법륜이라 추정된다. 법륜은 원상의 '원(圓)'을 기본 틀로 한다.

청정한 바탕인 법신에서 일어나는 자비의 에너지를 '보신'이라 한다. 보신은

2-34 〈연꽃〉 깨달음의 꽃(또는 우주의 연꽃·창조의 연꽃)으로
법륜과 더불어 불교의 핵심 상징이다.

불교미술에서 '연꽃'으로 조형(도 2-34)된다. 그리고 연꽃에서는 중생의 눈으로
볼 수 있는 '응신'이 일어난다. 먼저 공(空)의 바탕(법신)이 있고, 거기에서 다양한
에너지(보신)가 만나 회전하면서 파장을 만들고, 파장은 다른 파장을 불러와 (눈에
보이지 않던) 무형의 에너지는 덩어리(응신)지기 시작하여, (눈에 보이는) 유형의 물
질로 현존하게 된다는 과정이다.

　　종합하면, 삼라만상이 존재하려면 우선 바탕 공간이 있어야 한다. 바탕 공간
에는 바탕 의식이 있다. 바탕 의식을 법신이라 하는데, 이 자리에서 나를 보면 (자
아라는 개체의식에서 벗어나 광활한 바탕 의식으로 전환이 일어나) 내가 객관화되어 보
인다. 그 결과 호흡은 자연호흡으로 돌아오고, 초연한 평화가 온다. 모든 대승경전

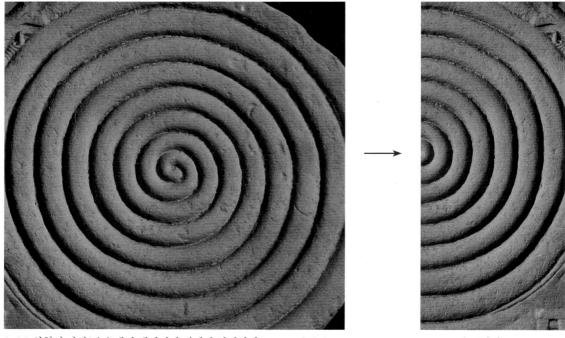

2-35 원형의 바탕(법신)에서 에너지가 일어나 회전한다(도 2-38의 부분).

2-36 소용돌이의
에너지(보신)에서
만물이 탄생하기
시작한다.

은 법신의 관점에서 쓰여 있다. 그리고 모든 불교미술도 법신의 자리가 기본이다. 그래서 이러한 바탕 자리를 깨닫게 된다면, 경전이든 미술이든 그 원리는 쉽게 이해될 수 있다. 불교경전과 불교미술의 전통은 참으로 방대하고 유구하다. 하지만 이것을 일관적으로 관통하는 것은 〈법신→보신→응신〉의 삼신(三身)의 원리이다.

2-37 뭇 식물과 동물의 삼라만상(응신)이 모습을 갖추어 나타난다.

법신=원상, 보신=연꽃

이상을 요약하면, 허허로운 바탕은 오묘한 각성(覺性 또는 불성)으로 충만한데 이 것을 '법신'이라 하고, 대승불교의 불신관 또는 우주관은 법신에서 시작한다. 법신 에서 보신이 일어나고, 보신에서 응신이 일어나는 〈법신→보신→응신〉의 '삼신의 원리'. 이것이 존재의 원리이자, 불교미술의 원리라고 언급했다. 이것의 조형 원리 는 법신은 '원상'으로, 보신은 '연꽃'으로, 응신은 (중생의 눈에 보이는) '붓다'로 나타 난다는 것이다.

그런데 여기서 '반응하지 않는 부동의 자리'라는 법신에서, 어떻게 보신이 일어날 수 있는가?'라는 의문이 생긴다. 반응하지 않기에, 오염될 수 없는 청정한 자리! "온 적도 없고 간 적도 없다(『8천송반야경』)"는, 그리고 "모양이나 소리로는 찾을 수 없다(『금강경』)"는 자리. 색도 모양도 소리도 없는 부동의 자리에서, 어떻게 색과 모양과 소리의 보신이 나오는가? 이는 모순이 아닌가?

필자는 한때 법사들에게 "바탕 자리(법신)에서 보신이 일어나는 것이 보이십니까?"라며 물으며 다닌 적이 있다. '반응 없는 그 자리'와 도무지 연결이 안 되었기 때문이다. 그래서 대승 경전에서는 "불가사의하고 신비롭다"라고 누차 말하고 있다. 이것을 확인하는 방법은 붓다처럼 반야바라밀다의 상태가 되지 않으면 알 수 없겠다. 반야바라밀다! 즉, '궁극의 깨달음(지혜의 완성)'의 경지가 되지 않고서야 모를 일이다. 또 (세세생생 닦아) 설사 그 경지가 된다 해도, 그 경지에서 붓다처럼 '중생을 돌아볼 마음(자비)'이 생길지 안 생길지도 모를 일이다.

'법신에서 어떻게 보신이 나오는가?'라는 화두를 이해하기 위해, 붓다 득도 당시의 생생한 체험으로 들어가 보자. 붓다는 무상정등각(無上正等覺, 더 이상 위가 없는 궁극의 깨달음)을 체득한 후, 숙명통이 나서 자신의 윤회를 본다. 백 천만번의 태어나고 죽음의 무한 반복을 목격한다. 그리고 자신뿐만 아니라 여타 중생의 윤회도 목격한다. "나고[生] 죽음을 한량없이 한/ 저 일체 중생 무리들은/ 일찍이 모두 친족이었거늘/ 그리하여 곧 대비심(大悲心)을 일으켰네."(「아유삼보리품(阿惟三菩提品)」, 『붓다차리타』)

여기서 핵심은 궁극의 깨달음의 경지에서 '중생을 돌아보는 마음'을 일으켰다는 것이다. 이것을 '크나큰 자비의 마음(대비심)'이라고 한다. 만약, 득도의 안락함[법열(法悅)]에 자신만 스스로 머물렀다면 소승에 그쳤겠지만, 여기서 자비심을 일으킴으로써 대승으로의 전환이 일어났다. "오랫동안의 소원 이루었거니/ '나'

없는 법에 편안히 머무르리/ 그러나 부처눈[불안(佛眼)]으로 중생을 관찰하고/ 가엾이 여기는 지극한 마음 내어/ 그들을 청정하게 하려고 하였거니 (…중략…) 차라리 부지런한 방편 버리고/ 잠자코 편안히 있고자 하였으나/ 돌아보아 본래의 서원을 생각하고/ 설법할 마음 다시 생기었나니." 붓다는 열반을 증득한 기쁨과 편안함을 토로하는 동시에, 그 상태에 계속 머물고 싶었으나 (아직 열반을 모르는) '중생들이 지극히 가엾어서' 머물 수 없다고 말하고 있다. 또 그때 '본래의 서원'이 상기됐는데, 그것은 '고통 속의 중생을 제도한다'는 것이었다.

법신의 두 얼굴, 자수용신 + 타수용신

여기서 법신은 두 가지 면모가 있다는 사실을 알 수 있다. 하나는 궁극의 '깨달음 그 자체'이고, 또 하나는 거기서 비롯되는 '자비심'이라는 것이다. 주지하듯이, 깨달음의 몸체를 '수용신(受用身)'이라고 표현하는데, 무엇을 '수용'한다는 말인가? 수용의 대상에 따라 수용신은 두 가지로 나뉜다. 첫째는 자내증(自內證)에 머물며 스스로 즐기는 자수용신(自受用身)이다. 둘째는 내가 아니라 타인에게 이것을 수용하게 시키는 타수용신(他受用身)이다. 여기서 타인은 보살을 말한다. 보살을 교화시키는 몸체를 타수용신이라 한다. 보살을 교화하는 부처는 설법하는 부처이다. 하지만 자수용신은 설법하지 않는다. 여기서 '비로자나'와 '노사나'로 나뉘게 된다.

양자는 결국 하나이지만, 나타나는 양상은 다르다. 자칫 하나는 무위(無爲)이고 또 하나는 유위(有爲)여서 상반되는 듯하지만, 자수용신 안에 이미 자타불이(自他不二)의 성품이 내재 되어 있기에 이러한 전개가 가능하다. 그래서 자수용신을 법신 비로자나, 타수용신을 보신 노사나라고 한다. 보신에서는 무수한 화신(또는 응신)이 나와 중생교화에 응한다. 중생의 구제는 (깨달음의 세계와 그것에 도달하는 방법에 관한) 설법의 교화로 가능하기에, 보신노사나불은 설법인의 수인을 하고 있다.

여기서 연꽃이 만물 창조의 모티프로 등장한다. 불교의 연꽃은 일반적인 식물 연꽃이 아니라 '깨달음의 꽃'이다. 그래서 서양학자들이 이것을 '코즈믹 로터스(Cosmic Lotus: 우주의 연꽃 또는 창조의 연꽃)'라고 부른다. 만물의 근원인 본체[체(體)]는 법신(원상), 이것의 작용[용(用)]은 보신(연꽃)으로 나타낸다. 법신과 보신을 한꺼번에 표현할 때는 '원상 속의 연꽃'으로 표현(도 2-34)한다. 붓다의 광배가 주로 '원상의 연꽃'인 이유가 여기에 있다. 연꽃은 원상과 더불어 불교의 가장 중요한 도상 중에 하나로 꼽힌다.

대승 경전을 대표하는 『화엄경』과 『법화경』은 모두 보신의 장엄을 말하고 있다. 방대한 『화엄경』은 보신 노사나를 기술하기 위해 참으로 놀라울 만큼의 형용사가 동원되고 있다. 하나의 대상을 표현하기 위해 이토록 다채롭고 장대한 문장들이 무려 60권(『60화엄』) 또는 80권(『80화엄』)의 분량으로 전개된다. 중중무진의 장엄을 중중무진의 언어로 나타내고 있다. '화엄(華嚴)'이라는 경전의 제명에서도 알 수 있듯, 화엄경은 '부처의 연꽃(佛華)이 온 세상을 장엄(莊嚴)한다'는 내용이다. 그래서 『화엄경』에서 말하는 세상을 '연화장세계(蓮華藏世界)'라고 한다. '연화장'이라는 용어를 풀면, '보신 안에 법신 있고, 법신 안에 보신 있다'라는 말이다. 『법화경』의 '법화(法華)'라는 제명의 뜻도 마찬가지이다. 법화란 '부처의 연꽃' 또는 '진리의 연꽃'이란 뜻이다. 진리의 연꽃을 피워 중생을 제도한다는 뜻이다. 이렇듯 불교경전이 온통 보신에 대해 역설하듯 불교미술 역시 온통 보신의 표현으로 충만하다. 부처의 광배·보살의 보관과 천의·법당의 다채로운 장식·천장을 가득 메우는 단청·알 듯 모를 듯 춤추는 문양 등 모두 보신의 장엄이다.

나를 바로 보는 법 '바탕 보기'

2,500년 전통의 불교미술을 가로지르는 핵심 조형 원리는 '삼신(三身)의 원리'이다. 바탕 자리(법신)에서 장엄 에너지(보신)가 일어나고 이것이 삼라만상(응신)을 꽃 피우는 구조이다. 무엇이든 존재하려면, 먼저 바탕이 있어야 한다. '바탕을 먼저 보는 것'이 불교미술을 바로 보는 요령이자, 존재를 바로 보는 요령이다. 즉, 존재의 원리가 고스란히 조형의 원리에 반영됐다. 예를 들자면, 법당이라는 건축물이 존재하려면 허공이라는 바탕이 있어야 한다. 너무나도 당연해서 인지하지 못하는 허공(법신)을 알아차려야 한다. 다음으로, 법당을 짓기 위해서는 많은 에너지가 필요하다. 스님과 신도의 발원과 보시·기도와 공양 그리고 실제 건축을 위한 숱한 재료와 장기간의 노동력이 필요하다. 이러한 에너지의 응집과 조화는 '보신'에 해당된다. 그 결과로서 눈에 보이는 법당이라는 건축물이 '응신'이 완성된다. 불화나 불상을 볼 때도 마찬가지이다. 우리의 눈은 '있는 것'을 쫓기에 바쁘다. 하지만 화폭이라는 바탕 그 자체를 먼저 볼 줄 알아야, 허공이라는 공간 그 자체를 먼저 볼 줄 알아야 비로소 불교미술이 제대로 보이기 시작한다.

정리하자면, 법신에서 보신이 일어나고 보신에서 응신이 일어나는 〈법신→보신→응신〉의 '삼신(三身)의 원리'가 핵심이라는 것. 이것이 존재의 원리이자, 불교미술의 원리라는 것. 법신은 '원상'으로 표현되고, 보신은 '연꽃'으로, 응신은 (중생의 눈에 보이는) '붓다'로 표현된다. 불교미술은 매우 다채로워서 자칫 복잡해 보이지만, 이 같은 기본 원리를 골자로 이 법칙에서 벗어나지 않는다. 삼신의 원리를 순관 및 역관할 수 있다면, 더 이상 사자는 사자가 아니고 코끼리는 코끼리가 아니고 '나'는 '나'가 아님을 통찰할 수 있다. 산은 산이 아니고 물은 물이 아니다. 모든 존재는 공(空)에서 연기(緣起)하여 연생(緣生)하고 연멸(緣滅)하는 과정을 반복한다. 불교미술은 이러한 진리를 우리에게 끊임없이 보여주고 있다.

2-38, 2-39 〈법신-보신-응신〉 삼신의 구조. 법신(원상: 존재의 바탕 자리)에서 보신(장엄의 에너지:
소용돌이로 표현)이 일어나, 응신(삼라만상)이 화현하는 과정을 묘사했다. 산치 스투파
제1탑 동문 부조(왼쪽), 남문 부조(오른쪽) ⓒ이선형

3장

붓다의 성도지
보드가야

①

◈ 기존의 수행법, 모두 버리다 〈고행상〉 ◈

"어떤 고행자나 브라만들 또한 육신을 극복하지는 못한다.
사무치는 욕망으로 끈끈한 갈망과 유혹, 갈등과 목마름 그리고 타는 듯한 갈애,
이것을 내면으로부터 없애지도 온전히 가라앉히지도 못한다."
– 「마하시짜카경」, 『맛지마 니까야』

싯다르타 태자는 출가 후, 당시에 보편적으로 유행하던 수행법들을 찾아다닌다.
출가인으로서의 태자는 적극적으로 도전하고 최선을 다해 이 수행법들을 섭렵
한다. 먼저, 도인으로 이름난 박가와(발가선인)를 찾아갔으나, 수행의 목적이 천상
에 나서 '복 받는 것'임을 알고 실망하여 바로 그를 떠난다. 태자의 수행 목적은 존
재의 근원으로부터 완전히 벗어나는 것이었기 때문이다. 모든 존재의 양태는 '고
(苦)'이다. 집착과 고통의 반복이라는 것, 존재라는 것, 갈애라는 것, 그것의 윤회
고리를 끊어서 다시는 '생(生)'을 받지 않는 것이 태자의 목표였기 때문이다.

고(苦)가 멸한 곳으로

불교에서 말하는 '생사(生死)로부터의 해탈'이란 '고(苦)라는 이 존재로부터의 해탈'을 말한다. 너무나도 현실적이고도 절실한 문제이다. 물론 육체가 죽는다고 해서 삶이 끝난 것이 아니다. 그래서 불교에서는 죽는 것을 '사대(四大)가 흩어진다'라고 표현한다. 사대가 흩어졌다가 다시 조건이 되면 합해진다. 사대란 지수화풍(地水火風)의 요소들을 가리킨다. 육체란 이러한 요소들의 만남으로 인한 덩어리이고, 이러한 요소들의 만남이 유지되다가 소멸한다. 만남의 인연이 다해 흩어지면, 덩어리인 육체가 허물어진다. 그런데 남는 것이 있다. 바로 마음이다. 이 마음을 업(業, 또는 업식)이라고 한다. 법당에서 자주 독송하는 〈영가 전에〉의 내용 중에는 "사대육신(四大六身) 흩어지고 업식(業識)만을 가져가니"라는 낯익은 구절이 있다. 몸이 죽어도 마음이 남는데, 이때의 마음을 업·업식·업력(業力)·업장이라고도 부른다. 천도재를 지낼 때는 이를 영가(靈駕) 또는 영식(靈識)라고도 부른다. 물론 이것은 모두 깨닫지 못한 마음을 가리키는 용어들이다.

불교에서는 마음을 크게 두 가지로 구분하는데, 중생의 마음(깨닫지 못한 마음)과 지혜의 마음(깨달은 마음)이다. 중생의 마음은 갈애와 집착으로 반응하여, 결국 존재와 고통을 만들어낸다. 깨닫지 못한 무명(無明)의 마음이 '업의 마음'이고, 그 반대로 깨달은 마음은 '반야의 마음'이다.

'업의 마음'은 존재의 바탕에서 존재의 생사(生死)를 주관한다. 이 마음은 스스로 깨닫지 않는 한 사라지지 않는다. 즉, '업(業)'이라는 것은 몸이 사라져도 사라지지 않고 다시 육체를 받아 고통의 삶을 지속하게 하는 기반이 된다. 석가모니 붓다가 큰 깨달음(무상정등각)에 계합한 뒤에 큰 자비심(대자비심)을 일으키고 나서, 고통 속의 중생들을 통찰지로 꿰뚫어 보는 대목이 있다. 중생들을 존재하게 하는 원인을 알고 싶었기 때문이다.

(석가모니 붓다께서) 대비심(大悲心)을 일으킨 뒤에 다시 저 중생들을 관찰하니/ 여섯 갈래 속에서 윤회하면서/ 나고 죽음의 끝이 없네/ 그것은 거짓이고 견고하지 못하여 마치 파초 꿈 환영 같네/ 이어 한밤중에/ 깨끗한 하늘 눈(天眼)을 잇따라 얻어/ 일체 중생을 관찰하기를 거울 속 모양 보는 듯하니/ 중생의 삶과 나고 죽음, 귀천과 부귀는/ 청정업(淸淨業)과 청정하지 않은 업(不淨業) 그것에 따라 고통과 즐거움(苦樂)의 과보(報)를 받네.

—「부처가 되다(「阿惟三菩提品」)」, 『붓다차리타(佛所行讚)』

존재를 만드는 근원은 무엇일까? 윤회를 완전히 벗어나는 길은 무엇일까? 태자의 수행 목표는 존재라는 것에 대한 단도직입적인 도전이었다. 이 문제를 풀기 위해 태자는 여러 수행자를 찾아다녔는데, 석가모니 일대기 관련 경전들에 공통으로 언급되는 두 스승이 있다. 알라라 깔라마와 웃다까 라마뿟따라[『팔상록』에는 아라나(阿羅邏)와 가란(迦蘭)으로 명기됨]이다. 붓다는 알라라에게서는 '아무것도 없다고 관(觀)하는 선정삼매(또는 존재가 없는 선정삼매)'인 무소유처정(無所有處定)의 경지까지 성취했고, 웃다까에게서는 '상(想)이 있는 것도 아니고 없는 것도 아니라고 관하는 선정삼매'인 비상비비상처정(非想非非想處定)의 경지를 성취한다. 두 경지는 각각의 두 스승이 최고의 경지라고 말하는 것이었다.

그러나 이들 수행의 한계는 그러한 선정의 상태에서 깨어나면 다시 일상의 동요하는 마음으로 돌아오게 된다는 것이었다. 현재의 상태에서, 바로 이 순간에 존재를 극복하는 방법은 없을까? 태자는 "(기존의 수행을 통해) 다만, 무소유처정 또는 비상비비상처정에 들었을 뿐이다. 이는 나를 집착이 없는 곳, 갈애가 없는 곳, 고(苦)가 멸한 곳, 완전한 지혜로, 궁극의 깨달음으로는 이끌지 못했다"라고 토로한다.

"마을로부터 격리되어 깊은 숲속에 홀로 산다는 것, 고독과 은둔을 기쁘게 받아들인다는 것은 어렵구나. 무심(無心)에 이르지 못한 수행자의 동요하는 마음을 가라앉히기도 쉽지 않구나." 싯다르타 태자는 속으로 이렇게 생각했다. 깊은 숲속 외진 곳에 거주하는 모든 고행자들과 브라만들은 아직 몸·말·생각 등의 삶이 청정하지 않다. 갈애와 질투·정욕·증오·탐욕으로 가득 찼다. 나태와 무기력·마음의 부조화와 불균형·의심과 불확실로 마음은 혼란스럽다. 혹, 그들은 제 잘난 맛에 숲속 생활을 하며 남을 헐뜯는다. 명예와 명성을 얻고 지키기 위해 비굴해진다. 나태해지고 무기력해지며, 의욕을 상실하고, 나약해져서 방일하게 된다. 지능은 감퇴하고 자제력은 줄어들어 마음은 쉽게 동요한다. 이러한 청정하지 못함 때문에 그들은 이성을 잃어버리고 바보처럼 두려움과 공포를 자초한다. 그러나 깊은 숲속 외진 곳에 홀로 살면서도 나는 몸·말·생각·행동 등의 삶에 청정함을 유지했다. 탐욕을 극복하고 자비심을 기르고 나태와 무기력을 추방했다. 자신을 뽐내거나 남을 헐뜯지도 않고 작은 것에 만족하며 전심전력으로 정진했다.

－『맛지마 니까야』

두 가지 수행법

태자는 끊임없는 정신 통일의 반복을 통해 특정한 정신 상태의 도달하는 것으로는 궁극의 해탈이 불가능하다고 판단한다. 태자는 이 같은 '선정(禪定)' 수행의 한계를 깨닫고 다음에는 '고행(苦行)' 수행을 택한다. 선정 수행이 전통적 브라만교 계통의 수행법이라면, 고행 수행은 자유사상가로 불리던 육사외도의 대표적 수행법이었다. 태자는 숲으로 들어가 고행 수행을 시작한다. 격리된 외로운 생활의 부조리 속에서도 태자는 스스로 그것을 끊임없이 극복하려고 애쓰며 전심전력으로 힘차게 정진해 나아간다. 당시 가장 엄격한 고행주의를 실천했던 사람들은 자이나교도였다. 태자는 생각을 집중하여 빈틈없이 몰아붙이는 것, 호흡을 멈추고 주의를 집중하는 것, 음식을 완전히 끊고 절식(絶食)하는 것, 음식을 조금씩 감식(減食)하는 것 등 육체를 괴롭히는 다양한 고행 수행들을 철저하게 이행했다.●

싯다르타 태자가 생존했던 당시에 인도에는 크게 두 가지 수행법이 존재했다.●● 하나는 브라만 계통이고 또 하나는 사문 계통의 것이다. 브라만 계통은 유일신인 브라흐마라는 본질적인 성품을 내세우는데, 브라흐마로부터 세상 만물이 전변(轉變)하여 성립한다는 설이다. 브라만 계통 사상은 오로지 선정을 체험함으로써 해탈을 얻는다고 주장한다. 이 같은 정통설에 반해, 자유사상가라고 불리던 육사외도들은 유일한 원리라는 것은 없고 많은 독립된 요소들이 특정 형태로 결합하여 이 세상이 구성된다고 주장했다. 예를 들면, 인간은 4가지 지수화풍(地水火風)의 요소들(이를 7가지 또는 12가지로 나누기도 함)로 구성되었으며, 신체가 소멸할 때 이 요소들도 각각 분해된다고 한다. 세상은 이 같은 요소들의 취합으로 이루어졌다고 하여, 이들은 적취설(積聚說)을 택하고 수행 방법으로는 고행을 택한다. 그 이유는 육체와 정신의 요소를 따로 보고, 정신이 육체에 의해 지배되어 더럽혀진다고 간주하기 때문이다. 그들은 육체적 욕구를 고행으로 소멸함으로써, 정신이 그 속박에서 벗어날 수 있다고 생각했다.

●　　더 상세한 붓다의 수행법은 『위빠사나』(김열권 편저, 불광출판사, 1993) 참조.
●●　이하 두 수행법의 내용은 『사캬무니 붓다』(마성, 대숲바람, 2010)에서 요약.

"나는 극단적으로 격리된 수행을 했다. 식사 초대에 가지 않았고 가져온 음식도 받지 않았다. 하루에 한 끼만 먹고 이틀에 한 끼, 며칠에 한 번 먹기도 했다. 나무 열매·풀잎·나무뿌리를 먹었고, 나무껍질로 만든 옷이나 누더기나 시체의 옷을 주워 입었다. 세월의 흐름에 따라 내 몸에도 먼지와 때가 껴 쌓였고 떨어졌다. 낮에는 노천에, 밤에는 숲에 있었다. 시체의 뼈를 베개 삼아 묘지 옆에서 잤다. 소치는 아이들이 와서 나에게 침을 뱉고 오줌을 싸고 흙을 던지고 내 귀에다 나뭇가지를 쑤셔 넣기도 했다."

—『맛지마 니까야』

고행으로는 반야를 얻을 수 없다

싯다르타 태자는 죽음에 직면할 정도로 철저하게 고행 수행을 했다. 혹독한 수행은 6년간 지속되었다. 하지만 그가 얻은 것은 정수리를 깨부수는 아픔·오장 육부가 찢기는 고통·휜히 드러난 갈비뼈·움푹 들어간 시커먼 눈동자·등뼈에 가닿은 뱃가죽 등이었다. 혹독한 고통에 겨워 뒤틀리고 흐트러진 몸뿐(도 3-1)이었다. 이에 그는 "육신을 극복하지 못하건, 극복하건 간에 여기에는 지혜와 통찰력이 없다"고 비판한다.

"고행자와 브라만들이 안에서 솟구치고 찌르는 듯 괴롭고 두려운 느낌을 갖는다면, 지혜와 통찰력을 갖추었다고 할 수 없다. 무상정등각(無上正等覺, 위없는 완전한 깨달음)과는 도저히 비교가 안 된다."

—「마하시짜카경」, 『맛지마 니까야』

3-1 〈붓다 고행상〉(2~4세기) 상반신 부분, 파키스탄 라호르박물관
　　"나는 극단적으로 격리된 수행을 했다. 가져온 음식도 받지 않았다.
　　나의 몸은 극도로 쇠약해지기 시작했다. 나의 갈비뼈는 마치 오래된
　　지붕 없는 헛간의 서까래처럼 튀어나왔고 뱃가죽은 등에 붙었다."

즉, 선정 수행과 고행 수행에는 모두 반야지혜가 없다는 말이다. "깨달음은 필경 다른 데 있으리라!"라고 태자는 결론 내리게 된다. 태자가 고행 수행을 한 장소는 마가다국 우루베라의 세나 마을 네란자라(니련선하) 강가이다. 이곳은 강기슭이 평탄하고 물이 풍부하며 숲이 아름답고 무성한 곳으로 기록되어 있다. 태자가 고행 수행에 들어간 이곳은 '가야'라고 불리는 도시로, 힌두교의 성지로서 다양한 수행자가 모여드는 수행자들의 거점이었다. 태자가 성도한 보드가야는 이곳에서 남쪽 10킬로미터 정도 떨어진 곳이고, 그 사이에는 네란자라 강이 흐르고 있다. 필자가 이곳, 붓다가 수행했던 보드가야와 근처 마을을 방문했을 때는 겨울철이라 네란자라 강을 찾아볼 수는 없었다. 워낙 수위가 낮은 강이기에 우기(雨期) 때에나 강이 생겨난다고 한다.

> "나는 하루에 한 개의 꼴라 열매를 먹었던 것을 기억한다. 나의 몸은 극도로 쇠약해지기 시작했다. 나의 팔과 다리는 포도 줄기나 대나무 줄기의 마디처럼 되었고, 엉덩이는 낙타 발굽처럼 되었고, 갈비뼈는 마치 오래된 지붕 없는 헛간의 서까래처럼 튀어나왔다. 눈의 광채는 푹 꺼져서 깊은 우물에 멀리 가라앉은 물빛 같았다. 뱃가죽은 등에 붙었다. 뱃가죽을 만지면 등뼈가 만져졌고 등뼈를 만지면 뱃가죽이 만져졌다."
>
> -『맛지마 니까야』

3-2 수자타의 우유죽 공양 ⓒ김효경

3-3 〈수자타 탑〉에서 보이는 수자타 마을의 풍경

3-4 〈수자타 탑〉 붓다가 고행 수행을 멈추고
수자타의 우유죽을 받아먹은 장소

3-5 〈수자타 탑〉 옆의 울창한 나무로 붓다가
앉았던 냐그로다 나무의 후손 격이다.

◈ 수자타의 공양 〈수자타 탑〉 ◈

"깨달음의 길은 필경 다른 데 있으리라!" 자기 몸이 다 무너지도록 고행했지만, 그 결론은 "이와 같이 실천하고, 이와 같이 수행하고, 이와 같은 극도의 고행을 하였지만, 나는 그 이상 인간의 상태에 도달하지 못했다. 탁월한 지혜와 통찰력을 얻지 못했다!"였다. 그리고 "그 이유는 무엇인가?"라며 새롭게 자신만의 방법으로 도전하기로 결심한다. 그리고 오랫동안 고수했던 고행 수행을 버린다. 많은 경전에는 고행을 '포기했다'는 표현을 쓰지만, 태자는 포기한 게 아니라 그 방법이 틀렸음을 알고 멈춘 것이다. 금식을 그만두고 뭐든 먹고 몸을 추스르기로 한다. 마침 근처 마을의 수자타 처녀가 태자를 나무의 신(神)이라 생각하고 우유죽을 바친다(도 3-2,8).

　　수자타가 바친 우유죽을 받아먹는 태자의 모습을 보고, 함께 수행을 한 다섯 수행자는 그가 타락했다고 비난한다. "그는 타락해서 고행을 버리고 음식을 먹었다. 우리들이 여태까지 그에게 걸었던 특별한 기대는 배신당했다. 이제 그에게 무엇을 기대하겠는가!"라며 떠나가 버린다. 이들 다섯 수행자는 후에 사르나트(녹야원)에서 다시 붓다를 만나게 되고, 붓다 첫 설법의 대상이자 첫 번째 승가를 이루게 되는 구성원이 된다.

　　태자가 수자타로부터 받아먹은 우유죽은 '파야사'라고 하는데, 한역 경전에는 '유미죽(乳糜粥)'으로 번역된다. 쌀죽에 우유·꿀·설탕을 넣은 음식이다. 수자타는 네란자라 강 근처 마을의 부잣집 딸로 마침 아들을 낳아서 감사의 뜻으로 우

3-6 〈수자타의 공양〉(왼쪽 동그라미)과 〈마라의 공격〉(오른쪽) 장면, 산치 스투파 북문 부조

유죽을 냐그로다 나무 신에게 바치러 갔다. 그곳에 있는 태자를 보고 나무의 신이 나타났다고 기뻐하며 공양하게 된 것이다.

냐그로다 나무는 한자로 니구율타(尼拘律陀)로 표기하며, 마디가 없다[無節]는 뜻이다. 붓다의 수행과 전법 속에 자주 등장하는 냐그로다 나무는 '마디가 없다'는 뜻에서 비롯하여 '분별없는 마음'을 상징하기도 한다.

불교미술 속 '수자타의 공양'

태자는 수자타의 공양을 받고 기운을 회복한 후, 네란자라 강에서 몸을 깨끗이 씻고 보리수 아래에 앉았다. 자신만의 방법으로 도전하기로 결심한 것이다. 우유죽

을 먹고 보리수 아래에 정좌하고 앉는 태자. 이러한 행위는 '수행 방법의 전환'을 의미한다. 그 위대한 전환을 상징하는 것이 '수자타의 공양'이다. 그렇기에 수자타의 공양은 석가모니 일대기 속에 빼놓을 수 없는 장면으로, 불교미술 전통 속에 지속적으로 나타난다. 초기 불교미술을 대표하는 산치 스투파의 북문 중간 패널을 보면, 수자타의 공양 장면과 연이어 기운을 차린 태자의 모습, 그리고 태자가 마라(마군)와 대적하는 장면을 순차적으로 확인할 수 있다(도3-6).

수자타의 공양을 받은 시점과 횟수 등은 후대에 전하는 기록에 따라 조금씩 번안되어 다르게 소개된다. 가장 먼저 우유죽을 공양한 사람은 난다와 난다발라[『인과경(因果經)』에는 목녀(牧女) 난타와 바라로 나온다]로, 마을에서 소를 치는 두 여인으로 전한다. 또 『팔상록』에는 난다와 난다발라가 먼저 공양을 올리고, 네란자라 강에서 태자가 목욕하고 난 뒤, 수자타가 공양을 올리는 것으로 나오기도 한다. 이는 목축하는 두 여인의 옛 집터와 우유죽을 끓인 장소에 참배했다는 현장의 『대당서역기』 기록에 따라, 신빙성이 있는 내용으로 추정된다.

태자가 네란자라 강에서 몸을 씻고 나올 때, 몸이 너무 쇠약하여 물에 휩쓸려 버렸다. 그런데 강물의 수위는 무릎에도 차지 않는 얕은 강이었다. 고행 수행의 결과로 약해질 대로 약해진 몸으로 얕은 강기슭도 기어 올라오지 못하는 자신을 보고, "스스로 구제하지 못하는데, 이 몸으로 누구를 구하랴!"라고 태자는 한탄한다. 가까스로 풀 더미를 잡고 올라온 태자는 나무 밑에 앉아 이제는 자신의 수행 방법으로 해탈을 이루리라 결심한다. 『팔상록』에는 이 대목을 다음과 같이 기술하고 있다.

"(세존이 강에서 올라오지 못하고 허덕이자) 수신(樹神, 나무의 신)이 나뭇가지를 눌러 못가에 닿도록 나직하게 만들어 주었다. 이에 세존이 이것을 붙들고 언덕으로 올라올 수 있었다. 그리고 세존이 목욕하신 물을 마신 물고기들이 모두 천상에 올랐다."

〈설산수도상〉의 세존의 목욕 장면(도 3-7)을 보면, 강물이 하늘로 치솟고 그 안에는 다양한 종류의 물고기들을 확인할 수 있다. 목욕 후(초기 경전에는 목욕 전에 우유죽 공양을 받은 것으로 전한다)에는 강물의 용녀(龍女)가 보배 자리를 바쳐 그 자리에 앉고, 무구광천인이 바친 가사를 입고, 수자타의 우유죽을 받은 것으로 전한다.

3-7 네란자라 강(니련선하) 목욕과 수자타의 공양 장면, 〈설산수도상〉의 부분, 조선 후기, 법주사 팔상탱

3-8 수자타의 유미죽을 받는 붓다의 모습(도 3-7의 부분)

3-9 〈보리수와 금강보좌의 숭배〉, 바르후트 난간의 부조, 사암, 슝가 시대(BC 2~1세기),
    콜카타 인도박물관 소장

②

◈ 깨달음의 장소 ◈

수행에 가장 적합한 장소는 어디일까? 깨달음을 얻기 위한 최적의 환경이란 어떤 것일까? 석가모니 붓다가 직접 설한 수행 방법이 쓰여 있는 「대념처경」을 보면 다음과 같다.

> "비구는 숲속에 가거나 나무 아래에 가거나 외진 처소에 가서, 가부좌를 틀고 몸을 곧추세우고 호흡의 입구에 마음챙김을 확립하여 앉는다."
> −「대념처경(Mahāsatipatthāna Sutta)」(D22)

「들숨날숨에 대한 마음챙김 경(Anāpānasati Sutta)」(M118)에는 "비구는 숲속에 가거나 나무 아래에 가거나 빈방에 가거나 하여, 가부좌를 틀고 상체를 곧추세우고 전면에 마음챙김을 확립하여 앉는다"라고 수행에 들기 적합한 환경으로 숲속이나 빈방 등 조용한 곳을 언급하고 있다. "마을과 격리된 숲속으로 홀로 고요히 있을 수 있는 곳"이다. 세계인의 존경을 받는 태국의 붓다다사 스님은 "수행자는 그의 친숙한 환경에서 벗어나서 숲으로 가야 한다. 송아지를 어미로부터 떼어내도 이전의 습관대로 어미에게 가려 울고 몸부림친다"라고 한다. 우리들은 습관적 환경과 욕구에 자동으로 반응하며 집착하고 있기에, 수행을 시작하려면 우선 이러한 익숙한 환경으로부터 스스로 격리해야 한다.•

　물론, 장소도 장소지만 무엇보다도 마음가짐이 중요하다. 모든 집착에서 벗어나서 진실로 '지심귀명례(至心歸命禮)' 할 수 있는 마음가짐이 필수이겠다. 석가모니 붓다는 자신이 소유한 모든 것을 버리고 출가했다. 출가할 수 없는 상황이라면 자신의 환경 속에 고요히 좌선할 수 있는 공간을 만들고, 수행할 때만이라도 모든 것을 버린 마음가짐이라야 수행 준비가 되었다고 하겠다.

〈마하보디 사원〉

수행자들이 이구동성 말하는 적합한 장소는 "물이 흐르고 커다란 나무가 있는 곳, 나무 그늘이 있어 낮에는 시원하고 밤에는 따뜻한 곳, 시끄러운 소리와 세속의 욕망으로부터 격리된 곳"이다. 수행자 고타마가 고행 수행을 한 곳은 네란자라 강가의 숲속이었고, 그가 깨달음을 얻은 장소는 네란자라 강기슭 한 그루의 보리수 아래였다. 보리수의 본래 이름은 핍팔라(pippala) 또는 아슈밧따(asvatta) 나무인데 사철 푸른 상록수이다. 수행자 고타마는 풀 베던 사람으로부터 풀 한 무더기를 얻어 깔고 앉아 수행을 시작한다. 수행자 고타마가 '정각자' 붓다가 되면서, 이름 모를 이 풀은 길상초(吉祥草)가 되었고, 앉았던 흙바닥은 금강보좌(金剛寶座)가 되었으며, 핍팔라 나무는 보리수(菩提樹)가 됐다. 또한 고행했던 숲은 고행림(苦行

● 석가모니 붓다 직설(直說)의 '실참수행법'을 언급한 경으로는 『디가 니까야』의 「대념처경」(D22), 「대인연경」(D15), 『맛지마 니까야』의 「들숨날숨에 대한 마음챙김 경」(M118), 「몸에 마음챙기는 경」(M119) 「마음챙김의 확립경」(M10), 「바른견해경」(M19) 등이 있다.

3-10 붓다 성도의 자리 '보리수', 마하보디 사원, 보드가야

3-11 보리수 주변은 세계 각지의 수행자로 밤낮 문전성시를 이룬다.

林)으로 불리게 된다. 인도 가야 시(市)의 우루벨라의 세나 마을 네란자라 강가, 한 편으로 물이 흐르고 커다란 나무가 있는 이곳에서 수행자 고타마는 정각을 이루게 된다. 마을로부터 격리되어 조용했던 이곳은, 그후 〈마하보디 사원[대보리사(大菩提寺)]〉으로 불리며 세계인들의 가장 신성한 성지 중 하나로 추앙받게 된다.

　　석가모니 붓다의 성도 장소인 마하보디 사원에서 사람들이 불철주야 가장 많이 몰리는 곳은 '보리수'가 있는 곳(도 3-10, 11)이다. 붓다가 깨달음을 얻은 보리수의 주변에는 예나 지금이나 존재의 고통에서 벗어나고 싶은 수행자와 신도들이 전 세계에서 몰려들어 발 디딜 틈이 없다. 현재의 보리수는 석가모니 붓다가 앉았던 2,500년 전 보리수의 까마득한 손자뻘 되는 나무이다. 그리고 붓다가 앉았던 정각의 자리, 본래 '금강보좌'가 있던 자리에는 거대한 〈마하보디 대탑〉이 세워졌다. 보리수 서쪽으로 대탑의 벽 쪽으로 옛 금강보좌의 일부(도 3-12)를 확인할 수가 있다. 붓다가 깨닫고 나서 처음 발을 디뎠다는 불족적(佛足迹)이 조형으로 남아 있다. 이곳에 몰려있는 사람들은 모두 같은 마음일 것이다. 붓다 깨달음의 기운을, 붓다 정진의 정신력을, 붓다 연기의 가르침을 얻기 위해서일 것이다.

〈마하보디 대탑〉

보리수 아래에 붓다가 앉았던 자리. 이곳은 석가모니의 일대기와 함께하는 다양한 성지 가운데 최고의 성지로 손꼽힌다. 무상정등각(無上正等覺)이라는 더 이상 올라갈 곳이 없는 최고의 깨달음을 얻은 이후, 붓다는 자신이 깨달음을 이룬 자리의 주변을 천천히 맴돈다. 깨달음의 법열(法悅)을 즐기는 상태로 머문다. 칠칠일 동안 걷기도 하며 앉기도 하며 머문다. 이때 붓다는 자수용신(自受用身)의 상태였다. 몇 그루의 나무와 평평한 땅만이 허허롭게 펼쳐졌던 이 공간. 붓다가 이렇게 머물고 간 이후, 이곳은 더 이상 단순한 공간이 아니게 된다. 인류 최고의 성스러운 공간 중 하나로 거듭나게 된 것이다.

　이곳의 의미와 중요성을 가장 먼저 인식한 사람은 아소카왕이었다. 붓다 입멸 후 250년이 지난 뒤, 이곳을 방문한 아소카왕은 성도의 자리에 금강보좌를 만들고 이곳을 기리기 위해 석주를 세우고 정사를 지었다. 현재 50미터의 높이로 서 있는 〈마하보디 대탑〉의 시원 격에 해당하는 건물이라 할 수 있다. 아소카왕 즉위 10년에 만들어진 이 정사는 그 후로 수차례의 보수·재건·증축을 거치며 변모하게 된다. 필자가 이곳을 방문했을 때, 〈마하보디 대탑〉의 뾰족한 사각 첨탑 형식을

3-12 금강보좌, 보드가야

보고 의문을 가졌다. 전형적인 힌두교 계통의 방형 사원 탑의 모습을 하고 있기 때문이다. 전통적인 불교의 스투파는 원형의 반구(半球) 형식을 원칙으로 한다.

초기의 불탑인 바르후트 스투파나 산치 스투파, 그리고 사르나트 다메크 스투파·쿠시나가르 열반 스투파·바이샬리 스투파 등은 모두 발우를 엎어놓은 것 같은 원형(圓形)을 취하고 있다. 그 이유는 여의주 모양의 '원상(圓相)'이 '깨달음과 계합한 표상'이기 때문이다.

우리나라 석굴암이 토함산 산기슭에 굳이 '원형'으로 어렵사리 축조된 이유도 여기에 있다. 원실(圓室)의 법당에 천장은 둥근 돔(Dome)의 형식을 하고 있다. 아소카왕 당시 최초의 정사 모습은 원형의 스투파 형식의 가람이었던 것으로 추정된다. 이렇게 추정할 수 있는 이유는 바르후트 스투파와 산치 스투파에 조형된 '보리수의 성도지' 장면을 보면, 반구형(半球形) 스투파가 곳곳에서 발견되기 때문이다. 이 같은 불교 조형의 가장 핵심적인 전통이, 가장 중요한 붓다 성도지에, 어째서 지켜지지 않았을까?

〈마하보디 대탑〉 관련 자료를 찾아보니, 이곳은 9세기에 힌두교 사원으로 바뀌었던 역사가 있다. 석가모니상 대신에 시바의 상을 앉혔다. 마하보디 대탑은 참으로 다사다난한 역사를 거친 것이다. 현장 스님은 어느 브라만이 아소카왕이 만든 것을 증축했다면서 당시 규모와 모습을 『대당서역기』에 묘사했다. "높이가 160~170척이 되고, 아래 기단 넓이는 20여 보가 된다. 푸른 기와로 쌓고 나서 그 위에 석회를 발랐다. 여러 층의 감실에는 모두 금상(金像)이 들어있다. 사방의 벽에는 진기한 조각이 새겨져 있는데 염주를 이어놓은 것처럼 보이기도 하고, 천선(天仙)의 상을 새긴 것도 있다."

그러니 적어도 7세기에는 지금과 같은 규모의 방형 건물이 있었으리라 추정된다. 또 현장 스님이 방문했던 당시에는 보리수 주변으로 돌을 쌓아 울타리를 만들었다는 것을 알 수 있다. 그 후, 11세기 버마의 왕에 의해 정비 및 수리됐고, 12세기에는 스리랑카의 왕에 의해 중수됐다. 하지만 중수 직후, 무슬림의 침략으로 성지는 버려지고 잊힌 채 밀림에 파묻혀 있다가, 16세기 어느 수행자에 의해 다시 승원으로 정비됐다. 19세기에 이르러, 버마 왕의 요청으로 인도 정부가 발굴 및 재건작업을 하게 된다. 그러나 인도의 영국 총독부가 소유권을 그 지역 영주인 힌두교도에게 넘겨주는 바람에 60여 년에 걸친 기나긴 법정 소송이 벌어졌고, 오랜 소송 끝에 불교도의 소유가 됐다. 마침내 큰 깨달음의 사원인 〈마하보디 사원〉으로서 다시 인정받게 된 것이다.●

● 보드가야의 역사에 대해서는 『불타의 세계』(나까무라 하지메, 김영사, pp.204~206), 『인도와 네팔의 불교성지』(정각, 불광출판사, 1993, pp.34~35), 『전륜성왕 아쇼까』(이거룡, 도피안사, 2009, pp.303~304) 인용 및 참조.

3-13 보리수는 울타리로 보호되었고, 보리수에 향수를 주는 행렬이 이어지고 있다.
우측으로 불족적에 참배하는 모습이 보인다. 산치 스투파 제1탑 동문, 앞면 상부의 두 번째 패널

3-14 보리수의 회생을 기념하는 무차회가 거행되고 있다.
산치 스투파 제1탑 동문, 앞면 상부의 세 번째 패널 ⓒWikimedia

3-15 붓다가 성도한 '보리수'가 가장 크게 중심에 묘사됐고, 주변으로는 성도한
후 옮겨 다니며 명상을 즐긴 반얀 나무, 라자야따나 나무 등이 표현됐다.
산치 스투파 제1탑 동문, 뒷면 상부의 첫 번째 패널

3-16 보리수와 금강보좌를 찬양하는 온갖 동물들, 산치 스투파 제1탑 동문,
뒷면 상부의 두 번째 패널 ⓒWikimedia

◈ 〈보리수와 금강보좌〉 ◈

붓다가 정각을 이룬 보리수는 당시 수백 척 높이의 어마어마한 크기였다고 한다.
하지만 정각의 보리수는 그 후 수차례 이교도들에게 베어지고 불타는 수난을 당
했다. 현재의 나무는 약 100년 전, 폭풍으로 쓰러진 고목의 뿌리에서 다시 싹이 나
서 자란 것이다. 정각의 보리수에 대한 아소카왕의 지극한 사랑은 유명하다. 왕이
보리수에게만 너무 신경을 쓰니, 띠사라카라 왕비는 보리수를 질투하기에 이른
다. 그리고 보리수를 죽이려고 음모를 꾸미고 주술을 걸었다는 이야기가 다양한
문헌(『대당서역기』·『마하맘사』·『아쇼카바다나』 등)에 전한다.•

왕비의 질투를 부른 보리수 사랑

산치 스투파의 남문에는 시들어버린 보리수에 충격을 받고 쓰러지는 아소카왕을
두 여인이 부축하는 모습(도 2-21)이 조각되어 있다. 이상하게도 보리수가 자꾸만
시들시들 죽어가는 것 때문에 깊은 시름에 잠긴 왕을 보고, 왕비는 마음을 고쳐먹
고 수천 개의 항아리에 우유를 준비했다. 그리고 그것을 나무 주변에 부어 다시
나무를 살렸다고 한다. 보리수가 살아나자 너무 기쁜 나머지, 왕은 무차회를 열어

● 『전륜성왕 아쇼까』, 앞의 책, pp.263~265, 참조.

서 이를 기념했다. 보리수 회생 기념의 무차회에는 무려 30만 명의 비구들이 모여들었다. 왕은 보리수 주변에 보호 담장을 치게 하고 손수 자신이 그 위에 올라가 항아리 수천 개에 향수를 담아 보리수에게 부어 주었다고 전한다. 이러한 장면은 산치 제1탑 동문의 상부 난간 부조(도 3-13, 14)로 아름답게 새겨져 있다.

스리랑카로 전해진 보리수

정각의 보리수에 관한 많은 이야기 중에 간과할 수 없는 것이 하나 있다. 아소카왕 시대에 보리수의 가지가 스리랑카로 전해진 뒤에, 보리수는 결국 시들어 죽어 버렸다는 설이다. 붓다의 법이 스리랑카로 전해졌다는 이야기는 아소카왕의 아들 마힌다 비구와 딸 상가밋따 비구니와 인연이 깊다. 아소카왕이 특히 아끼는 딸이 스리랑카 왕비에게 비구니계를 수계하기 위해 출국하게 되자, 아소카왕은 직접 보리수 가지를 꺾어서 딸이 떠나는 해안까지 달려와 그것을 전했다 한다.

이렇게 해서 정각의 보리수는 스리랑카로 전해지게 된다. 산치 스투파 제1탑 동문의 부조 전체(상부 패널의 앞뒷면)가 '보리수에 대한 찬미'로 가득하다. 온통 보리수와 금강보좌의 조각으로 장엄됐다. 그 이유는 초기 불교미술에서는 '보리수'가 '성도(成道)한 붓다' 그 자체를 상징하기 때문이다. 더 정확히 말하자면, 보리수 아래의 공간 그리고 금강보좌 위의 공간을 가리킨다. 그 공간은 텅 비어 있다. 말그대로 '공(空)'이다. 붓다는 깨달아서 이미 열반에 들었기 때문이다. 유무(有無)의 개념을 초월하는 깨달음의 상태는 '아무것도 없는 것[空]으로 모든 것'을 표현한다.

3-17 보리수에 경배하는 천신, 〈붓다 성도〉의 부분, 프리세나짓 석주, 바르후트 출토,
　　승가 시대(c. 100~80 BCE), 붉은 사암, 콜카타 인도박물관 소장

3-18 금강보좌, 금강보좌에 꽃비가 내리고 그 위에는 법륜이 있다.
　　〈붓다 성도〉의 부분(도 3-17과 작품 정보 동일)

124

보리수 아래의 '공'

부연 설명하자면, 소위 '무불상(無佛像) 시대'로 불리는 초기불교미술 시대에는 의인화된 사람 형상의 붓다는 찾아볼 수 없다. '붓다'라는 경지는 『금강경』에서 누차 강조하듯 "제상비상(諸相非相)"이자 "법신비상(法身非相)"이기 때문이다. "형상이나 소리로 부처를 찾는 것은 삿된 길이다. 결코 부처를 볼 수 없다[若以色見我 以音聲求我 是人行邪道 不能見如來]"라는 유명한 문구가 있다. 즉, '상(相)'을 초월한 경지이기에 붓다의 성도 장면에 정작 붓다는 찾아볼 수 없다. 육안으로는 볼 수 없지만, 붓다는 그 보리수 아래에 현존하고 계신 것이다. 바르후트 스투파와 산치 스투파의 조각에는 '보리수'와 '금강보좌', '발바닥'과 '법륜(다르마 차크라)'만으로 붓다의 현존을 나타내고 있다(도 3-17, 18). 초기 불교미술을 대표하는 바르후트와 산치의 이들 스투파 조형물들은 약 기원전 2세기부터 기원후 1세기 사이에 만들어진 것이다.

《금강보좌》

금강(金剛)은 지구상 가장 단단한 광물인 금강석(다이아몬드)을 말한다. 그래서 다이아몬드를 자를 수 있는 것은 다이아몬드밖에 없다. 이 단단한 성질은 깨달음의 '부동지(不動地)'에 비유된다. 즉, 그 무엇에도 깨지지 않고, 흔들리지 않고, 동요되지 않는 경지는 금강의 마음에 비유된다. 부동지의 선정 상태를 금강삼매(金剛三昧)·금강정(金剛定)·금강심(金剛心)이라고도 한다. 무엇이든 깰 수 있지만, 스스로 결코 깨어지지 않는 성품. 금강저(金剛杵)는 인드라의 무기인 바즈라(Vajra)를 번역한 말인데, 이것은 낙뢰 또는 번개가 대상을 깨부수어 버리듯 뭇 분별과 망상을 단박에 깨뜨려 부수는 능력을 함축한 용어이다. 이는 자이나교와 힌두교에서도 영성의 견실함을 상징하며 공통적으로 쓰인다. 또한 『금강반야바라밀다경』을 줄여서 『금강경』이라고 하는데, 이때 '금강'이라는 단어는 위에서 설명했듯이 일절 동요 없는 '반야지혜의 완성'을 말한다.

> "과거의 모든 무명은 '나'에 집착하여 근심했으나
> 만일 '무아'를 증득하면 이를 '부동'이라 하리.
> 일체의 마음(번뇌)은 아지랑이이고 물속의 그림자니라.
> 만일 두려움 없는 마음 있으면, 일체의 마음은 마음이 아니네.
> 여러 가지 마음은 모두 동요의 마음이라네."
> ─「항마품」, 『불퇴전법륜경(不退轉法輪經)』

무아를 증득한 '동요하지 않는 마음'은 '금강'에 비유된다. 그 무엇에도 물들지 않는, 유위(有爲)에서 분리된 청정한 무위(無爲)의 마음이다. 이것을 '청정법신(淸淨法身)'이라고도 한다. 이렇게 붓다가 부동의 마음과 하나가 된 상태, 청정법신과 하나가 된 상태를 '텅 빈 금강보좌'로 상징하고 있다.

불교만의 특징 '무아'

불교와 다른 종교의 차이는 무엇인가? 결론부터 말하자면, '무아(無我)'이다. 불교는 '무상·고·무아'라는 삼법인의 진리를 말한다. 그중에서 특히 '무아'는 여태껏 어떤 종교에서도 말한 적이 없는 것이다. 석가모니 붓다가 이러한 진리를 설파했을 때, 당시 기득 종교였던 브라만교에서 이런 질문을 한다.

친교 브라만이 '무아'의 설을 듣고 의심이 나서 말했다. "만약 '나'라는 것이 없다면, 윤회에 있어서 누가 후세에 태어난단 말씀입니까" 제석천은 대답했다. "과거세에 번뇌로 말미암아 여러 '업(業)'을 지은 까닭에, 그 '업'에서 '현재의 몸'이 생겼거니와, 현재에 있어서도 다시 여러 업을 짓는다면, 내세에서 다시 거기에 해당하는 몸을 얻게 될 것이다. (…중략…) 자아가 없으면서도 업보(業報)의 어김없음이, 이 씨와 싹의 관계와 같다.'

-『대장엄경론』

브라만교와 불교, 양자 모두 윤회설이 있다. 사람이 죽으면 아트만이라는 영혼이 남아서 그것이 윤회의 주체가 된다고 브라만교는 말한다. 그런데 불교에서는 무아를 주장하니, 만약 무아라면 윤회할 것이 무엇이 있냐는 질문이다. 무아를 주장하면서 또 윤회를 말한다는 것이 앞뒤가 맞지 않는다는 것이다.

대부분의 종교는 영혼이라는 마음 덩어리에 멈추어 있다. 존재는 육신과 영혼으로 나뉘는데, 육신이 없어져도 남는 것이 영혼이라는 것에 대해서는 공통적으로 인정하고 있다. 그래서 기독교에서는 "영혼을 구제해 달라"고 창조주인 신에게 의탁한다. 영혼이라는 마음은 아트만·무의식·잠재의식 등으로도 불린다. 그런데 불교에서는 이것을 '업[카르마(Karma)]'이라고 부른다. 그러면, 영혼·아트만·잠재의식 등의 또 다른 용어로 불교에서는 왜 업이라는 용어를 쓰는 것일까?

붓다가 업이라는 용어를 쓴 이유를 위의 인용 문구에서 재차 명기한다. "과거세에 번뇌로 말미암아 여러 '업(業)'을 지은 까닭에, 그 '업'에서 '현재의 몸'이 생겼거니와 …" 즉, '인과(因果)'의 진리를 말하고 있다. 여타 종교에서는 어쩔 수 없는 불가항력의 덩어리, 아트만 또는 영혼으로 규정한 것을 한 번 더 해체해서 통찰한 것이다. 그러니 그 안에는 원인과 결과라는 인과의 에너지가 소용돌이치고 있었다. 재생 또는 윤회하게 하는 원인의 마음이 있고 그 결과로 몸이 있게 된다는 것을 통찰했다. 계속해서 원인을 만드는 한 윤회는 불가피하다는 것이다. 우리를 자꾸만 다시 태어나게 하는 마음은 인과의 철칙으로 구성되었다는 것을 붓다는 통찰지로 꿰뚫어 봤다. 그 철칙은 12연기였다. 재생(再生)의 바탕 또는 원인이 되는 업의 마음은 12연기로 분해된다. 12연기의 순차적인 인과 관계를 통해 우리가 다시 태어나는 과정을 본 것이다. 재생의 원인으로서의 업이 산산이 분해되니 공(空)이 드러났다. '무아'이다.

위빠사나 '혜(慧)'의 위대함

기존 또는 여타 종교와는 다른 이러한 진리를 통찰하기 위해서는, 기존의 수행법과는 다른 수행법이 필요하겠다. 사마타(선정) 수행은 여타 종교에도 기본적으로 있는 공통의 수행 방법이다. 붓다는 자신만의 방법으로 도전하기 이전, 그러니까 기존의 모든 수행법의 한계를 느끼고 이곳 보리수 아래에 앉기 이전에 이미 비상비비상처(非想非非想處)의 체험까지 한다. 선정 수행의 극치이다. 하지만, 그것으로는 윤회의 고통이 해결되지 않았다고 붓다는 말한다. 그렇다면, 기존에는 없는 붓다가 깨달은 방법은 무엇일까? 불교를 불교이게 하는 이것은 무엇일까?

> 수많은 태어남과 그 윤회 속을 헤매었네.
> 집을 짓는 자가 누구인지 알려고
> 찾아 헤매이다 헤매이다 찾지 못했네.
> 거듭거듭 태어남은 괴로움이라.

아, 집을 짓는 자여!

마침내 너를 찾았다.

너는 이제 다시는 집을 짓지 못하리라.

모든 서까래는 부서졌고 대들보는 산산조각 났다.

나의 마음은 열반에 이르렀고 모든 갈애는 사라졌네.

 -석가모니 붓다의 오도송

붓다의 실참 수행법은 '정(定)+혜(慧)'이다. 「대념처경」에 쓰인 수행방법은 정과 혜를 동시에 계발하는 것이다. 기존에 없었던 '혜'가 동반되어야 비로소 개념이라는 덩어리를 통찰하여 산산이 분해할 수 있다. '정'은 사마타 또는 선정을 말하는데, 특정 대상에 집중하여 마음을 고요하게 하는 수행이다. '혜'는 위빠사나 또는 반야지혜를 말하는데, 대상을 꿰뚫어 통찰하는 수행이다. 즉, 마음을 고요하게 멈추어[定] 무상(생멸의 연속)을 통찰하는 것[慧]이다. 이것을 '정혜쌍수(定慧雙修)' 또는 '지관겸수(止觀兼修)'라고 한다.

붓다 깨달음의 생생한 과정

붓다의 생생한 깨달음 체험과 과정을 간략히 살펴보자. "통일되어 청정하고 순결하고, 때 묻지 않고 오염되지 않고, 유연하고 유능하며, 확립되고 흔들림이 없는 정념(正念)"의 상태가 계속 유지되자, 붓다는 그 상태에서 먼저 자신의 전생을 돌아본다. 한 번·두 번·세 번·네 번…, 수백 수천수만 번의 삶. 끝없이 반복되는 윤회의 삶들을 여실하게 본다. 그러는 동안 무명은 사라지고 빛이 나타났으나, 그러한 기쁨에도 사로잡히지 않고 계속 정진해 나아갔다. 이것이 첫 번째 지혜이다.

두 번째 지혜를 증득했을 때는 그러한 부동의 마음으로 뭇 중생들의 삶을 통찰한다. 우리들이 천하고 고상하고 아름답고 추하고 행복하고 더러운 다양한 모습으로 윤회하는 것을 보고 그것이 업(業)의 인과응보라는 사실을 재차 통찰하여 알게 된다. 세 번째 지혜는 고(苦)-집(集)-멸(滅)-도(道)의 사성제(四聖諦)를 보게 된 것이다. 일체의 있는 그대로의 모습이 '고[일체개고(一切皆苦)]'임을 보고, 그것의 원인과 소멸에 이르는 길을 훤히 보게 되니, "내 마음은 관능적인 삶을 동경하는 망상에서 벗어났다. 존재하고자 하는 갈망에서 풀려났으며, 무명에서 비롯된 환상으로부터 자유로워졌다. 이제 윤회는 끝났다. 더 높은 삶이 성취되었다(『맛지마 니까야』)"라고 전한다.

위에 인용한 석가모니 붓다의 오도송이 나온 것은 바로 이 대목이다. 첫 번째 지혜는 초경(初更)에 일어났으며 이를 숙명통(宿命通)이라 하고, 두 번째 지혜는 이경(二更)에 일어났고 천안통(天眼通)이라 하며, 세 번째는 삼경(三更)에 일어났고 누진통(漏盡通)이라고 한다. 또는 첫 번째 지혜와 두 번째 지혜의 경지를 합해 숙명지(宿命智)라고 하고, 세 번째를 누진지(漏盡智)라고 부르기도 한다. 그리고 마지막 최종적 대(大) 지혜로 스스로 깨어나는 과정이 새벽 동틀 무렵으로 이어진다. 초저녁에서 한밤중 그리고 새벽으로 이어지는 위대한 깨달음의 여정이다. 붓다는 누진지를 체득할 때 '12연기'를 본다. 존재의 고통의 원인을 거슬러 올라갔다 다시 거슬러 내려오는 12연기의 순관과 역관을 하며, 존재 생멸의 과정을 여실하게 통찰한다. 그리고 궁극의 무상정등정각(無上正等正覺)을 이룬다.

이렇게 무상정등각의 대 지혜에 이르는 수행은 '정념'에서 시작한다. 정념은 팔리어 '사띠(Sati)'에 해당하고 '알아차림'으로 번역된다. 경전에는 "정념(正念) 속에서 정사유(正思惟)한다"라고 나온다. 더욱더 깊은 통찰지로 들어갈 때마다 '바른 사유', 즉 정사유(正思惟)의 과정이 동반된다. 정사유의 '사유'는 '생각한다'

라는 의미가 아니라, 원인이 무엇인가 의문을 품고 그것을 '통찰한다'라는 의미이다. '이것의 원인은 무엇인가'하여 그 원인이 여실하게 통찰되면, 다시 '또 이것의 원인은 무엇인가'하고 통찰의 깊이를 더해간다. 이를 통해 분해의 분해를 거듭하여 모든 현상은 쪼개지고 공이 드러나게 된다. 결국, 존재를 여실하게 분해하게 된다. "늙고 죽음[老死]은 남[生]에서 생긴다. 남은 무엇을 인(因)으로 하는가? 이는 '유(有)의 업(業)'에서부터 왔다."

> 이제 '유(有)의 업(業)'을 관찰하매 이는 '취(取)'에서 생겼고, 취는 '애(愛)'로써 인을 삼고, 애는 '수(受)'에서 생기고, 수는 '촉(觸)'을 인으로 삼고, 촉은 '육입(六入)'에서 나고, 육입은 '명색(名色)'에서 일어나니, 명색은 '식(識)'에서 말미암고, 식은 '행(行)'에서 나오고, 행은 '무명(無明)'을 바탕으로 하네.

바로 '12연기'의 진리이다. 12연기를 통찰한 그곳, 즉 근본 무명을 통찰한 그곳에 '정각(正覺)'이 있다. 문헌에는 "묘한 이치를 끝까지 보고 '커다란 깨달음의 방'으로 들어가셨다"라고 전한다. 바로 '깨달음과 합일한 모습'이다.

3-19 〈마하보디 대탑〉의 정면 입구, 마하보디 사원, 보드가야

③

◈ 성도의 모습 〈대각사〉 ◈

"고요히 명상에 잠긴 브라만에게, 진실한 법칙이 드러났다.

태양이 허공에서 작열하듯

악마의 군대는 마침내 부수어졌다."

－『깨달음경(Tatiyabodhisutta)』

적적성성(寂寂惺惺)의 투명함·지극히 평온한 법열·반응하지 않는 청정한 마음…. 석가모니 붓다는 자신이 체득한 무상정등각(無上正等覺, 궁극의 깨달음)의 크기와 깊이를 "생각으로 헤아릴 길이 없고 말로도 표현할 길이 없다(『맛지마 니까야』)"라고 말한다. "내 마음은 관능적인 삶을 동경하는 망상에서 벗어났다. 존재하고자 하는 갈망에서 풀려났으며, 무명에서 비롯된 환상으로부터 자유로워졌다. 이 같은 자유와 해탈 속에서 나는 명백히 깨달았다. 더 이상 윤회는 없다. 더 높은 삶이 성취되었다"고 기록돼 있다.

석가모니 붓다의 오도송(悟道頌, 깨달음의 순간을 찬미하는 게송)에 따르면, 최상의 깨달음을 성취하면 "다시는 태어날 일(윤회)이 없다는 것을 자명하게 알게 된다"고 한다. 그리고 베일 속에 가려져 있던 존재의 원리·만물의 원리가 명명백

백히 드러난다. 그래서 미혹할 일이 없고, 두려울 일이 없으며, 고통스러울 일이 없다. 그래서 "최상의 행복을 누린다!"라고 한다.

깨달음의 경지와 풍경

미국의 영성 지도자 아디야 샨티는 그의 저서 『깨어남에서 깨달음까지』에서 (모든 상을 유발하는) '에고(ego)의 환영'과 처절한 싸움을 적나라하게 기술하고 있다. 끈질기게 생겨나는 '에고'를 완전히 정복시키는 데 7년이란 세월이 걸렸다. 하지만 그것을 타파했을 때는 무엇이라고 형언할 수 없는 '해맑은 빛' 속에 있게 되었다고 한다. 적적성성한 '성품 자리' 또는 '바탕 자리'를 일상으로 살게 된 것이다. 또 미국의 영향력 있는 철학자로 알려진 켄 윌버의 『무경계(No Boundary)』에는 R. M. 버크(캐나다의 정신의학자)의 증언이 다음과 같이 인용되어 있다.

> "우주를 구성하는 원자와 분자가 스스로를 재통합하고 있었다. 우주가 끊임없이 이어지는 생명으로서 질서에서 질서로 이어져 가며 재결합하였다. 아무런 단절 없이, 단 하나의 빠진 고리도 없이, 모든 것들이 적시적소에서 질서 정연하게 이어져 있음을 보았을 때, 그 엄청난 기쁨. 모든 세계와 모든 시스템이 하나의 조화로운 전체로 어우러져 있었다."

바로 '일즉다 다즉일(一卽多 多卽一)'의 풍경이다. 세상은 크나큰 일대연기(一大緣起)의 장(場)이고, 이것을 '아는 마음'이 함께할 뿐이다. 깨달음의 경지에 따른 상태의 변화를 요약하면 다음과 같다. 초발심(初發心)에서 대정각(大正覺)까지 올라가는 단계는 다양하게 나눠지는데, 그중 대표적인 것이 4선정의 경지에 따른

지혜(통찰지 또는 반야)의 계발이다. 요약하면, 초선정의 경지는 감각적 욕망과 불선업(不善業)이 멈춘 희열과 행복, 2선정의 경지는 사유와 숙고(또는 집중)의 마음이 멈춘 평화와 행복, 3선정은 평등심과 통찰의 즐거움에 머무는 행복, 4선정은 괴로움과 즐거움을 초월하여 순관 역관의 경계에 무심한 평등심의 상태이다. 그리고 공무변처는 '무한한 공간'과 합일된 상태, 식무변처는 '무한한 의식' 세계와 합일된 상태, 무소유처는 무한한 의식을 초월해 '아무것도 없는' 상태, 비상비비상처는 아무것도 없는 세계를 초월하여 '지각이 있는 것도 아니고 없는 것도 아닌' 상태이다. 양파 껍질 벗듯이 현재의 상태를 대상 삼아, 계속 알아차림으로 벗어나면 더 크고 밀도 있는 경지와 합일되는데, 결국엔 그 '경지를 도저히 헤아릴 수도, 표현할 수도 없게 된다'고 한다.

〈대각사〉의 본존, 〈대각상〉

그렇다면, 이러한 깨달음의 다단계를 모두 거쳐서 '더 이상 높은 곳이 없다'라는 무상정등각에 이른 석가모니 붓다의 모습은 어떨까? 이것은 불교미술에 있어 최고 최상의 화두이다. 과연 깨달음을 어떻게 표현할 것인가? 생생했던 대각(大覺)의 자리, 보드가야의 보리수 바로 옆에 세워진 대각사(大覺寺)의 주존 조각상 〈대각상〉을 살펴보자.

물론, 보리수 아래에 붓다는 없다. 보리수 아래의 텅 비어 있는 공간은 '무(無)'로써 '유(有)'를 표현한 최초의 적멸보궁인 것이다. 온 허공에는 불성(佛性)이 충만하다. 이렇게 붓다는 시공을 초월하여 여여(如如)하게 현존한다지만, 육근(六根)과 육경(六境)에 옴팍 갇혀 있는 중생들에게는 경배할 신앙의 대상이 필요하다. 이에 붓다의 형상을 모시는 사당이 건립됐다. 일명 〈마하보디 대탑〉(도 3-19)

3-20 〈석가모니 대각상〉으로
향하는 수많은 참배객,
〈마하보디 대탑〉의 내부
통로

으로도 불리는 〈대각사〉 안으로 들어가면, 황금으로 빛나는 붓다 존상을 만날 수 있다.

　〈대각사〉 안은 수많은 참배객으로 연중 붐빈다. 그 사이에 끼어 줄지어 들어가면 좁다란 내부 통로(도 3-20)와 만난다. 이 좁은 통로는 두 줄의 참배객으로 꽉 찼는데, 왼쪽이 들어가는 줄이고 오른쪽이 나오는 줄이다. 그런데 이렇게 비좁은 공간 속에서도 자투리 공간을 비집고 좌복을 깔고 앉아 경전을 독송하는 스님이나 신도들이 한둘이 아니다(도 3-21). 기다란 복도식 내부 공간을 따라가면 그 끝에서 황금의 〈대각상(大覺像)〉을 만날 수 있다. 푸른색의 육계와 그 위의 황금 여의주가 인상적이다. 세계 각지에서 온 스님과 신도들은 정성스레 준비해온 붓다의 법의(法衣)를 공양하기에 바쁘다. 그래서 〈대각상〉의 붓다는 하루에도 수차례 옷을 갈아입게 된다(도 3-22, 23). 대각사는 여러 번 중축과 개축을 거쳤기에 본존인 〈대각상〉이 제작된 시대는 가늠이 어렵다. 하지만 크기와 형식은 어느 정도 이

3-21 〈마하보디 대탑〉 내부의 비좁은
　　공간에서 경전을 독송하는 스님

3-22(위), 3-23(아래) 세계 각지에서 온 스님과 신도들이 정성스레 준비해온 법의를
〈석가모니 대각상〉에 공양한다. 법의는 하루에도 수차례 바뀐다.

전 본래존상의 것을 유지했을 것이다. 형식적 도상은 최초의 그것을 면면히 이어 왔을 것이다. 법의가 덮여 있어 정확히 보이지 않지만, 팔이 펴지고 접힌 모양새로 보아 수인(手印)은 항마촉지인(降魔觸地印)임을 알 수 있다. 〈대각사〉 입구 문의 바로 위에도 항마촉지인의 붓다 상이 있다(도 3-19). 항마촉지인의 수인을 통해 항마(降魔)의 순간이자 열반의 순간을 표현한 '석가모니 대각상(釋迦牟尼大覺像)'임을 알 수 있다.

◈ 깨달음과 하나되다 〈석가모니 대각상〉 ◈

"석가모니가 정각(正覺)을 이룬 바로 그 자리에 〈대각사(大覺寺)〉가 세워져 있고, 거기에 정각(正覺)을 이룬 모습의 불상이 발을 괴어 오른발 위에 얹고, 왼손은 샅 위에 뉘었으며 오른손을 늘어뜨리고 동쪽을 향해 앉아 있었다. 대좌의 높이는 당척(唐尺) 4척 2촌이고 넓이는 1장 2척 5촌이며, 상의 높이는 1장 1척 5촌, 양 무릎 폭이 8척 8촌, 어깨 폭이 6척 2촌이다."
- 『대당서역기(大唐西域記)』

'대각상'은 어떻게 표현되는가?

〈대각사〉의 본존상이 7세기 이전에 어떤 형식으로 존재했는지는 당나라 현장 법사(602~664)가 쓴 『대당서역기』를 통해 가늠해 볼 수 있다. 기록을 보면 "왼손은 샅 위에 올려있고 오른손은 늘어뜨리고 있다"고 했는데, 이것으로 보아 '항마촉지인'의 형식이라는 것을 알 수 있다. 그리고 "동쪽을 향하고 앉아 있었다"는 것으로 미루어, 대(大) 정각의 시점인 새벽 동이 틀 때의 방향을 내포하고 있다는 것을 알 수 있다. 이러한 현장 법사의 기록보다 약 200년 앞서는 법현 스님의 기록이 있다. "(정각의 자리에) 탑을 짓고 상을 만든 것이 그대로 남아 있다"라는 기록에서 볼 때, 법현 스님이 목격한 본존상은 적어도 5세기 이전의 굽타 양식 작품으로 추정할 수 있다.

무엇보다 놀라운 사실은 『대당서역기』에 기록된 '본존상의 크기(대좌 높이 당척 4척 2촌이고 넓이 1장 2척 5촌, 상의 높이 1장 1척 5촌, 양 무릎 폭 8척 8촌, 어깨 폭 6척 2촌)'가 우리나라 석굴암 본존상의 크기와 정확하게 일치한다는 것이다. 이 같은 사실은 1986년 미술사학계 원로학자인 강우방에 의해 밝혀진 이래로 학계의 정설이 되었다. 즉, 석굴암 본존상은 보드가야 본존상의 형식적 정통성을 그대로 옮겨온 것이라는 사실이다. 우리나라 통일신라의 땅이 바로 붓다 성도지임을 천명한 것이다. 물론 법현과 현장이 목격했던 대각사의 본존상은 현존하지 않지만, 그것을 그대로 재현한 석굴암 본존상이 우리나라 경주에 있다는 사실! 정확히 같은 크기의 몸체에 굽타 양식의 강건함이 석굴암 본존상에는 서려 있다. 이에 석굴암 본존상을 바탕으로 보드가야의 본존상이 어땠는지 역 추론이 가능하다. 물론, 우리나라 석굴암 본존상의 얼굴 모습은 당시 통일신라의 정서에 맞는 이상적인 한민족의 용모로 토착화됐다. 정확하게 똑같은 크기는 차치하고라도, 편단우견(偏袒右肩)의 형식·양감(量感) 넘치는 몸체·얇디얇은 옷의 형식·항마촉지인의 수인 모양 등은 보드가야에 최초 안치되었던 대각사의 본존상과 흡사하였을 것으로 추정된다.

깨달음의 특징, 육계 여의주와 광배

붓다의 모습은 깨달음 이전과 이후 어떻게 다를까? 그 모습은 어떤 형식적 특징으로 표현되는가? 불교미술 속 붓다의 모습을 보면, 깨달음 이전의 모습은 일반 속인의 모습이다. 태자 시절에는 긴 머리에 관을 쓰고 궁중 의복을 입고 있고, 출가 이후에는 삭발하고 허름한 옷을 입은 수행자의 모습이다. 하지만, 대정각(大正覺) 이후에는 부처님의 모습으로 탈바꿈한다.

3-24 〈석가모니 대각상〉, 석굴암, 통일신라 시대(8세기), 경주 토함산 ⓒ문화재청

붓다의 깨달은 모습은 깊은 선정에 든 선정인(禪定印)의 존상을 하기도 하고, 마구니를 항복시킨 항마촉지인(降魔觸地印)의 존상을 하기도 하고, 중생을 위해 설법하는 설법인(說法印)의 존상을 하기도 한다. 선정인-항마인-설법인은 순차적으로 이어지는 유기적 관계를 갖는 도상으로, 모두 붓다의 깨달음을 상징한다. 그중에서도 항마인 또는 항마촉지인의 존상이 대정각을 맞이한 결정적인 순간을 대표한다. 수인 이외에 깨달음의 기본적 특징 중 하나는 광배이다. 깨달음과 계합했기에 몸에서 깨달음의 빛이 뿜어져 나오는 것을 형상화한 것이다. 몸체에서 뿜어져 나오는 빛은 신광(身光)으로, 머리에서 뿜어져 나오는 빛은 두광(頭光)으로 조형된다.

중생에서 부처님으로 변화한 가장 중요한 특징을 들자면, 머리 꼭대기에 불쑥 올라온 '육계'이다. 육계는 둥근 여의주의 형상을 하고 있다. 완벽한 깨달음을 상징하는 여의주(법신)와 몸체(응신)가 하나가 된 것을 중첩하여 나타낸 것이다. 이것을 백회 차크라(제7 차크라)가 열렸다고 표현하기도 한다. 인체와 연결된 총 7개의 차크라 중에 최종의 제7 차크라가 열리려면 나머지 6개의 차크라가 모두 열려야 한다. 그렇기에 머리 꼭대기의 백회 차크라가 열렸다는 것은 총 7개의 차크라가 모두 열려 원초적 신성성과 전적으로 계합하고 있음을 말해준다. 육계라는 여의주에서는 다시 여의주가 나오는데, 이를 전문용어로 계주(髻珠)라고 한다. 『아미타경』, 『법화경』, 『화엄경』 등 불교경전에는 무수한 여의주 또는 보주에 관한 기술이 중중무진하게 나온다. 무량한 보주 중에서 보주의 왕을 마니보주라고 하는데, 부처님 머리의 육계 여의주가 마니보주에 해당한다. 육계로 표현되는 마니보주는 깨달음과 완벽하게 하나가 된 모습을 나타낸다.

깨달음의 특징 중 또 하나는 미간의 '백호(白毫)'이다. "부처님 미간 사이의 하얀 터럭으로 온 세상에 무량한 빛을 보낸다"라는 뜻을 가진 백호는 미간 사이의 여의주로 표현되며, 여의주에서는 깨달음의 빛과 에너지가 방사된다. 미간 차크라(제6 차크라)가 열려 찬란한 빛과 신성한 에너지가 발생하는 모습이다. 빛과 에너지의 방사는 회전하는 하얀 터럭에 비유하여 표현된다. 미간 차크라가 열리면 제3의 눈을 갖추게 되는데, 제3의 눈이란 지혜(통찰)의 눈을 말한다.

미간 차크라가 열릴 때는 그 머리 안 쪽의 연꽃봉오리[서양에서는 송과체(松果體)라고 함]에서 천 개의 연꽃 잎사귀가 만개하게 된다. 불교미술 용어인 육계·계주·백호·광배 등은 모두 깨달음과 하나가 된 상태의 특징을 말한다. 하지만 기존의 용어에 끄달리기 보다는 본질적인 의미에 충실하면, 불교미술은 더 쉽게 다가온다. 본질적 의미란, '깨달음과 하나된 모습은 여의주로 표현한다'이다. 그리고 거기에서는 '빛과 에너지가 나온다'이다. 육계이건, 계주이건, 백호이건, 광배이건 본질적인 요소인 '여의주와 빛'만 상기하면, 난해했던 불교미술은 쉽게 풀리게 된다. 여의주는 법신 그 자체이고 거기서 나오는 빛(또는 에너지)은 보신이다. 법신은 깨달음의 본체[體]이고, 보신은 깨달음의 작용[用]이다.

석굴암 본존의 양감

대각사의 최초 〈대각상〉의 모습은 어땠을까? 적어도 5세기 이전에 조성됐으리라 추정되는 존상은 현재 남아 있지 않다. 하지만, 위에 언급한 깨달음의 특징을 매우 잘 구현한 존상이었을 것이다. 대각사의 〈대각상〉을 고스란히 옮겨 재현한 석굴암 본존상으로 그것의 모습을 유추할 수밖에 없다. 석굴암의 것은 현존하는 지구상의 모든 부처 존상 중에 대각사의 것과 가장 흡사한 것이다. 그렇기에 그 가치는 말할 수 없이 크다. 석굴암 본존상은 굽타 양식을 보이고 있어, 대각사의 존상이 어땠는지 그 모습을 유추할 수 있다. 굽타 양식이란, AD 1세기에 동시적으로 나타난 간다라 양식(인도 북부의 양식)과 마투라 양식(인도 중남부의 양식)에서 좋은 특징만 가려 뽑아 만들어진 이상적인 불상 양식을 말한다. 굽타 양식은 중국을 거쳐 한국, 그리고 일본에까지 하나의 국제적 양식으로서 그 영향을 떨친다.

전형적인 굽타 양식의 사례로 현재 미국 에모리대학 박물관에 소장된 〈석가모니상〉(도 3-26)을 들 수 있다. 현재 몸체만 남아 있지만, 석굴암 본존상의 몸체와 비교해 보면 형식 및 양식에 있어 유사성을 발견할 수 있다. 이들 존상들을 (도 3-25, 26) 보고 있노라면, 관람자를 압도해 버리는 힘이 느껴진다. 이런 당당한 충만감은 어디에서 나오는 것일까?

석굴암 본존상의 가장 두드러지는 양식적 특징 중 하나로 몸 전체에 흐르는 '양감(量感)'을 들 수 있다. 석굴암 본존상은 몸체의 양감을 아름답게 승화시킨 전례 없는 걸작이다. 마치 단단하고 견고한 생명으로 꽉 찬 씨앗 또는 열매와 같은 양감이다. 하지만 중국의 당(唐) 양식처럼 넘치지 않고, 넘치지 않는 선에서 충만감이 극치로 표현됐다. 그리고 이러한 몸체를 덮는 하늘 옷과 같은 법의(法衣)는 그 얇디얇은 표현과 섬세한 옷 주름에서 우아함의 끝을 달린다. 굽타 양식의 가장 큰 특징은 '이상화된 양감'이다. 깨달음의 신성성을 나타내는 데 있어, 여의주의 양감에서 볼 수 있는 오묘한 충만감에 집중하고 있다.

석굴암 본존상은 이 같은 굽타 양식을 통일신라 스타일로 더욱 아름답게 승화시킨 것이라 하겠다. 편단우견의 법의는 매우 얇은 재질의 절묘한 표현으로 걸친 듯 걸치지 않은 듯, 몸체의 양감을 우아하게 드러내는 역할을 톡톡히 하고 있다. 에모리대학 박물관 소장 〈석가모니상〉과 석굴암 것을 비교해 보면, 본토의 굽타 양식 존상이 오히려 더 사실적이라 할 만큼 석굴암 것이 더 강력한 양감을 성취하는 데 성공하고 있다. 팽만한 가슴과 건장한 어깨, 탱탱한 뺨과 반구형의 육계, 둥근 무릎과 평평한 큰 발. 그리고 어깨 – 팔 – 손등 – 손가락 끝까지 이어지는

3-25 전형적인 굽타 양식의 신성한 몸체, 석굴암 본존상(도 3-24)의 부분

봉긋한 곡선의 양감은 깨달음과 하나 된 신성성을 한껏 드러낸다. 고요하지만 동시에 충만한, 적멸이지만 동시에 성성(惺惺)한 법성의 에너지가 본존상을 통해 그 실재성(實在性)을 드러내고 있다.

항마촉지인

대승불교의 전통에는 석가모니불 이외에도 아미타불·비로자나불·노사나불·미

3-26 〈석가모니상〉, 굽타 시대(5세기), 미국 에모리대학 박물관 소장

륵불·약사불·연등불 등 다양한 부처님이 등장한다. 무수한 부처님 중에 석가모니 부처님을 식별하는 핵심적인 특징은 '항마촉지인(降魔觸地印)'의 손 모양(수인)이다(도 3-25, 27, 28, 29, 30). '항마촉지인'은 한자 그대로, '촉지(觸地, 땅을 가리키다 또는 어루만지다)'하자 '항마(降魔, 악마가 항복하다)' 했다는 뜻이다. 즉, '땅을 가리켜 악마를 물리쳤다'는 것이다. 최종적으로 모든 장애를 물리침과 동시에 대정각이 일어난 순간이기에 '석가모니가 도(道)를 이룬 상'이라 하여 '석가모니대각상(釋迦牟尼大覺像)' 또는 '석가모니성도상(釋迦牟尼成道像)'이라고 일컫는다.

깨달음을 끊임없이 방해하던 마왕은 태자가 이미 깨달아 붓다가 된 상태인데도 불구하고 한 번 더 출현한다. 그리고 "깨달았다면, 그것을 증명해보라"고 한다. 마지막 의심이 일어난 것이다. 이에 붓다는 크나큰 선정에 든 것을 상징하는 선정인(禪定印)의 수인에서, 오른손을 풀고 검지를 들어 땅을 가리키는 항마촉지인의 수인을 한다. 그러자 대지(大地)가 크게 진동했다. 『대열반경』에는 '대지가 진동하는 8가지 이유'가 나오는데, 그 대목을 보면 "여래가 위없는 정등각을 깨달을 때, 땅이 흔들리고 많이 흔들리고 강하게 흔들리고 요동친다. 이것이 땅의 큰 흔들림이 일어나는 원인이다"라고 명기되어 있다. 그러자 지신(地神)이 나타나 붓다의 깨달음을 증명했고, 이에 마왕은 흔적도 없이 사라졌다. 최종적인 대정각을 확인하고 증명하는 정점을 찍는 수인이 바로 '항마촉지인'인 것이다.

3-27 〈석가모니 대각상〉(10~11세기),
비하르 출토, 콜카타 인도박물관

3-28 〈석가모니 대각상〉(8~9세기),
청동, 콜카타 인도박물관

3-29 〈석가모니 대각상〉(12세기),
중앙 티베트, 채색 놋쇠,
미국 메트로폴리탄미술관

3-30 〈석가모니 대각상〉(15세기 말), 태국,
청동, 미국 월터스아트박물관

3-31 마라의 공격, 산치 스투파 북문 부조의 부분

④

◈ '마왕'은 무엇인가? ◈

"내게는 믿음과 노력과 지혜가 있다. 어찌 삶의 '집착'을 말하는가. 몸과 피는 말라도 지혜와 하나 된 마음은 더욱 편안할 것이다. 보라, 이 마음과 몸의 깨끗함을! 너의 첫째 마군은 욕망이요, 둘째는 혐오이며, 셋째는 굶주림이며, 넷째는 집착이다. 다섯째는 권태와 수면이고, 여섯째는 공포이고, 일곱째는 의심이며, 여덟째는 겉치레와 고집이다. 잘못된 방법으로 얻은 이득과 명성과 존경과 명예와 또한 자기를 칭찬하고 남을 경멸하는 것, 이것들이 바로 너의 마군이다. 나는 목숨에 연연하지 않는다. 굴욕적으로 사느니 싸우다 죽는 편이 오히려 낫다."

–『숫따니빠따』

마왕의 정체

'깨달음을 방해하는 것은 무엇인가'라는 질문은 '우리는 왜 고통스러운가'라는 질문과 같다. 그 이유는 '탐(貪)·진(瞋)·치(痴)'라는 무명의 마음 때문이다. 석가모니 붓다는 이것을 '마라(Mara)'라고 표현하는데 이는 '마군(魔軍: 악마의 군대)'이란 뜻이다(도3-31). 악마의 무리는 우리에게 평생 끊임없이 또 쉴 새 없이 공격을 퍼붓는다. 사실 우리는 시달리면서도 시달리고 있는 줄도 모른다. 우리가 세세생생 갈고닦은 집착과 욕망의 길은 이미 미끄럼틀처럼 견고하게 닦여있어서, 아주 조그마한 자극에도 순식간에 제 갈 길을 간다. 또 이미 우리가 장착하고 있는 육근(六根)에는 전생(前生)에서부터 가지고 온 업식(業識) 또는 업장(業障)이 내장되어 있다. 그렇기에 중생은 (지혜의 빛을 밝히지 않는 한) 거기에서 벗어날 수 없다. 육근이란 우리가 세상을 인식하는 여섯 개의 뿌리로 눈(眼)·귀(耳)·코(鼻)·입(舌)·몸(身)·의식(意)을 말한다. 육근과 육경[六境: 형상(色)·소리(聲)·냄새(香)·맛(味)·촉감(觸)·관념(法)]이 만나 우리가 체험하고 경험하는 모든 것인 '내 세상'을 만든다.

이렇게 종횡무진 들끓는 다양한 마음의 한가운데에는 '나'라는 '아상(我相)'이 있다. 내가 있다고 착각하는 마음을 '무명(無明)' 또는 '치(痴)의 마음(어리석음)'이라고도 하는데, 어리석음 중에서도 가장 근본적인 어리석음이라고 해서 '근본무명'이라고 한다. 이것으로 인해 '내 몸이 있다고 착각'하기에 '유신견(有身見)'이라고도 한다. 그러니 마왕은 '무명'이고, 마왕의 군대는 '무명의 작용'이다.

무명은 '오온(五蘊)'이라는 방식으로 작용한다. 오온은 '다섯 가지 덩어리'란 뜻인데, 색(色)·수(受)·상(相)·행(行)·식(識)의 덩어리를 말한다. 이 다섯 가지 덩어리는 서로가 서로에게 영향을 주면서 번뇌 망상을 만들어 아상을 강화시킨다. 부지불식간에 작용하여 삽시간에 휘감는 오온의 작용. 오온을 통찰할 힘이 없는 중생은 그것이 만든 번뇌가 실제인 줄 알고 반응한다. 반응하면서 다시 오온의 덩어리는 더욱 공고해진다. 한 번 일어난 무명의 마음은 그냥 사라지지 않는다. 지나간 길의 자국이 업식(또는 잠재의식)에 선명하게 그림자를 남긴다. 이렇게 남겨진 그림자들은 차곡차곡 쌓여 업장이 된다. 이러한 무수한 그림자의 씨앗들은 조건이 되면 다시 형체를 이루며 일어난다. 이러한 오온의 도돌이표가 만드는 무명의 마음, 이것이 윤회의 바탕이 된다. 그래서 '업장 소멸'이란 말이 있고, '무명 타파'라는 말이 있다. 궁극의 업장 소멸을 하면, 궁극의 무명 타파를 하면 드러나는 것은 열반이다.

무명과 반야의 대결

깨달음으로 가는 길은 무명과 반야의 길고도 험난한 싸움의 과정이다. 반야가 이기면 결과는 열반이고, 무명이 이기면 결과는 윤회이다. 열반은 자유이고, 윤회는 고통이다. 자유를 택할 것인가. 고통을 택할 것인가. 유아(有我)와 무아(無我)의 대결. 유아를 만드는 무명과 무명의 작용(오온)을 이기는 방법은 무엇인가? 마왕과 그의 군대를 이길 수 있는 방법은 무엇인가? 물론 석가모니 붓다는 자신이 터득한 방법을 밝혀놓았다.

마왕이 꼼짝 못 하는 두 가지 무기는 사마타와 위빠사나이다. 사마타는 고요한 마음 '선정(禪定)'을 말하고, 위빠사나는 대상을 꿰뚫어 보는 통찰의 '지혜(智慧)'를 말한다. 이러한 선정과 지혜를 합하여 '정혜(定慧)' 또는 '지관(止觀)'이라고 한다. 정혜쌍수(定慧雙修)와 지관겸수(止觀兼修), 모두 붓다 가르침의 핵심을 일컫는 용어이다. 사마타와 위빠사나, 선정과 지혜를 함께 닦아야 한다는 것이 붓다 가르침의 요지이다. 이것을 시작하는 지름길로 붓다는 '아나빠나사띠'라는 호흡 관찰법을 제시했다. 마음을 일단 호흡에 두고 관찰하는 방법이다. 마음은 끊임없이 대상을 찾아 무상하게 파도치는 속성을 가지고 있다. 아나빠나사띠는 부지불식간에 집착과 욕망에 휘둘려 요동치는 마음을 잡아두는 최고이자 최상의 방법이다.

마왕의 아비담마적 해석

마왕은 석가모니 붓다가 대정각에 이르려 할 때만 나타난 것이 아니다. 수행하는 기간 내내 줄곧 따라붙었다. 그러다가 드디어 완전한 열반에 들 정도로 붓다의 선정과 지혜의 힘이 막강해졌을 때, 더 이상 힘을 발휘하지 못하고 완전하게 소멸한다. 이 순간을 표현한 것이 항마촉지인(降魔觸地印)의 〈석가모니 대각상〉이다. 마침내 마왕을 항복시키고 궁극의 열반에 들었음을 상징한다. 그래서 〈석가모니 대각상〉은 곧 〈항마촉지인상〉이다.

『쌍윳따 니까야』에는 마왕을 갈애(渴愛, 땅하)·혐오(嫌惡, 아라띠)·탐욕(貪欲, 라가)이라고 언급한다. 그 외 『숫따니빠따』 등에는 애욕(까마)·혐오(아라띠)·기갈(꿉삐빠사)·갈애(땅하)·혼침 수면(티나밋다)·공포(비루)·의혹(위찌낏차)·위선과 오만(막카탐바)의 8가지로 세분하기도 한다. 이것은 붓다가 직접 설한 마왕의 내용들이다. 조금씩 차이는 있지만, 어느 것이건 '아상(我相)으로서의 무명'과 '이것을 유지하려는 집착의 작용'이라는 것을 알 수 있다. 붓다의 오도송 마지막 구절에는 "나의 마음은 열반에 이르러 '모든 욕망'은 파괴되어 버렸네(『법구경』)"라고 나와 있다. 즉, '모든 욕망(갈애와 집착)'이 마군임을 알 수 있다(도 3-31, 32).

깨달음을 방해하는 무명의 마음과 작용은 마왕과 마군으로 의인화되어 조형된다. 의인화란 사람의 모습이 아닌 것을 사람의 모습에 빗대어 표현하는 것을 말한다. 깨달음 성취의 과정을 마왕과의 일대 접전으로 묘사하고 있는 내용은 『붓다차리타』●에서부터 확인된다. 여기서 붓다 깨달음의 성취는 큰 대결을 통한 영웅적 승리로 기술된다. 『붓다차리타』는 무불상(無佛像) 시대에서 유불상(有佛像) 시대●●로 옮겨가는 동안, 불교미술의 초기 소의(所依)경전으로서 그 역할이 크다. 『붓다차리타』이외, 『랄리타바스타』●●●에서도 성도의 대목에서 마왕과의 싸움이 매우 극적으로 기술된 것을 발견할 수 있다. 내용의 흐름을 보면 신화적 구성을

3-32 갖가지 무기를 들고 나타난 마군을 항마촉지인의 모습으로 굴복시키고 있다.
〈마라의 공격과 붓다의 깨달음〉, 쿠샨 왕조(2세기 말 3세기 초), 간다라(파키스탄) 프리어
미술 갤러리(FREER GALLERY OF ART) ⓒWikimedia

하고 있다. 선(善)의 진영과 악(惡)의 진영이 첨예한 대립을 하고 있고, 악에 대한
주인공 붓다의 영웅적 물리침이 묘사되고 또 칭송된다. 득도의 순간을 영웅적 대
서사시와 같은 흥미진진한 구성으로 풀어낸 것은 아마도 고대의 베다 문학의 영
향인 듯하다.

- 한문 제명은 『불소행찬(佛所行讚)』이다.
- •• 무불상 시대라는 학술용어는 널리 잘 알려졌지만, 유불상 시대라는 기존의 학술용어는
  없다. 내용 전개상 맥락의 편의를 위해 필자가 방편 상 만든 용어이다.
- ••• 한문 제명은 『대방대장엄경(方廣大莊嚴經)』 또는 『보요경(普曜經)』이다.

3-33 보리수 아래의 붓다를 공격하는 마군들의 날카로운 창과 칼 끝을 연꽃(깨달음의 꽃)이 막고 있다.
　　〈붓다의 승리, 마라의 패배〉(19세기), 루빈 미술관

동요 vs 부동

『붓다차리타』에서는 '마왕'을 '오욕의 자재천왕[五欲自在王]'이라고 기술하고 있다. 오욕자재의 뜻은 '다섯 가지 욕망이 스스로 존재한다'는 것이다. 오욕이란 성욕·식욕·명예욕·수면욕·재물욕을 일컬으며 이는 사람의 마음을 지배하는 다섯 가지 대표적 욕망이다. 마왕이 쏜 '오욕의 화살[五箭]'에 "마치 바람처럼 조금이라도 스치기만 해도 그 마음은 미친 증세를 낸다[小觸如風吹 其心發狂亂]"라고 쓰여 있다. 마왕은 "나의 화살 소리를 듣기만 해도 혼미하여 본성을 잃게 된다[聞我此箭聲 惛迷失本性]"며 호언장담한다. 부동의 마음을 아무리 흔들려고 해도 안 되자, 마왕은 자신의 세 딸로 하여금 유혹하여 '애욕'을 불러일으키게 한다. 원초적 본능인 성욕을 흔들어 보았으나 성공하지 못한다.

이에 마왕은 최종적으로 마군을 동원하여 몸을 공격하게 하여 '공포'를 일으키려 한다. '나'라고 믿고 있는 근간인 '나의 몸'을 위협한 것이다. 마왕과 마군의 이같은 모습은 초기 간다라의 조각상에서부터 극적인 구성으로 구현되어, 불교미술 속에 면면히 그 전통을 이어온다. 마군은 창·칼·방망이 등 온갖 무기를 갖추고 붓다에게 한꺼번에 달려든다(도 3-32, 33). 마군의 모양새는 참으로 기괴스러운데, 짐승이나 괴물 또는 귀신의 형상으로 나타나기도 하고, 천재지변을 일으키는 마귀로도 나타난다. 갖가지 수단과 방법을 동원하여 붓다를 '동요'시키려 애쓴다.

마왕과 마군의 특징은 '동요'라는 흔들림이다. 끊임없이 변하고 움직이고 조합하고 해체하기를 멈추지 않는 특징을 갖고 있다. 반면, 깨달음의 특징은 '부동(不動)'이다. 일체에 일절 반응하지 않고 흔들리지 않는다. 이러한 마음을 부동지(不動地)·불퇴전지(不退轉地)·청정법신이라고 한다. 결국, '무명과 반야'의 대결은 '동요와 부동'의 대결이다. 항마촉지인의 《석가모니 대각상》은 '부동'의 강건함이 서려 있다. 『불퇴전법륜경(不退轉法輪經)』에는 꿈쩍 않는 '부동의 힘'을 찬양하

는 「항마품」의 게송을 만날 수 있다. (이하, 필자 발췌 인용)

삿된 욕심에서 벗어나	度脫於邪欲
삿된 생각 하지 않고	亦不得邪想
항상 부지런히 닦고 익히면	應當勤修習
이를 '동요하지 않는 자'라 하리.	是名不可動
망언하는 모든 중생들이	妄語諸衆生
해탈을 얻게 하려면	爲令得解脫
마땅히 큰 정진일으켜야 하리.	當發大精進
마치 저 '부동의 모습'처럼	如彼不動相
...	
과거의 모든 무명은	過去諸無明
'나'에 집착하여 근심했으나	著我故生憂
만일 '무아'를 증득하면	若證於無我
이를 '부동'이라 하리.	是名爲不動
...	
이러한 일체의 생각은	如是一切想
아지랑이이고 물속의 그림자니라.	如炎水中像
만일 두려움 없는 생각 있으면	若有無畏想
일체의 생각은 생각이 아니네.	一切想非想

여러가지 가지 가지 생각은	如是種種想
모두 동요의 생각이라네.	皆說爲動想
보리는 '생각없음'이라 하고	菩提名無想
종지는 곧 보리이건만	種智卽菩提
이러한 생각조차 멀리하면	遠離如是想
신묘한 보리 드러나겠네.	菩提難思議

「항마품」의 내용을 관통하는 것은 '부동'과 '동요'의 대결이다. 여기서 드러나는 악마의 정체는 일체의 상[一切想]을 만들어내는 '무명의 마음'이다. 이것은 아지랑이이자 물속의 그림자처럼 허상임에도 불구하고 우리는 그것에 끊임없이 반응한다. 하지만 깨달음의 마음은 일체에 일절 반응하지 않는 마음이다. 즉 '동요하는 자는 보리를 얻지 못한다'는 것이다. 대상이 무엇이든 부단한 알아차림으로 대상에 휘말리지 않고 이것을 관조해야 한다는 것이다. 온갖 것에 전혀 반응 없이 관조하는 '부동의 마음'의 완성을 '아뇩다라삼먁삼보리'라고 한다. 이것을 얻는 것은 바로 '불퇴전지'를 얻는 것이다[則受阿耨多羅三藐三菩提記 , 得不退轉地].

찬란한 여의주, '실존의 정수'로 깨어나다

이제 '부동의 관(觀)'으로 모든 허상에서 벗어난 석가모니 붓다는 이같이 단언한다. '보리와 중생/ 일체법이 여여하네/ 그러니 나는 이같이 말한다/ 나는 악마의 마음을 알지 못한다[菩提與衆生 一切法如如 故我如是說 不知惡魔心]'. 그렇다면 이제 '악마의 마음을 알지 못한다'는 석가모니에게 어떤 변화가 일어났을까. 석가

3-34 성도 이후 붓다가 법열을 누린 장소다. 발을 디디는 곳마다 연꽃이 피어났다고 전하는데,
그 자리에 둥근 연꽃을 조형하여 기리고 있다. 〈마하보디 대탑〉 북측 면, 보드가야

3-35, 3-36 〈마하보디 대탑〉 정면 입구의 왼쪽 조각상, 꽃으로 줄을 엮어 장엄했다.

162

모니는 일체의 법은 여여(如如)하다고 하는데, 과연 중생의 육안이 아니라 부처의 눈으로 본 세상은 어떠하였을까.

『붓다차리타』에서는 악마를 항복시키고 부처가 되는 대목[「파마품(破魔品)」과 「아유삼보제품(阿惟三菩提品)」]에서, '꽃비'가 두 번 내린다. 천지만물과 하나가 되는 합일의 순간, 세상은 투명하게 빛나고 꽃비가 내린다.

> 악마들이 흩어져 물러가자
> 보살의 마음은 비고 고요하였네.
> 햇빛은 더욱 몇 배나 밝고
> 떠끌 안개 남김없이 사라지니
> 달은 밝고 별들도 맑디 맑았네.
> 다시는 온갖 어둠의 장애가 없으니
> 공중에는 하늘 꽃비가 가득 내렸네.

악마를 물리친 순간, 열린 세상의 묘사이다. 갑자기 맑아진 세상을 본다. 그리고 그 세상의 아름다움이 꽃비로 내린다. 이러한 깨어남으로 얻은 천안(天眼)과 법안(法眼)으로 석가모니는 중생의 모든 '유(有)의 업'을 관하니, '모든 것은 인연하여 일어나 두루 돌아감이 다함이 없다[輪廻周無窮 衆生因緣起]'는 것을 보고, 다시 커다란 정각을 이루게 된다.

> 다함이 없는 법 끝까지 얻어
> 일체지는 밝고 투명하였다.

석가모니의 덕이 순후하니

땅이 두루 흔들렸고

우주가 여실하게 청명해졌다.

　　…

청량한 미풍이 일어나고

구름 한 점 없는데 향기로운 비가 내리며

묘한 꽃들이 때가 아닌데 만개하고

감미로운 과일들이 철을 어겨 다 익었다.

석가모니 붓다가 세상의 본질이 '연기(緣起)'임을 통찰하자, 땅이 진동하고 우주가 밝아졌다. 붓다가 개체의식에서 벗어나 우주의식 속으로 용해될 때, 유상(有相)의 모든 것은 '진동'하여 흔들렸고 모든 것은 무상(無相)의 에너지로 일렁였다. 이러한 깨달음을 경험한 현대 선각자(캐나다의 정신의학자 R.M. 버크)의 표현을 빌리자면, "우주를 구성하는 원자와 분자가 스스로 재통합하고 있었다. 우주가 끊임없이 이어지는 생명으로서 질서에서 질서로 이어져 가며 재결합했다. 아무런 단절 없이, 단 하나의 빠진 고리도 없이, 모든 것들이 적시 적소에서 질서정연하게 이어져 있음을 보았을 때 그 엄청난 기쁨. 모든 세계와 모든 시스템이 하나의 조화로운 전체로 어우러져 있었다"라고 한다. 『화엄경』에서 말하는 '중중무진의 법계 연기'이자 '인드라망의 세계'이다.

3-37 세계 각지에서 온 수행자들이 부처님께 올린 꽃 공양, 마하보디 사원

3-38 〈마하보디 대탑〉 북측 면, 보드가야

3-39 〈라따나가라 궁전〉, 붓다가
이곳에서 법열을 누릴 때
몸에서 6가지 색의 찬란한
빛이 뿜어져 나왔다.

◆ 〈마하보디 사원〉 둘러보기 ◆

석가모니 붓다는 보리수 아래에서 12연기를 통찰하고 반야바라밀을 성취했다. 그리고 그 자리를 맴돌며 깨달음의 기쁨(법열)을 누렸다. 그곳에서 자수용신(自受用身)의 상태로 총 7주를 머물렀다고 전한다. 첫째 주에는 보리수 밑에서 12연기의 순관과 역관을 관찰했다. 둘째 주에는 보리수에서 동북쪽으로 조금 떨어진 곳(현재 그곳에는 〈아니미샬로짜나 탑〉이 세워져 있다)에서 수행 동안 자신을 지켜 준 보리수에게 감사하는 마음으로 보리수를 응시했다.

셋째 주에는 경행하며 지냈는데, 발을 디딜 때마다 연꽃이 피어나 발을 받쳐 주었다고 한다. 마하보디 사원 북쪽 면에는 '둥근 연꽃 자리'가 일렬로 늘어서 있어서 이곳이 붓다가 경행한 자리(도 3-34)임을 나타내고 있다. 넷째 주에는 보리수에서 서북쪽 방향 인접한 곳에 천인들이 마련해준 라따나가라 궁전에서 머물렀다. 이때 몸에서 6가지 찬란한 색의 광명(육색광명)이 발산되었다(도 3-39). 다섯째 주에는 아자빨라 나무(반얀 나무) 아래에서 교만한 브라만을 제도했다.

무짤린다 나무와 아자빨라 나무

이어서 여섯째 주에는 무짤린다 나무 아래로 가서 계속해서 깨달음의 환희를 누린다. 이때는 마침 장마철이라 7일 동안 큰 구름이 일고 폭우가 내리며 찬 바람이 몰아쳤다. 그러자 나가(Naga: 용왕)가 나타나 자기 몸을 펴서 붓다를 감싸 보호하

3-40 무짤린다 용왕(나가)의 연못,
　　마하보디 사원 남쪽

3-41 〈석가모니 붓다를 보호하는 무짤린다 용왕〉,
　　12세기, 캄보디아

며 "냉기가 깨달은 자를 침범하지 못하게 하소서. 더위가 깨달은 자를 침범하지 못하게 하소서. 파리와 모기, 소나기와 땡볕, 그리고 도마뱀이 깨달음 자를 침범하지 못하게 하소서"라고 했다. 무짤린다 나무는 '용왕의 수호'를 상징한다.

　　무짤린다 용왕 연못에는 그가 붓다를 보호하고 있음을 나타내는 조각상(도 3-40)이 연못 한가운데 위치해 있다. 무짤린다 용왕으로 불리는 붓다의 수호신은 동남아시아 불교미술의 전통에 있어서 빼놓을 수 없는 도상(도 3-41)으로 정착했다. 일곱째 주에는 라자야타나 나무로 옮겨 법열을 누리는데, 두 상인인 타푸사와 발리카가 와서 쌀떡과 꿀을 공양했다. 공양물을 받은 붓다는 이들을 첫 번째 신도로 거둔다.

　　이렇게 7주가 지난 후, 붓다는 아자빨라 나무 아래에서 자신이 경험한 깨달음의 진리와 그 세계가 너무 심오하여 이것을 설법할 것인지 말 것인지 고민하게 된다. 이때 브라만 사함 파띠가 나타나 자비심으로 설법할 것을 간곡히 권하게 되는데, 이것이 그 유명한 '범천권청(梵天勸請)'이다. 범천권청으로 설법을 결심한 붓다는 사르나트로 향한다. 바야흐로 전법(傳法)이 시작되는 역사적인 순간이다. 무짤린다 나무는 '불법의 수호'를 의미하고, 아자빨라 나무는 '설법의 결심'을 상징하는 중요한 상징이니, 보드가야 순례 중에 꼭 찾아보기를 권한다.

RAJAYATANA (A KIND OF FOREST TREE)
AFTER ENLIGHTENMENT LORD BUDDHA SPENT
THE SEVENTH WEEK HERE IN MEDITATION. AT THE END
OF MEDITATION, TWO MERCHANTS-TAPUSSA AND BHALLIKA
OFFERED RICE CAKE AND HONEY TO THE LORD AND TOOK REF-
UGE-BUDDHAM SARANAM GACCHAMI-DHAMMAM SARANAM
GACCHAMI (SANGHA WAS NOT FOUNDED THEN).

3-42 라자야타나 나무, 붓다가 득도 후 7번째 주에 법열을 누린 곳

170

3-43 라자야타나 나무 아래, 붓다가 앉았던 자리

4장

붓다의 최초 설법지
사르나트

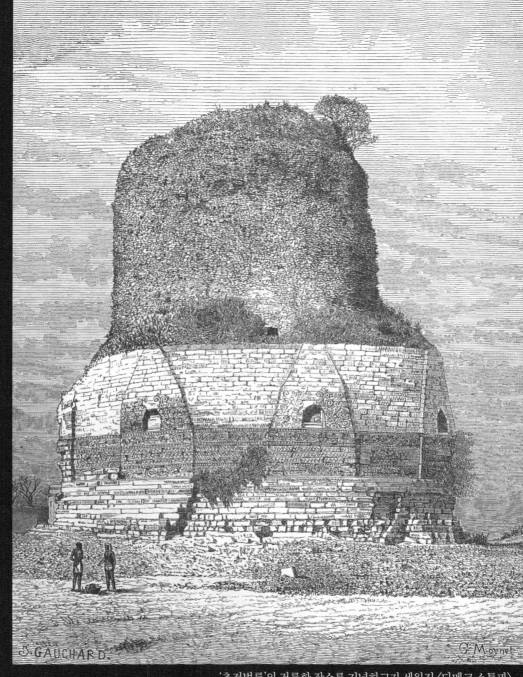

'초전법륜'의 거룩한 장소를 기념하고자 세워진 〈다메크 스투파〉
'팔정도'를 상징하는 '여덟 개의 연꽃잎'이 하단을 둘러 있고,
그 한가운데에는 불감이 있다. 여덟 불상을 모셨던 것으로 추정.

4-1 갠지스강과 뿌자 의식[강의 여신 강가(Ganga)에게 올리는 예배]

4-2 붓다는 전법을 위해 갠지스강을 건넌다. 갠지스강은 힌디어로 강가(Ganga)이고
   한자로는 항하(恒河)라고 한다.

①

◆ 중생 구제를 위해 ◆

"나만 피곤할 뿐이다!"

"중생은 어리석고 교만하다." 석가모니 붓다는 깨닫자마자 주위를 둘러본다. 하지만, 무상정등각의 경지를 체험한 사람은 없다는 것을 알게 된다. 무명 속 중생은 알 수 없는 세계. 이것을 어떻게 전달할 것인가? 글 첫머리에 인용한 붓다의 독백 속에는, 깨달음을 홀로만 아는, 고독한 고민이 적나라하게 드러난다. "그렇다고 설법하지 않고 열반에 들어버리면, 무량겁 동안 중생 구제를 위한 원(願)을 세우고 정진했는데, 그 뜻이 무색하게 되겠구나!"

설법을 할 것인가, 말 것인가

무명과 무지의 세간 속에서 홀로 깨어있으니, 그 외로움과 난감함이란! 홀로 열반에 들어 굳이 다시 세간에 올 일은 없겠다. 하지만, 중생에 대한 자비심이 발목을 붙든다. 깨달음 직후, 깨달음의 내용을 중생에게 '설법(說法)'하느냐 마느냐의 갈림길에서 범천이 등장한다. 범천은 이렇게 말한다.

"아! 세상은 멸망하는구나! 세존이 설법하지 않으신다면! 세존이시여, 법을 설하소서. 세상에는 먼지가 적은 중생들도 있습니다. 그들이 법을 듣는다면 분명 알 수 있을 것입니다. 그러나 설법하지 않으시면 그들조차 쇠퇴할 것입니다."

-『율장(律藏)』

석가모니 붓다는 깨달은 직후 한동안 심리적인 갈등상태였다는 것을 알 수 있다. 붓다가 애초에 설법할 마음이 없었다는 것을 다양한 경전에서 확인할 수 있다. "나만 피곤할 뿐이다. 어떻게 이 법을 보겠느냐? 어둠의 뿌리로 뒤덮인 자들이." 붓다는 아상(我相)에 대한 집착을 스스로 즐겨 고통을 자초하는 중생이, 무아(無我) 또는 무상(無常)의 원리를 들으려 할 리 만무하다고 말한다.

그러다가 어떠한 계기로 마음을 바꾸게 되는가? 호법신 범천이 나타나 세 번에 걸쳐 간곡한 간청을 한다. 범천의 지극한 간청에 자비심을 일으켜 불안(佛眼)으로 다시 세상을 본다. 하느냐 마느냐, 알아듣느냐 못 알아듣느냐, 오히려 비방만 받느냐 마느냐 …. 이런 생각 끝에 붓다는 통찰지로 다시 중생을 본다. 번뇌와 죄업이 두터운 중생, 선업과 복덕이 많은 중생, 천차만별의 근기(根機)인 우리들의 모습이 눈에 들어온다. 그리고 이런 모습 속에서 희망을 본다.

드디어 마음을 돌이킨 붓다는 급기야 "귀 있는 자 들어라! 감로(甘露)의 문을 열 것이니!"라고 천명하게 된다. '설법을 통해 감로의 문을 연다'라고 표현하고 있다. 즉, '설법을 통해 깨달음의 문을 연다'는 말이다. 감로란, 달 '감(甘)'자에 이슬 '로(露)'자를 써서 '다디단 이슬'이란 뜻이다. 이는 옛 인도에서 '신의 음료'라고 불렸던 것인데, 이것을 마시면 영원히 죽지 않는 영성(靈性)을 얻게 된다. 그래서 '불사(不死)의 음료'라고도 불린다. 하늘이 내린 음료라고 해서 하늘 술, '천주(天酒)'라고도 했다. 핵심은 '영원히 죽지 않는 영성(깨달음)'의 획득인데, 이는 불교에서

'반야지혜'를 의미한다. 그래서 깨달음의 맛, 열반의 맛을 비유하는 말로 감로라는 용어를 쓴다. 붓다의 설법을 '감로의 법문' 또는 '감로의 법우(法雨)'라고 하는 이유도 여기에 있다. 관세음보살이 정병에 감로수(甘露水)를 담고 있는 이유도, 중생의 무명번뇌를 감로(깨달음)의 시원함과 청정함으로 없애준다는 의미다. 영가 천도를 위한 시식단을 '감로단(甘露壇)'이라고 하는 이유도 마찬가지이다. 무명 속의 영가를 감로의 공양을 통해 극락으로 인도한다는 것이다. 무명의 중생이라도 불성(佛性)을 밝히면 언젠가는 윤회를 끊을 수 있다. 시원하고 청량한 감로수로 탐진치(貪瞋癡) 무명의 불을 끈다는 의미이다.

갠지스강을 건너 바라나시로

석가모니 붓다는 깨달은 후에 그 내용을 알아들을 만한 사람으로, 예전 자신의 스승이었던 알라라 깔라마와 웃다까 라마뿟따라를 찾아간다. 하지만 이들은 늙어서 이미 돌아가신 뒤였다. 그럼 이것을 누구에게 설법할 것인가? 붓다는 고행 수행 시절의 도반이었던 다섯 수행자를 생각했다. 그리고 그들이 있는 바라나시 북쪽 교외의 사르나트(녹야원)로 향한다. 바라나시는 당시 브라만교의 성지이자 수많은 다양한 수행자들이 집결하는 대도시였다. 붓다는 자신의 체험과 방법을 확신했기에, 호랑이 굴로 향한 것이다. 붓다가 설법하기로 마음먹고 전법의 여정에 올랐을 때, 우파카라는 사람을 만나게 되는데 그는 "당신의 스승은 누구냐?"라고 묻는다. 이에 붓다는 다음과 같이 답한다.

> "나는 모든 것의 승리자이고 모든 것을 깨달은 자. 무엇에도 물들지 않는다. 목마름을 버리고 모든 것을 버려 해탈하였다. 나에게 스승이란 없으며 나와 같은 자

는 아무도 없다. …(중략)… 세상에서 나야말로 진리와 동등하다. 홀로 진리를 바르고 원만히 깨달았다. 진리의 바퀴(법륜)를 굴리기 위해 카시(바라나시)로 간다! 어둠 속 세상에 감로의 북을 울릴 것이다!"

–「파라파시경」(M 1-26)

보드가야에서 바라나시까지는 약 200km의 거리로, 직선거리로 했을 때 서울에서 전주까지 정도의 거리이다. 이 길을 석가모니 붓다는 7일 동안 걸어서 간다. 그 여정의 한가운데에는 갠지스강이 있다. 붓다는 전법(傳法)을 위해 갠지스강을 건넌다. 갠지스강을 건넘과 동시에 이제 바야흐로 붓다의 생애에 또 한 번의 대대적인 전환이 일어난다. 중생 구제를 위한 '전법의 삶'이 시작된 것이다.

◈ 중도의 뜻 ◈

'사르나트'는 녹야원(鹿野苑)으로 번역되며 '사슴 동산'이란 뜻이다. 옛 바라나시의 왕이 사슴 사냥을 즐겼는데, 순번을 정해서 차례로 사슴을 사냥하곤 했다. 새끼를 밴 암사슴 차례가 오자, 사슴보살 왕은 자신을 대신해 제물로 삼아달라고 왕에게 찾아갔다. 이에 왕은 크게 뉘우치고 사슴 사냥을 금지하게 되었다. 그 후로 이 숲은 사슴들의 천국이 되었고, 사슴의 왕을 뜻하는 '사랑가나타'를 줄여서 '사르나트'라고 부르게 되었다. 그래서 '초전법륜'의 광경이 조형화될 때는 그곳이 사르나트임을 나타내는 상징으로 사슴이 등장한다.

다섯 수행자와의 만남 〈영불탑〉

석가모니 붓다는 사르나트에서 정진하는 다섯 수행자를 찾아간다. (원전에는 '다섯 걸식자'라고 나온다.) 다섯 수행자는 멀리서 붓다가 오는 것을 보았다. 그리고 그들은 함께 다짐한다. "수행자 고타마는 고행을 버리고 세속 생활로 물러났다. 그에게 우리는 절해도 안 되고, 공경의 뜻으로 일어서도 안 되고, 옷과 음식을 제공해도 안 된다." 그러나 붓다가 점점 다가오자, 그들은 저절로 일어나 자리를 마련하고 물과 옷과 음식을 준비했다. 깨달음의 에너지에 부지불식간에 조복한 것이다.

"걸식자들아! 그렇게 온 붓다는 수행을 저버렸거나 세속 생활로 돌아간 적이 없

4-3 〈영불탑(차우칸디 스투파)〉, 사르나트

4-4 붓다와 다섯 수행자가 만난 장소인 〈영불탑〉으로 이어지는 순례

다. 나는 동등하며, 바르고, 원만하게 깨달은 붓다이다."

-「파라파시경」

나모 따사 바가와또

"그렇게 왔으며, 동등하시며, 바르고 원만하게 깨달은"이라는 붓다를 지칭하는 수식어가 무슨 뜻인지 알려면 '진리'를 넣으면 된다. 이 문장 앞에는 '진리'가 모두 생략됐다. "(진리로서) 그렇게 왔으며, (진리와) 동등하며, (진리를) 바르고 원만하게 깨달은 붓다"라는 뜻이다. 요즘 다수의 수행처에서는 이 표현의 본래 팔리어대로 "나모 따사 바가와또 아라하도 삼막삼붓따사"라고 독송한다. '그렇게 오신 분'은 '여래[如來(Tathāgata)]'로 번역되고, '동등하신 분'은 진리와 상응하는 또는 진리와 동등하신 분으로서 공양받아 마땅한 자라는 뜻으로 '응공[應供(arhat, 아라한)]'으로 번역된다. 그리고 '진리를 바르고 원만하게 깨달은 분'은 '정변지(正遍知)' 또는 '정등각자(正等覺者)'로 칭한다. 여래·응공·정변지 등은 '여래십호(如來十號)'의 가장 앞부분에 나오는 (붓다를 일컫는) 호칭들이다. 호칭은 다양하지만, 그 핵심은 붓다가 '진리 그 자체'임을 뜻한다. 이렇게 자신을 정의하신 뒤 석가모니 붓다는 다시 이렇게 말한다.

"걸식자들아, 귀 기울여라. 죽음 없는 경지에 도달하였다. 나는 가르치겠다. 나는 설법하겠다. 가르치는 대로 수행하는 자는 오래지 않아, 올바로 출가할 때 품었던 궁극적 목표를 바로 그 자리에서 *스스로 알고 똑똑히 보게* 될 것이다."

다섯 수행자를 대상으로 이러한 풍경이 벌어진 곳에는 〈차우칸디(Chaukhandi)〉

4-5 코끼리 장엄 조각, 사르나트 출토   4-6 기마상 장엄 조각, 사르나트 출토

스투파가 세워졌다. 〈차우칸디〉 스투파는 다섯 수행자가 '석가모니 붓다를 맞이한 곳'이라는 뜻으로 〈영불탑(迎佛塔)〉으로 번역된다. 〈영불탑〉은 굽타 시대(4~5세기 AD)에 건축된 것으로, 본래 둥글게 쌓은 벽돌 스투파였고 3개의 방평 테라스가 주변을 둘렀을 것으로 추정된다. 테라스의 외벽에는 다양한 조각(도 4-5, 6)으로 장엄했었다. 현재 스투파 꼭대기의 8각 기둥 조형물은 1588년 무굴제국 통치자가 다시 만들어 올린 것이다. 본래는 팔각형 기둥이 아니라 산치 스투파처럼 둥근 여의주 형식의 탑이었고, 주변으로 방형의 사원 공간이 첨가되었다. 여기에서 출토된 설법인상과 칼을 든 무인상은 사르나트 고고학박물관에 옮겨 전시되어 있다.

〈초전법륜상〉

석가모니 붓다가 최초로 설법한 모습, 즉 '초전법륜'의 장면은 어떻게 조형되는가? 미국 메트로폴리탄미술관 소장의 간다라 양식의 〈초전법륜상〉(도 4-7)을 보

4-7 〈초전법륜상〉 간다라(2세기), 파키스탄,
높이 28.6cm x 너비 31.1cm x두께
5.1cm, 뉴욕 메트로미술관 소장

4-8 붓다가 법륜을 굴리는 모습(도 4-7의 하단 부분)

면, 다섯 수행자에게 처음 설법하는 모습이 인상적으로 조각되어 있다. 가운데에 석가모니 붓다가 있고 좌우로 다섯 수행자에게 그의 말씀을 경청하고 있다. 붓다 왼쪽 위로는 호법신이 금강저 또는 불자(拂子)를 들고 첫 설법의 현장을 외호하고 있다. 흥미로운 점은 마치 커다란 수레바퀴를 꺼내 굴리는 모습처럼 설법 장면을 묘사했다는 것이다. '전법륜(轉法輪, 법륜을 굴리다)'을 문자 그대로, 조형화했다. 붓다 대좌 앞에는 사슴 두 마리(도 4-8)가 있어 이곳이 사슴동산인 사르나트(녹야 원)임을 말해주고 있다.

다섯 수행자는 꼰단냐(Kondanna 또는 안냐꼰단냐, 교진여)·아사지(Assaji 아습 바시)·마하나마(Mahanama 마하남)·밧디야(Bhaddhiya 발제)·바파(Vappa 십력가 섭)를 말한다. 이들 중 꼰단냐가 가장 먼저 설법을 알아듣고 그 자리에서 해탈한 다. 이에 붓다는 "참으로 꼰단냐는 완전하게 알았구나. 참으로 꼰단냐는 완전하게 알았구나"라고 첫 설법의 말미에 덧붙인다. 세계의 불가사의로 꼽히는 보로부두 르 사원의 장엄 중에는 붓다의 일대기를 부조로 조각한 것이 있다. 도솔천에서 하 강하여 탄생하는 장면부터 소년기·청년기·출가·6년간의 고행·보리도량·무상정 등각·초전법륜·설법의 교화 그리고 열반의 장면까지를 아름답게 조각되었다.

그중 초전법륜의 장면(도 4-21)에서는 다섯 수행자는 일렬로 앉아 있는 모습 을 볼 수 있다. 석가모니 붓다는 일반적인 수행자의 모습인 이들과는 다르게 깨달 음의 상호를 갖추고 있다. 연화좌의 위에 앉았으며 머리 꼭대기에는 육계 여의주 가 있어 궁극의 깨달음과 합일했음을 나타내고 있다. 머리에는 나선형으로 회전 하는 신성한 에너지를 모발(나발)처럼 표현했다. 그리고 머리 뒤로는 둥근 광배를 조각하여 깨달음의 빛이 뿜어져 나오고 있음을 나타냈다.

가장 먼저 하신 말씀, 중도

석가모니 붓다는 다섯 수행자에게 가장 먼저 '중도(中道)'를 설한다. 그도 그럴 것이 붓다가 수년간 이들과 함께 수행했던 방법이 극단의 고행 수행이었기 때문이다. 수자타의 유미죽을 받아먹은 것은 고행을 저버리고 세속의 쾌락으로 돌아간 것이 아니라, 몸이 편안해야 정신이 편안해서 정진을 할 수 있기 때문이다. 물론 그렇다고 해서 너무 편해서도 안 된다. 중도가 필요하다.

> 깨달음은 오직 몸을 괴롭게 함으로써만 이루어지는 것이 아니며, 또한 몸과 마음을 편안하고 즐겁게 함으로써 이루어지는 것도 아니다. 고(苦)와 낙(樂)의 두 변두리를 여의고 '중도'를 행하는 자만이 얻을 수 있느니라.
> -『팔상록』

너무 느슨해도 안 되고 너무 팽팽해도 안 된다. 이는 고와 낙의 두 극단을 여읜 고락중도(苦樂中道)를 말하는 것이다. 그런데 중도라는 말에는 '현상을 있는 그대로 보는 중도의 지혜'라는 의미가 내포되어 있다. 그러니까 편견이나 사견의 주관에 절대 휘둘리지 않고 객관적으로 상황을 보는 것이다. 중도의 극치는 '실재(實在)하는 연기(緣起)'를 보는 것이다. 니까야 경전에서는 수행의 주요 주제들에 대한 중도의 설법을 곳곳에서 발견할 수 있다. 고락중도 이외에 유무중도(有無中道)·자타중도(自他中道)·단상중도(斷常中道)·생멸중도(生滅中道) 등이 그것이다. 이는 '불이(不二)'라는 불교의 핵심과도 연결된다. 공(空)과 색(色)이 하나임을 보는 것, 너와 내가 하나임을 보는 것, 원인과 결과가 하나임을 보는 것, 번뇌와 깨달음이 하나임을 보는 것, 차안과 피안이 하나임을 보는 것. 우리가 잘 아는 '색즉시공(色卽是空) 공즉시색(空卽是色)'이 바로 중도의 진리이다. 붓다는 수행방법에 있어 '중도'를 먼저 설하고, '사성제와 팔정도'의 법륜을 굴린다(본 책 p.202 참조).

사르나트 고고학박물관

유구한 전통을 자랑하는 불교미술의 주요 주제 중 하나인《초전법륜상》. 수많은 초전법륜의 조형 중에서도 백미로 꼽히는 것이 바로 사르나트 현지 출토 〈초전법륜상〉(도 4-43)이다. 사르나트 고고학박물관의 조각전시실(도 4-11)에서 꼭 이 〈초전법륜상〉을 찾아보기를 권한다. 〈사르나트 아소카왕 석주〉의 〈사자기둥머리 장식〉(도 2-3) 위에는 본래 법륜이 있었다는 것을 전시장의 도해(본 책 p.47)로 알 수 있다. 이는 사자후의 법륜을 굴렸다는 표현이다. 사자상의 원형 발 받침에도 재차 법륜을 표현해서 '초전법륜'의 중요성을 강조하고 있다. (법륜의 상징과 의미에 대해서는 2장《다르마 차크라》참조)

　박물관 입구 쪽에는 2미터 50센티미터에 달하는 어마어마한 크기의 〈보살상〉을 만날 수 있다(도 4-10). 이를 통해 초기 불교미술 시대에 보살상은 건장한 남성상이었다는 것을 알 수 있다. 신성하고도 원시적인 기운으로 충만하다. 옷은 매우 얇아 거의 나신처럼 보인다. 몸체 그 자체로 강력한 생명력을 표현하고 있다. 〈보살상〉의 바로 옆에는 보살의 머리 위에 있던 천개(天蓋)가 벽면에 부착되어 전시됐다. 천개의 지름이 무려 3미터가 넘는다. 이처럼 거대한 조각상들이 사르나트의 스투파와 사원을 장식했다는 것을 상상하면, 사르나트가 최초의 설법지로서 기념비적인 역할을 했음을 알 수 있다. 천개는 햇빛을 가리는 차양으로 일산에서 유래하지만, 종교적 존상을 표현함에 있어서는 주인공의 몸에서 뿜어져 나오는 '신성한 에너지'를 표현하는 조형이 되었다. 이는 법륜과 근본적으로 상통하는 이미지로, 불상의 '광배'와 같은 역할을 한다. 천개의 원상에서 무수한 빛줄기가 뿜어나오며, 빛줄기 속에서는 우주의 꽃이 핀다.

4-9 사르나트 고고학박물관 전경

4-10 〈사자기둥 머리 조각〉, 〈보살상〉과 〈천개(天蓋)〉등 제1전시실

4-11 아름다운 굽타 양식의 불상, 복도 끝에는 〈초전법륜상〉이 전시되었다. 조각전시실

4-12 〈다메크 스투파〉는 '초전법륜(初轉法輪)'을 시각적으로 조형화한 종교미술이다. 기단의 본체 원형 지름이 약 28.5m이고 높이는 42.6m에 달하는 어마어마한 크기의 조형물이다.

◆ 〈다메크 스투파〉 ◆

다섯 비구는 석가모니 붓다의 가르침과 지도를 받아, 더 이상 태어남이 없는 안락인 최상의 진리 세계를 추구했고, 마침내 그 세계에 도달했다. 그들은 "나의 해탈은 흔들리지 않는다. 이것이 최후의 탄생이다. 이제 다시 태어남(再生)의 근거는 존재하지 않는다"라고 알고 보았다.
–「파라파시경」

〈다메크 스투파〉, 〈다르마 차크라 스투파〉

석가모니 붓다는 어떤 가르침을 전했기에 다섯 수행자가 그 자리에서 해탈을 이루었을까? 붓다는 득도 이전에 이들 다섯 수행자와 동료였다. 같은 방법의 수행을 했고 같은 목표를 꿈꾸었다. 함께 했던 '고행(苦行)' 수행이 정답이 아님을 간파한 고타마는 무리에서 미련 없이 이탈한다. 그리고 자신만의 길을 간다. 녹야원에서 다시 만난 이들은 "고타마여! 고행 수행을 버리고 세속 생활로 돌아간 사람이 어떻게 성스럽고 거룩한 경지를 얻었단 말이오?"라고 외면한다. 하지만, 곧 붓다의 설법에 조복하게 된다. 그리고 다섯 수행자는 붓다의 첫 제자가 된다.

불교를 불교이게 하는 것

그렇다면, 기존의 수행 방법에는 없었던 붓다의 '자신만의 방법'은 무엇이었을까? 스스로 터득한 해탈에 드는, 해탈을 사는, 해탈 그 자체가 되는 방법은 무엇인가? 다섯 수행자 역시 그토록 열망하고 노력했지만, 도저히 이루지 못했던 경지. 기존의 수행으로는 타파 불가능했던 경지. 붓다는 어떻게 돌파구를 찾았는가? 붓다가 찾은, 불교를 불교이게 하는 (여타 종교에는 없는) 이것은 무엇인가? 그것은 '정(定, 사마타)+혜(慧, 위빠사나)'를 동시에 수행하는 방법이다. 선정 수행인 사마타 수행은 다른 뭇 종교에도 기본적으로 있는 수행 방법이다. 여기에 사물을 꿰뚫는 통찰지의 계발(위빠사나)을 더한 것이다. 두 가지를 병행하여 두 축을 잡으니, 무명은 타파되었다. 붓다가 발견한 이 방법을 정혜쌍수(定慧雙修) 또는 지관겸수(止觀兼修)라고도 한다.

붓다의 첫 설법지 사르나트의 중심 조형물은 〈다메크 스투파〉이다. '초전법륜(初轉法輪)'의 가르침으로 다섯 수행자를 해탈시킨 장소에 세워진 것이다. 〈다메크 스투파〉는 초전법륜의 내용을 시각화한 조형물이다. 20세기 초 발굴 당시 마우리아 왕조의 벽돌이 출토되어, 창건 시기는 기원전 3세기 아소카왕 때로 추정된다. 그 후, 굽타 시대에 아름다운 장식을 더했고, 1026년 다시 중수했다. 〈다메크 스투파〉 현지에 있는 설명을 요약하면 다음과 같다.

1026년 중수 당시인 팔라 왕조 마히팔라왕 시대의 기록에 의하면, 두 형제가 "다르마지카와 다르마 차크라 스투파를 중수했다"라고 전한다. 이에 〈다메크 스투파〉의 본래 명칭이 '다르마 차크라(Dharma cakra) 스투파'였음을 알 수 있다. '다르마 차크라'는 '법륜(法輪)'으로 번역된다. 「전법륜경」(또는 「초전법륜경」)을 산스크리트로 「다르마 차크라 프라바르타나(Dharma cakra pravartana sutra)」(팔리어 Dhammacakka-pavattana-sutta)라고 한다. '프라바르타나'는 '회전한다'는 뜻이다.

사르나트에는 〈다르마지카〉라는 또 하나의 스투파가 있는데, 규모가 직경 13m로 〈다메크 스투파〉보다 작다(도 4-15). '다르마지카'는 '법의 제왕'이란 뜻으로 〈다메크 스투파〉보다 300년 후에 건립된 것으로 추정된다. 주변으로 축조물의 기단이 둘러 있어 스투파 겸 법당의 기능을 했을 것으로 보이는데, 이 부근에서 굽타 시대의 〈초전법륜상〉(도 4-43)이 출토됐다.

〈다메크 스투파〉의 본래 명칭이 '다르마 차크라 스투파'라는 것은, 여기서 '다르마 차크라 프라바르타나', 즉 '전법륜(轉法輪)'이 행해졌으며, 또 이것을 조형화한 것이라는 의미이다. 전법륜의 형상, 말 그대로 법륜이 회전하는 형상을 시각화한 것이다. 우주의 법륜이 돌아가는 신비로운 형상은 과연 어떠할까? 〈다메크 스투파〉, 본명 〈다르마 차크라 스투파〉의 전체와 세부 모양을 살펴보자.

〈다메크 스투파〉의 기단의 원형 지름은 약 28.5m이고 높이는 42.6m에 달한다. 어마어마한 크기의 원형 기단의 외면에는 8개의 연꽃 잎사귀를 돌출되게 조형했고 그 안에는 감실을 만들었다. 감실마다 불상이 안치되었던 것으로 추정된다. 8방향으로 펼쳐진 8개의 연꽃 잎사귀, 그 품 안에 8개의 불상을 배치한 것은 붓다 초전법륜의 설법 요지인 팔정도와 직결된다고 하겠다. 불교에서는 '8'이라는 숫자를 유독 자주 만나게 되는데 (예를 들어 8정도를 비롯하여 8대 보살, 8부중, 8계율, 108번뇌, 8만대장경, 8상도 등) '8'은 무한대를 상징하는 진리의 숫자로서, 이것을 조형적으로 표현할 때는 '원형'으로 표현한다. 8각의 판테온 또는 신전 등은 모두 원형을 지향하거나 상징하는 조형물이다.

장엄연기의 모습

현재 남아 있는 〈다메크 스투파〉의 장엄은 극히 일부인데, 그 문양을 보면 매우 역

4-13 연꽃 잎사귀 조각 속의 감실. 감실 안에는 불상이 안치됐었다.
　　　8개 방향으로 있는 8개의 연꽃 잎사귀, 그 안의 8개 불상은 '팔정도의 편재'를 상징한다.
　　　〈다메크 스투파〉의 장엄

192

4-14 역동적인 장엄연기(莊嚴緣起) 문양, 〈다메크 스투파〉의 부분

4-15 〈다르마지카 스투파〉 원형의 기단만 남아 있다. 그 주변으로 다시 작은 원형의 스투파들이
     둘러 있었음을 알 수 있다.

동적(도 4-13, 14)이다. 입체감이 두드러지는 문양의 패턴을 보면, 잎사귀 넝쿨 같
기도 하고, 물보라 같기도 하고, 소용돌이 같기도 한 장엄한 기운을 느낄 수 있다.
뭇 생명이 피어나는 근본 에너지의 모습인 소용돌이의 회전 문양을 찾아볼 수 있
다. 거기서 'S'자 형태의 기운이 줄기처럼 뻗어 나오고, 급기야 거기에서 생명의
꽃을 피워낸다. 생명의 꽃은 연꽃으로 표현된다. 연꽃에서는 동물도, 사람도, 자연
도 피어난다. 만물이 '장엄연기(莊嚴緣起)'하는 모습이다.
    우주의 연꽃 또는 생명의 연꽃은 '불성(佛性)의 작용'을 상징한다. 활짝 만
개한 연꽃은 보살이 세상을 공덕 장엄하는 모습을 상징한다. 스투파의 표면에는

194

4-16 연기-연생-연멸의 여정 속 실상. 생명의 연꽃에서 기운이 뻗어 나오고, 급기야 꽃도 피워내고 동물도 피워내고 사람도 피워낸다.

생명 탄생의 회전 에너지[만(卍)자를 비롯한 다양한 나선형의 문양들]와 생명의 연꽃 문양이 함께 아름답게 어우러져 있다(도 4-16). 이는 뭇 사물을 안팎으로 품고 있는 '법계(法界)가 연기하는 모습'을 연출한 것이다. 끊임없이 변화하는 '무상(無常)'이라는 '법(法)의 모습'이다. 나를 포함한 삼라만상이 '연기(緣起)-연생(緣生)-연멸(緣滅)'의 무상한 여정 속에 있다는 실상(實相)을 여실하게 보여 주고 있다. 이보다 더 확실한 교화의 방편이 있을까. 불교경전 못지않게 우리를 깨달음의 세계로 이끌어주는 매체가 불교미술이다. 불교경전은 언어를 통해, 불교미술은 조형을 통해, 진리를 전달하는 방편으로서 그 역할은 참으로 유구하다.

스투파 표면에서 확인되는 문양 패턴 중 하나가 '만(卍)'자이다. 이는 신성한 에너지가 회전하는 모습을 기호화 또는 문자화한 것이다. 그런데 만자는 불교만의 전유물이 아니다. 세계 각지의 다양한 사원에서 만자를 확인할 수 있다. 불교뿐만 아니라 이슬람교·힌두교·자이나교·가톨릭 등을 비롯한 다양한 종교의 공통적 상징이다. 산스크리트어로 '스와스티카', '스바스티카' 또는 '슈리바차'라고 하고, 한자로 표현하면 '만(卍)' 혹은 '만자(卍字)', '만자문(卍字紋)'이라 한다. 가장 오래된 이 문양의 기원은 고대 아리아인의 전통에서 찾아볼 수 있다. 이같이 인도 지역뿐만 아니라 아시아와 유럽의 원시 종교에서도 찾아볼 수 있는 보편적인 문양(도4-18)이다.

다양한 만자는 조금씩 그 형태를 달리하지만, 기본 단위는 같다. 기본 단위는 십자의 바람개비와 같은 에너지가 돌아가는 모습이라는 것이다. 이는 차크라가 열릴 때 보이는 형상이다. 우주의 문이 열릴 때 또는 신성한 에너지와 소통할 때, 보이는 청정한 에너지의 소용돌이이다. 만자 문양은 원초적인 신성성을 상징하기에 모든 종교에 공통하는 도상으로 자리 잡게 되었다.

사르나트 고고학박물관에는 현지 스투파에서 출토된 유물의 파편들이 전시되어 있는데, 만자의 문양들을 다수 확인할 수 있다. 현재 〈다메크 스투파〉 표면에 남아 있는 문양과 박물관에 전시된 파편들을 통해 스투파의 전체 문양을 상상해 볼 수 있다. 생동하는 문양들과 아름다운 불상들이 스투파를 뒤덮었을 것으로 상상하는 순간, 그 장엄한 법계연기(法界緣起) 속으로 빠져들 것만 같다.

1920년에 이곳을 발굴 조사한 고고학자 알렉산더 커닝햄은 당시 스투파의 정중앙에서 수직으로 91.4cm 깊이로 내려간 지점에서 석판(6~7세기) 하나를 발견했다. 석판에는 브라흐미 문자로 "YE DHARMA HETU PRABHAVA HETU…"라고 쓰여 있었다. 이는 "제법(諸法)은 인(因)에서 생긴다"라는 뜻으로,

붓다가 이 장소에서 '인과법(因果法: 모든 현상은 원인과 결과라는 진리)'을 설했음을 증명하고 있다. 삼라만상은 인과의 산물이고, 그것은 연기(緣起)라는 원리로 생겨나고, 무상(無常)이라는 방식으로 존재한다.

4-17 〈다메크 스투파〉(도4-16)의 만(卍) 문양

4-18 다양한 종교의 만자 문양

4-19 만자의 소용돌이

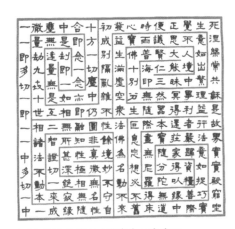

4-20 의상 조사의 〈화엄일승법계도〉

4-21 다섯 수행자에게 처음 설법하는 붓다. 〈초전법륜상〉, 보로부두르(8세기), 인도네시아

②

◈ 최초 설법의 내용 ◈

"제자들아, 다섯 가지 애욕이 있다. 무엇이 다섯 가지인가? 눈으로 식별한 색으로서, 욕심나고·사랑스럽고·마음에 들고·애착이 생기고·애욕이 일어나고·탐착할 만한 대상이 있다. (눈 이외에) 귀·코·혀·몸으로, 식별한 소리·냄새·맛·촉감이다. 이로써 욕심이 나고·사랑스럽고·마음에 들고·애착이 생기고·애욕이 일어나고·탐착할 만한 소리·냄새·맛·촉감이 있다. 이것이 다섯 가지 애욕이다."

'덫'의 비유

붓다가 사르나트에서 행한 최초의 설법 내용이 담긴 「파라파시경」과 「보리왕자경」을 보면, 다섯 가지 애욕 또는 애착에 관한 유사한 대목을 만날 수 있다.*

파라파시(Pārāpāsi)란 '덫'이란 뜻으로, 사람들은 사슴이 덫에 걸린 것처럼 '욕망의 덫'에 걸려 있다는 것이다. 첫 번째로 설명한 덫은 '애욕'이다. 위에서 인용

● 「파라파시경」과 「전법륜경」의 번역은 『팔리 경전이 들려주는 고타마 붓다』(최종수 옮김, pp.85~140) 참조.

한 대로 우리는 "다섯 가지 애욕에 잡히고 심취되고 빠져있다. 그 환란을 보지 못하고, 거기서 벗어나는 지혜가 없다. 그래서 오로지 누리기만 한다. 이렇게 위험과 불행에 빠져있어 악마가 마음대로 그들을 부린다." 덫에 걸려 있는 중생의 마음에서 벗어나는 방법을 요약하면 다음과 같다.

> 먼저 (1) 애욕에 묶이지 않고 지내고, 다음으로 (2) 애욕과 불선법(不善法)을 떠나 사색과 사려를 갖추고, 떠남에서 생긴 기쁨과 즐거움을 갖춘 첫 번째 선정(초선)을 구족하여 지내고 (3) 사색과 사려가 적정해져 안으로 깨끗하고 마음이 하나 되고 사색과 사려가 없고, 삼매에서 생긴 기쁨과 즐거움을 갖춘 두 번째 선정(이선)을 구족하여 지내고 (4) 기쁨에 대한 탐착을 떠나 '담담히 바라보며 되새김과 알아냄을 갖춤은 즐거운 삶이다'라고 세 번째 선정(삼선)을 구족하고 지내고 (5) 즐거움도 괴로움도 버리고 안심과 근심도 이미 과거에 소멸하여, 괴롭지도 즐겁지도 않은 담담히 바라보면서도 되새김을 갖춘 네 번째 선정(사선)을 구족하여 지낸다. (6) 모든 색의 생각을 넘어 '허공은 가없다'라는 가없는 허공 포섭처에 구족하여 지내고 (7) 가없는 허공 포섭처를 넘어 '식별은 가없다'라는 가없는 식별의 포섭처를 구족하여 지내고 (8) 가없는 식별 포섭처를 넘어 '어떤 것도 아니다'라는 어떤 것도 아님의 포섭처를 구족하여 지내고 (9) 어떤 것도 아님의 포섭처를 넘어 생각도 아니고 생각이 아닌 것도 아님의 포섭처를 구족하여 지내고 (10) 생각도 아니고 생각이 아닌 것도 아닌 모든 포섭처를 넘어서 생각과 느낀 바의 소멸을 구족하여 지낸다.

"오염된 세상을 건너서, 가고 서고 앉고 눕는 데 자신이 있다. 왜 그런가? 악마의 영역에서 완전히 떠나 있기 때문이다." 여기서 피안으로 가는 '구체적인 단계들'

을 확인할 수 있다. '반야바라밀다', 즉 '지혜의 완성'을 석가모니 붓다가 어떻게 성취했는지 상세하게 표명했다. 하나의 덫에서 벗어나면, 벗어난 그 자리가 다시 덫이 된다. "드디어 덫에서 벗어났다"라며 벗어난 그 자리를 구족 삼지만, 곧 다시 정진하여 그 자리에서 벗어나야 한다. 그러기를 무려 10번. 드디어 무상정등각에 도달할 수 있었다. 다섯 수행자에게 처음 설법한 이러한 내용은, 석가모니 붓다 본인이 절절히 체득한 것이다. 석가모니 붓다가 깨달은 '실질적 과정'에 대한 일종의 고백이라고 하겠다. 요지는 '덫에서 끊임없이 벗어나라!'이다.

「파라파시경」에 나오는 붓다의 첫 설법인 '덫의 비유'가 갓 깨달은 체험적 내용의 생생한 전달이라면, 「초전법륜경」●에 나오는 것은 '수행 방법론적 차원'에서 체계적으로 정리된 내용이라 하겠다. 그것은 '중도(中道)'와 '팔정도와 사성제'이다. 「초전법륜경」의 의의에 대해, 학자 최봉수는 "「전법륜경」이 지닌 의미는 여러 가지이겠으나, 특히 붓다의 깨달음이 보편타당성을 획득함을 보여주는 데서 궁극적인 의미를 둘 수 있다. …(중략)… 반드시 타인에게 고스란히 전달될 수 있어야 타인에게 이익이 되고 또한 진실성이 공표된다. 「전법륜경」은 붓다의 깨달음이 제자 콘단냐에게 보편타당하게 전달됨을 보여준다. 보편타당성은 진리의 조건이다"●●라고 말한다. 즉, 깨달음이라는 진실이, 주관적인 붓다의 체험이 아니라, 하나의 '진리'로서 공익성을 획득하고 있다는 것을 증명해 주는 경전이 「초전법륜경」이라는 말이다.

● 「초전법륜경」(또는 「전법륜경」)의 원제는 「(Dhammacakkappavattana-sutta)」이다.
●● 앞의 책, p.135의 각주.

사성제와 팔정도

「파라파시경」의 '뗏의 비유'는 연기법과 중도를 말한다. 「초전법륜경」의 핵심 내용 역시 이것이다. 쾌락에 휘둘리는 애욕, 반대로 이를 철저히 거부하는 금욕. 양극단에 치우치지 않는 수행법이 중도이다. 그렇다면 그 중도란 무엇인가? "바른 견해·바른 사유·바른 말·바른 행위·바른 생계·바른 알아차림·바른 정진·바른 삼매(正見·正思惟·正語·正業·正命·正念·正精進·正定)가 그것이다." 즉, 팔정도(八正道)이다. 그렇다면, 뭐가 '바르다'는 건가? 그것의 해설인 사성제(四聖諦, 네 가지의 성스러운 진리)에 관한 설명이 뒤따른다. 사성제를 근본 진리로 삼고, 팔정도를 행하면 된다는 것이다.

사성제란, 첫째가 고성제(苦聖諦)이다. 생로병사의 뗏에 걸려 있는 존재 자체가 괴로움[苦]이라는 것이다. 존재가 현존하는 방식은 오온(五蘊)인데 그 양상은 '고(苦)'로 드러난다. 둘째가 집성제(集聖諦)이다. 존재 또는 괴로움이 일어나는 원인은 집착(또는 갈애)이다. 집(集)이란, 집기(集起)의 의미로 사물이 모여 일어나기 위한 원인, 어떤 대상을 일어나게 만드는 바탕을 가리킨다. '고(苦)'를 만드는 원인은 '집(集)'이다. 존재에 대한 갈애, 존재하고자 하는 욕망이 존재를 만든다. 갈애는 무명(無明)을 바탕으로 일어난다. 셋째가 멸성제(滅聖諦)이다. 붓다는 "나는 다음과 같은 이치[義]를 언제나 말하는데, 그 이치란 괴로움[苦]과 괴로움의 원인[苦習]과 괴로움의 소멸[苦滅]과 괴로움의 소멸에 이르는 길[고집멸도(苦滅道跡), 사성제]이다. 나는 언제나 사성제를 말한다. 무슨 이유로 나는 언제나 사성제를 말하는가? 사성제는 이치에 합당하고 법에 합당하며 범행(梵行)의 근본이 되기 때문에, 지혜[智]로 나아가게 하고 깨달음[覺]으로 나아가게 하며 열반(涅槃)으로 나아가게 하기 때문이다. 그대들이 진정 배워야 할 것은 이것이다(『맛지마 니까야』)"라고 했다. 마지막 넷째가 도성제(道聖諦)이다.

이러한 사성제, 고와 집을 소멸하여 열반에 이르는 방법이 팔정도이다. 팔정도는 다시 '계(戒)·정(定)·혜(慧)'로 요약된다.

결국 사성제는 12연기(또는 12인연)와 그것을 타파하는 방법을 총정리한 것이다. 즉, 고(苦)라는 '존재'를 타파하는 길은 그것의 원인이 되는 갈애를 보는 것이고, 갈애를 멸하는 길은 팔정도이다. 모든 것은 인과법이다. '정(定)과 혜(慧)'로 원인을 통찰해 나가면 '나'라는 덩어리가 해체되어 '공(空)'을 체득하게 된다. 오온이라는 덩어리가 '연기(緣起)된 것'임을 꿰뚫어 보는 것이다. 그렇게 함으로써 '나'라는 것이 불변(不變)의 고갱이가 아니라 무상(無常)한 연기체(緣起體)임을 보게된다. 이렇게 해서 우리는 자신으로부터 또 세상으로부터 자유로울 수 있다. 이렇게 '있는 그대로'를 통찰해 보는 게 '중도'이다. 유(有)도 무(無)도 아닌, 현상 그 자체. 그저 '무상함의 파도'일 뿐이다.

'나'는 무엇인가?

「초전법륜경」으로 요약되는 위와 같은 설법을 경청한 다섯 수행자는 모두 수다원의 경지(예류과)에 도달하게 된다. 「초전법륜경」에 이어 설해진 내용은 「무아경(無我經)」이다. 붓다는 다섯 수행자가 이제 아라한의 경지(아라한과)에 도달할 수 있도록 「무아경」을 설한다. 존재의 근원으로 '무아'를 말한 성자는 인류 역사상, 석가모니 붓다가 유일하다.

존재는 '몸'과 '마음'으로 분리된다. 몸은 죽어도 마음은 죽지 않는다는 것은 여타 종교에서도 찾아볼 수 있는 공통 논리이다. '마음'에 해당하는 것을 브라만교에서는 '아트만'이라 하고 기독교에서는 '영혼'이라고 한다. 영혼이라는 것은 육신과 별개로 영원한 것으로 간주되어 '영혼불멸설'을 이야기한다. 육신은 죽어도 영혼은 죽지 않고 유일신인 하느님 또는 브라흐만의 심판 또는 구제받아야 한다는 논리이다. 불교에서는 "사대(四大) 육신 흩어지고 업식(業識)만을 가져가니"라고 하여, 이것(영혼)을 '업 또는 업식'이라고 표현한다. 그러면 '영혼'에 대체되는 용어가 '업'인가? 아니다. 타 종교에서는 영혼을 '덩어리'로 보고 여기서 더 이상 해결점을 찾지 못해 그것을 유일신에게 의탁한다. 하지만 불교의 경우, 업이라고 지칭하는 이유는 그 속에 '인과(因果)의 에너지'가 돌아가고 있다는 것을 간파했기 때문이다. 업이라는 것은 인간이 해결하지 못하는 '불가항력의 덩어리'가 아니라, 통찰지로 꿰뚫어 해체해버릴 수 있다는 것이다. 업을 통찰하니 '12연기로 분해'됐다. 그래서 붓다는 "연기를 보는 자, 나(깨달음)를 본다"라고 말했다. 영혼이라고 하는 것을 불교에서는 업·업식·무명업장·영가·말라식 등으로 지칭한다. 서양철학에서는 이것을 잠재의식 또는 무의식이라고 칭한다.

불교만의 진리, 무아설

대부분의 종교나 철학에서는 궁극의 존재로 규정짓는 이것(영혼, 아트만, 무의식 등)을 하나의 불변적 실체 또는 덩어리로 본다. 하지만, 석가모니 붓다는 그것을 해체하여 12연기로 구성되었음을 밝힌 바 있다. 덩어리를 해체해서 보니 공(空)이 드러났다. 그래서 붓다는 '무아설(無我說)'을 주장했다. 이것이 불교를 불교이게 하는 핵심이다. 「무아경」에서 붓다는 오온(색·수·상·행·식)이 '나'가 아니라는 것을 매우 쉬운 논리로 설명한다. 오온은 변하기 마련이기에 무상(無常)이며 고(苦)이다. '고'인 이유는 유상인줄 알고 '집착'하기 때문이다. 세상에 변하지 않는 것은 없다.

　중생의 가장 큰 착각(근본 무명)인 '유아(有我)'에서 벗어나기 위해, 무상을 보기 위해 "통찰지로 보아야 한다"라는 붓다의 가르침이 계속적으로 강조된다. 통찰지는 '혜(慧, 또는 반야지혜)'를 말하는데, 대상을 꿰뚫어 해체해서 보는 능력을 말한다.

붓다는 비상비비상처정이라는 궁극의 삼매를 체득하고 나서, 그것으로는 "갈애를 해결하지 못한다"라고 말했다. 그 이유는 "통찰지가 없기 때문이다"라고 지적한다. 이에 '삼매와 통찰지'가 조화를 이루는 자신만의 방법을 선택, 결국 무상정등각을 성취한다. '삼매'는 '정(定)'이고 '통찰지'는 '혜(慧)'이다. 양자를 같이 닦아야 한다는 의미의 '정혜쌍수'라는 수행 방법론이 보조국사 지눌에 의해 다시금 강조되어 우리나라에 대대로 전해 내려왔다. 『대승기신론』에서는 이 방법을 '지관겸수'라고 지칭한다. '지(止)'는 '삼매'에 해당하고 '관(觀)'은 '지혜'에 해당한다. 이것을 함께 갖추어야 무상의 진리를 볼 수 있다. 통찰지에 해당하는 '반야지혜'는 다른 종교에서는 찾아볼 수 없는 불교만의 전유물로 우리를 열반으로 이끄는 열쇠가 된다.

4-22 〈다르마지카 스투파〉

4-23 〈산치 스투파〉

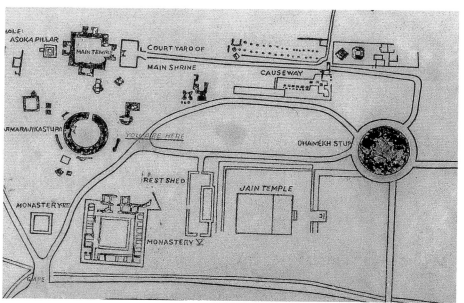

4-24 1920년 발굴 당시 사르나트 지역 도안. 2개의 원형이 보이는데 좌측이 〈다르마지카 스투파〉이고, 우측이 〈다메크 스투파〉이다. 초기 불교미술 시대의 스투파는 모두 원형의 구조이다.

◈ 육계 여의주의 비밀 ◈

붓다의 형상과 일반인의 형상을 구분 짓는 대표적 특징은 육계·백호·광배 등의 유무다. 다양한 특징 중에서도 머리의 육계(肉髻, ushnisha/uṣṇīṣa)를 보고 대중들은 단박에 이것이 붓다의 형상이라는 것을 알아차린다. 육계란 붓다의 정수리에 둥글게 솟아오른 형상을 일컫는데, 이것은 깨달음을 상징하는 '여의주와 하나가 된 상태'를 조형적으로 표현한 것이다. 이렇게 깨달음과 합체가 되면, 몸에서는 깨달음의 빛이 뿜어져 나온다. 그래서 일반인과 깨달은 사람을 구별하는 가장 큰 특징으로, 깨달음의 상징인 '육계 여의주'와 거기서 나오는 깨달음의 빛인 '광배' 두 가지를 꼽는다. 그러면 붓다의 머리 모양의 형식적 특징을 살펴보자. 육계 여의주의 특징은 '둥글다'· '솟아오르다'· '회전하다'라는 세 가지 특징이 가지고 있다. 이 3개의 형식적 특징을 중심으로 육계의 비밀을 풀어가 보자.

둥글다

붓다의 머리 위에 솟은 듯 표현되는 육계는 반구형(半球形)의 형태이다. 원형의 구(球)를 절반으로 나눈 모양을 반구형이라 한다. 실제로는 '원형의 여의주'인데, 이것이 머리와 합쳐져 있음을 표현하고자, 반구형만 머리 위로 보이도록 나타내고 있다. 초기 불교미술을 대표하는 스투파(바르후트 스투파·산치 스투파·다메크 스투파·다르마지카 스투파 등)의 형식은 반구형이 일반적이다. 반구형의 축조물을 원

4-25 〈다메크 스투파〉, 깨달음의 조형화, 여의주에서 빛이 분출하는 모습

4-26 깨달음의 조형화는 붓다의 육계 여의주로 나타난다. 굽타 양식의 불상(5세기), 사르나트 출토

개형(円蓋形)이라고 부르는데 영어로는 돔(Dome) 형식이라고 한다. 궁극의 깨달음의 조형적 표현은 '원형의 여의주'로 나타나는데, 땅 위에 완벽하게 동글한 원형의 건축을 세울 수는 없는 일이겠다. 그래서 반구형으로 원형을 표현했다. 깨달음의 여의주에서는 에너지가 분출하는데 일직선의 원추형(圓錐形)으로 올곧게 솟아오르기도 하고, 그것이 나선형(螺旋形)으로 돌아가며 솟아오르기도 한다. 나선형을 우리가 잘 아는 용어로 소라형이라고도 부르는데, 이는 조개류의 소라 모양과 비슷하다는 데에서 착안한 것이다. 나선형은 둥글게 빙빙 돌아가는 소용돌이 형태의 곡선 모양을 말한다. 이는 자연계 어디에서나 찾아볼 수 있는 생명의 원천적 모양이다. 반구형이든 원개형이든, 중요한 것은 '원 또는 원형(圓形)의 여의주'를 표현한 것이라는 사실이다.

솟아오르다 또는 분출하다

깨달음의 여의주에서 방출되는 신성한 에너지는 솟아오르는 모양으로 표현된다. 깨달음의 빛의 분출 또는 신성한 기운의 분출이다. 오롯하게 위로 솟구치기도 하고, 수 갈래로 나뉘며 방출되기도 한다. 직선으로 뻗기도 하고, 나선으로 돌기도 하며 퍼져나간다. 그 에너지 속에는 다시 무수한 불성(佛性)이 복제되어 펼쳐진다(도 4-41, 42). 이러한 모습은 조각보다는 회화에서 더 자유롭게 표현된다. 3차원의 조각보다는 2차원의 평면에서 더 구체적인 묘사가 가능하겠다. 하지만 입체적인 존재감에 있어서는 회화는 조각의 웅장함을 따라오지는 못한다. 이렇게 조각과 회화는 그 예술적 구현의 특징을 서로 보완하면서 발전해 왔다. 깨달음의 세계가 연기하는 장엄한 모습은 본 책에서 해당 성지와 관련한 조각과 회화를 병행하여 다루고 있으니, 이를 통해 진리의 아름다운 세계를 추체험하길 바란다.

회전하다

여의주 안의 에너지 모습 또는 여의주가 방출하는 에너지의 모습은 '회전한다'라는 특징을 가지고 있다. 그래서 육계 여의주는 머리 전체를 휘감으며 나선형의 소용돌이 모양으로 돌아간다. 마투라 양식의 초기 불상에서는 크게 하나로 돌아가는 육계 표현(도 4-27)이 많은데, 이것이 굽타 양식으로 오게 되면 무수한 작은 소용돌이의 표현(도 4-28)으로 변하게 된다. 이것이 우리가 익히 아는 '나발(螺髮)'이다. 나선형의 머리털이 동글동글한 단위를 만들며 머리를 뒤덮는 형식이다. 하지만, 이것은 머리카락을 표현한 것이 아니라, 신성한 기운이 나선형으로 돌아나가는 것을 나타낸 것이다. 붓다의 머리가 법신인 여의주와 하나가 되었고, 거기에서 소용돌이의 기운은 돌고 있는 모습이다. 깨달음과 하나가 된 붓다는 이렇게 법신(여의주)과 보신[소용돌이의 서기(瑞氣)]과 응신[눈·코·입의 사람 형상]이 하나가 된 형식으로 표현된다. 이것을 삼신귀일(三身歸一)이라 한다. 우리가 예경을 올리는 붓다의 형상은 삼신귀일의 조형화이다.

육계 여의주의 도상 해석

육계는 붓다의 32상(相) 중 하나인데, 32상이라는 것은 전생의 공덕으로 현세에 붓다로 세상에 응신할 때 나타나게 되는 신체적 특징을 말한다. 정수리에 여의주가 올라온 형상으로 표현되는 육계는 우주와의 완전한 합일을 상징하는 제7 차크라가 열린 형상이다. 에너지의 중심인 총 7개의 차크라는 회음부의 제1 차크라에서 단전·복부·명치·목·미간의 순서로 차례대로 올라 정수리의 마지막 제7 차크라에 이르게 된다. 제7 차크라는 사하스라라(Sahasrara)라고 하는데 우주 또는 영적 세계와의 합일점이다. 이것이 열리면 몸에서 빛이 나게 되고, 소위 성자(聖

者)의 반열에 들어간다. 제7 차크라가 열렸다는 것은 완벽한 깨달음의 상징으로, 어중간한 과정상의 득도가 아니라 완전무결한 득도의 표현이다. 그래서 영적 지도자로서 신뢰해도 되는 존재임을 상징한다. 이러한 완벽한 깨달음은 조형상 '여의주'로 표현된다. 회화로 2차원의 평면에 표현할 때는 원상(圓相)의 동그라미로 표현하지만, 조각으로 표현할 때는 구형(球形) 또는 반구형으로 표현한다. 원융무애(圓融無碍)한 깨달음을 표현한 유명한 문구들을 보면, 모두 '둥글다'라는 특징으로 귀결된다.

모든 것이 허깨비임을 알고서는
법(法)을 보매 마음뿐이라
마음이 절로 한가하네.
가없는 자성 허공에 지혜의 달빛 가득하네.
고요함도 일으킴도 없이 홀로 둥글 뿐이네.
-원오 선사 「오무관(吾無觀)」

둥글고 오묘한 법 진리의 모습이여
고요한 적멸 삼라만상의 바탕이여
…(중략)…
묘하고 깊고 깊은 현묘한 진성이여
제 자리를 벗어난 듯 세계에 나툼이여
하나에 모두 있고 모두 속에 하나 있어…
-의상 조사 「법성게」

"둥글고 오묘한 법, 삼라만상의 바탕" 또는 "고요함도 일으킴도 없이 홀로 둥글 뿐이네"라는 표현에서, 의상 조사나 원오 선사가 깨달음을 체험했을 때의 생생한 느낌을 전달받을 수 있다. '둥근 오묘한 법'을 '여의주'로 지칭하는 문구를 예불문 도처에서 만날 수 있다. 예를 들면 『천수경』의 「참회진언」에는 "이 여의주를 만난 이는 반드시 가장 높고 큰 법을 얻으리[遇此如意珠 定獲無等等]"라는 경문이 있다. '여의주'가 '가장 크고 높은 법'을 지칭하고 있다. 나옹 화상은 '여의주의 유희'라는 의미에서 「완주가(玩珠歌)」를 지은 바 있다. 헤르만 헤세의 명작 『유리알 유희』와도 상통하는 제목이다. 여의주를 영주·보주·마니보주라고도 한다. 아래에 그 일부를 소개한다.

> 신령한 구슬(靈珠), 영롱하기 그지없네.
> 본체는 하천과 모래사장 두루 있지만 안팎은 비었네.
> 사람마다 부대 속에 당당히 간직해
> 오며가며 희롱해도 다함이 없네.
> 혹은 마니(摩尼)라 하고 혹은 영주(靈珠)라 하네.
> 이름과 모양 비록 많지만 본체는 같네
> ─나옹 화상 「완주가(玩珠歌)」

4-27

4-28

4-29

4-30

4-27~30 〈깨달음과 하나가 된 붓다의 도상〉

깨달음의 도상은 여의주와 여의주에서 발산되는 신성한 에너지로 나타난다. 여의주와 신성한 에너지[서기(瑞氣)]의 형식적 특징은 '둥글다 · 솟아오른다(또는 분출한다) · 회전한다'이다. 불상의 머리는 이러한 깨달음의 도상과 합일(合一)한 상태를 표현한 것이다. 초기 불상인 마투라 형식(도 4-27)에서 이어 굽타 형식(도 4-28), 그리고 동아시아에 정착한 전형적인 육계 형식(도 4-29, 30)을 제시했다. (전통적인 육계 도안)

4-31

4-32

4-33

4-34

4-31~34
깨달음의 본체는 '여의주'로 표현되고, 깨달음의 작용은 '연꽃'으로 표현된다. 연꽃은
삼라만상이 피어나는 근원적 모티프이다.(도 4-31, 32). 하지만 모든 생겨난 것은
반드시 사라지므로 일찍이 붓다는 '연기(緣氣)'와 '무상(無常)'을 설파했다(도 4-33, 34).
'색즉시공(色卽是空) 공즉시색(空卽是色)'이라는 불이(不二)의 진리이다.
(창의적인 육계 도안)

4-35 〈보살(Bodhisattva)〉, 간다라 후기, 프랑스 기메박물관 소장 ©Wikimedia

③

◈ 행복에 이르는 길 ◈

꽃만 꽃을 피우는 것이 아니다. 우리도 꽃을 피운다. 과연 이번 생(生)에 우리도 '깨달음의 꽃'을 피울 수 있을까?

사성제

석가모니 붓다는 보드가야에서 완전한 깨달음을 얻은 후, 그 내용(다르마, 法)을 설하기 위해 이곳 사르나트(녹야원)로 온다. 그리고 사르나트에 거주하는 다섯 수행자에게 첫 설법을 하는데, 이것을 '초전법륜(初轉法輪)'이라고 한다.* 이는 석가모니 붓다의 삶의 여정에서 매우 중요한 부분이며 불교라는 종교의 시발점이 되는 역사적 순간이다. 그렇다면, 깨달음의 내용은 무엇인가? 간단히 말해, 사성제(四聖諦)이다.

● 초전법륜: '처음으로 가르침(법)의 수레바퀴를 굴리시다'라는 뜻.
 산스크리트어 dharmacakra-pravartana, 팔리어 dhamma-cakka-pavattana.

붓다께서 말씀하셨다.

"너희들은 사성제가 있다는 것을 알아야 한다. 이 넷은 어떤 것인가?

괴로움이라는 진리[苦諦], 괴로움의 일어남이라는 진리[集諦], 괴로움의 소멸이라는 진리[滅諦], 괴로움의 소멸에 이르는 길이라는 진리[滅諦]이다.

어떤 것이 괴로움이라는 진리인가? 태어나는 것도, 늙는 것도, 병드는 것도, 죽는 것도 괴로움이다. 근심하고 탄식하고 육체적 고통과 정신적 고통, 그리고 슬픔과 절망도 괴로움이다. 싫어하는 대상과 만나는 것, 좋아하는 대상과 헤어지는 것도 괴로움이다. 원하는 것을 얻지 못하는 것도 괴로움이다. 간단히 말해, 다섯 가지 덩어리(또는 무더기)인 오온[또는 오취온(五趣蘊)] 자체가 괴로움이다.

어떤 것이 괴로움의 일어남이라는 진리인가? 그것은 바로 갈애이니, 이는 다시 태어남을 가져오고 느낌과 탐욕을 끊임없이 일으켜 항상 집착하는 것이다. 즉 감각적 욕망에 대한 갈애, 존재에 대한 갈애, 존재하지 않음에 대한 갈애가 그것이다.

어떤 것이 괴로움의 소멸이라는 진리인가? 그것은 바로 갈애가 남김없이 빛바래어 소멸함, 버림, 놓아버림, 벗어남, 집착 없음이다.

어떤 것이 괴로움의 소멸에 이르는 길이라는 진리인가? 이러한 괴로움의 소멸로 인도하는 수행의 성스러운 진리가 있으니, 그것은 팔정도(八正道)이다. 바른 견해[正見]·바른 사유[正思惟]·바른 말[正語]·바른 행위[正業]·바른 생계[正命]·바른 정진[正精進]·바른 알아차림[正念]·바른 삼매[正定]이다. 이것을 사성제라고 한다."

–「초전법륜경」, 『앙굿따라 니까야』

행복할 수 없는 이유

초전법륜의 내용을 요약하면 다음과 같다. 존재는 '고(苦)'이다. 왜 존재는 고통스러울 수밖에 없는가? 그 원인은 '갈애' 때문이다. 무명을 바탕으로 일어나는 갈애는 존재가 끊임없이 윤회하게 만드는 원인이다. 갈애를 원인으로 생기게 된 '존재'는 왜 고통스러울 수밖에 없는가. 갈애의 속성은 만족할 줄 모르기 때문이다. 갈애의 성향 자체가 '불만족'을 자성(自性)으로 가지고 있다. 그러므로 존재의 양상은 '불만족'이다. 갈애(또는 욕망)는 기본적으로 불만족이라는 속성을 유지해야 하므로, 채우려 해도 채워질 수 없는 대상을 계속해서 찾는다. 이 시점에서 우리는 '대상'이 문제가 아니라, '나'라는 '갈애'가 문제라는 것을 깨닫게 된다.

이 같은 갈애를 『붓다차리타』에서는 '오욕자재천왕(五欲自在天王)'이라고 표현한다. 석가모니 붓다와 끝까지 싸움을 벌였던 마구니의 정체이다. 중생의 다섯 가지 대표적 욕망(五欲: 식욕, 성욕, 수면욕, 재물욕, 명예욕)이 스스로 존재[自在]하며, 우리를 옭아매고 있다. 갈애 또는 욕망은 내 몸이 상하건 나의 가정이 파멸되건 상관하지 않고, 자신의 속성인 불만족을 채우기 위해 끊임없이 불타오른다. 이와 반대로, (오욕이 자재하지 않고) '관(觀)'이 '자재(自在)'하면 오욕이 제압된다. 그래서 『반야심경』에는 '관자재(觀自在)'보살이 반야의 힘으로 오온(五蘊)의 작용을 간파하여, 일체의 고통을 타파하는 내용●이 나온다. 오온이란 갈애가 끊임없이 덩어리지는 메커니즘(작용의 원리 또는 구조)을 말한다.

● 『반야심경』의 앞부분에 있는 구절이다. 관자재보살 행심반야바라밀다시 조견오온개공 도일체고액(觀自在菩薩 行深般若波羅蜜多時 照見五蘊皆空 度一切苦厄).

아나빠나사띠

불교는 원인을 간파하는 종교이다. 존재의 원리로서 인과법(因果法)을 말하는데, 이는 철칙이자 과학이다. 존재는 고통이다. 그래서 존재가 고통스러울 수밖에 없는 이유도 인과법에서 찾는다. 고통의 원인인 갈애. 갈애를 어떻게 없앨 것인가. 갈애를 없애면 그 과보로 나타나는 고통을 없앨 수 있다. 이것이 멸성제의 원리이다. 갈애를 없애면 윤회를 끊을 수 있다. 그 방법은 '팔정도(八正道)'인데, 이는 중도(中道)를 보는 것이다. 중도란 '연기(緣起)'하는 존재의 현상을 통찰해 보는 것이다. 그렇다면, 어떻게 '연기'를 볼 수 있는가? 어떻게 하면 이것과 저것이 만나서 연기되는 모습을, 오온이 전개되는 모습을, 있는 그대로 볼 수 있는가? 중생의 눈에는 모두 덩어리로 보이는 데 말이다.

팔정도에는 이미 그 답이 제시되어 있다. 바른 알아차림인 '정념(正念)'과 바른 집중(또는 삼매)인 '정정(正定)'이다. 이 두 가지의 균형을 맞추어 물질을 꿰뚫어 보는 힘을 키우면 된다. 정념에 대해서는 「대념처경(大念處經)」에 구체적인 대상과 수행 방법이 제시되어 있다. 이는 사념처(四念處)를 닦는 것으로 몸(身)·느낌(受)·마음(心)·현상(法)을 매 순간 알아차려서 거기서 일어나고 사라지는 생멸을 통찰하는 수행이다.

정념에서의 '념(念)'자는 '지금(今)의 마음(心)을 보다'라는 뜻으로, 지금의 현상(法)을 보는 것을 가리킨다. 현상은 '연기'로 나타난다. 그래서 '연기'를 보는 것을 정념이라고 한다. 또 바른 집중(또는 삼매)은 정정이라고 하는데, 이는 사선정으로 구체화된다. 제1선인 초선은 애욕을 떠남으로써 기쁨과 안락이 있는 상태이고, 제2선은 마음이 고요하고 한 곳에 집중됨으로써 기쁨과 안락이 있는 상태이다. 제3선은 평온과 알아차리기와 분명한 앎을 지니고 안락에 머무는 상태이고, 제4선은 평온과 알아차리기로 청정해진 상태이다. 삼매가 커질수록 통찰지도 깊어진다.

석가모니 붓다는 출가하자마자, 두 명(알라라 칼라마와 웃다카 라미풋타)의 스승을 만나서 높은 삼매의 경지인 무소유처(無所有處)와 비상비비상처(非想非非想處)까지 단숨에 도달한다. 그러나 이는 불완전한 경지임을 직감하고 미련 없이 떠나 6년간 고행 수행을 시도한다. 하지만, 고행 수행도 답이 아님을 알게 된다. 그리고 기존의 어느 수행이든 '통찰지'인 '혜(慧)'가 없음을 탄식한다.

그렇다면 석가모니 붓다가 발견한 '정념'과 '정정'의 두 마리 토끼를 동시에 잡는 방법은 무엇일까? '위빠사나(연기하는 현상을 보는 것)'와 '사마타(연기하는 현상을 보기 위한 고요한 삼매의 정립)'를 동시에 계발하는, 붓다만의 신출한 수행 방법은 무엇인가? 바로 붓다의 호흡관찰법인 '아나빠나사띠'이다. 그 위대한 실참법은 「출입식경(出入息經)」에 쓰여 있다.

4-36 〈다메크 스투파〉의 기단부, 1878년 실측 도안, 팔정도를 상징하는 '8개의 연꽃잎'이 둘러 있다.

◈ 깨달음의 연꽃 ◈

"그 순간에 범천의 세상에 이르기까지 그 소리는 퍼져나갔다. 그리고 2만 개의 세계는 흔들렸다. 강하게 흔들렸고 요동쳤다. 측량할 수 없는 광휘로운 빛이 나타났으니 그것은 신들의 광채를 능가했다."

-「초전법륜경」

초전법륜, 설법의 순간은 세상의 무명(無明)이 걷히는 순간이다. 참으로 역사적인 순간이다. 무명의 마음에 갇혀 있던 인류가 스스로 감옥에서 탈출할 수 있는 비법이 공개된 이 장소에는 그것을 기리기 위해 〈다메크 스투파〉가 세워졌다. 〈다메크 스투파〉는 진리의 내용을 고스란히 시각적으로 보여주는 조형물이다. 과연 무명이 걷히는 순간은 어떻게 조형화되는가? 진리의 꽃이 피고 무명이 걷히는 순간 "측량할 수 없는 광휘로운 빛이 나타났다"고 하는데, 이는 〈다메크 스투파〉 윗 부분의 원통 기둥이 솟아오른 형상으로 구현됐다. 그런데 이러한 빛이 나타나기 전에 "세상은 강하게 요동쳤다"라고 한다. 궁극의 차크라인 제7 차크라가 열릴 때는 나머지 6개의 차크라도 용해되면서 최고의 진동수 파장이 일어난다. 즉, 깨달음의 꽃이 열릴 때는 어마어마한 진동이 있다. 깨달음의 꽃이 피는 것은 연꽃이 만개하는 형상으로 하단부에 표현됐다. 원형 하단부는 거대한 연꽃잎이 8개가 둘러 있다. 닫혀 있던 봉오리가 터지고 꽃잎이 만개한 것이다.

4-37 〈다메크 스투파〉와 주변의 작은 스투파들　4-38 완전하게 남아 있는 작은 스투파를 통해, 소실된 스투파의 상부를 유추할 수 있다.

여의주(원상) → 연꽃 → 빛

〈다메크 스투파〉의 모습은 초대형의 거대한 연꽃이 지상 위에 피어나는 형상이다. 연꽃이 피자마자 동시에 그 가운데서 강렬한 빛의 기둥이 솟아오른다. 원형의 바탕에서 깨달음의 꽃이 피고 깨달음의 빛이 뿜어져 나오는 모습은, 연꽃의 원형 기단부에서 원통 기둥이 불뚝 솟아오른 것처럼 나타냈다. 건축 당시에는 현재의 높이보다 훨씬 높았을 것으로 추정된다. 현재까지 남아 있는 주변의 작은 스투파들은 〈다메크 스투파〉의 본 모습이 어떠했는지 말해준다. 작은 스투파들은 반구형의 기단부 위에 기단부의 약 5배 이상 되는 높이로 원통형 기둥 또는 나선형 기기둥(4-37, 38)이 솟아 있다. 당시 건축 기술로 최대한 높이 올릴 수 있는 데까지

4-39 원형의 불탑과 분출하는 빛의 기둥, 세계불가사의 〈보로부두르〉(9세기), 인도네시아

4-40 둥근 불탑 안의 불상, 〈보로부두르〉

4-41 붓다의 육계 여의주에서 분출하는 빛,
　　〈수하항마상〉의 부분, 『월인석보』 조선 전기

4-42 빛 속의 무수한 불성, 〈수하항마상〉의 부분,
　　해인사 팔상탱, 1892년

올리기 위해 혼 힘을 기울였다는 것을 알 수 있다.

세계의 불가사의로 유명한 보로부두르(인도네시아 소재) 사원의 무수한 불탑 모양도 기본 형식에서 있어 유사성을 발견할 수 있다(도 4-39, 40). 원형의 기단부에서 원통형의 기둥이 위로 솟구쳐 있다. 이는 깨달음의 몸체(원형의 기단부)에서 깨달음의 빛(원통형의 기둥)이 뿜어져 나오는 것을 구현한 것이다. 3차원의 조각으로 만들 때는 축조 높이의 한계로 저 우주까지 방사되는 빛의 표현이 제한적이지만, 2차원의 회화로 묘사할 때는 비교적 자유롭게 빛의 방출을 무제한으로 표현할 수 있다. 예를 들면, 조선 시대 팔상탱의 득도 장면(《수하항마상》)을 보면, 항마와 동시에 무상정등각을 얻는 순간, 붓다의 몸체에서는 찬란한 빛이 방출되고, 정수리의 여의주에서는 빛이 분출하여 하늘로 솟구치고 있다(도 4-41, 42). 그리고 끝없이 방출되는 빛 속에는 무수한 불성들이 퍼져나가고 있다.

이들의 조형 원리는 무명을 타파하고 궁극의 깨달음과 합일한 상태를 조형화한 것이다. 정리하면, 궁극의 깨달음인 법신은 '원(圓)'의 형상(여의주 또는 원상)으로 표현하고, 거기서 법계가 연기하는 모습인 [타수용신(他受用身)으로서의] 보신은 '연꽃'으로 표현한다. 깨달음의 빛과 에너지는 연기하면서 응신(삼라만상)을 만들어 낸다. 그리고 이것은 무상이라는 존재 방식으로 끊임없이 변화해 나간다.

"사르나트(녹야원)의 가람에는 높이가 약 1백여 척(또는 2백여 척)되는 정사가 하늘 높이 솟아 있고, 그 주위의 1백 단(段)이나 되는 감실에는 각각 황금의 불상 부조가 있으며, 안쪽에도 열 지어 등신대(等身大)의 《초전법륜상》이 안치되어 있다."

– 『대당서역기』

4-43 〈초전법륜상〉(473년), 굽타, 사암, 사르나트 출토, 155x87x27cm, 사르나트 고고학박물관

4-44 〈석가모니설법상〉(4세기), 간다라, 편암, 키베르 파크툰크, 119x97x28cm, 파키스탄 라호르박물관

4-45 〈석가모니설법상〉(도4-44의 전체)

◆ 〈초전법륜상〉 ◆

7세기에 사르나트를 방문했던 현장 법사가 "하늘을 찌를 듯 솟아 있다"라고 표현한 정사는 〈다메크 스투파〉이다. 그 주변의 단(段)이 "1백 단"이라고 한 것으로 보아, 지금 남아 있는 것보다 훨씬 큰 규모의 장엄이 있었고, 그것은 100겹이나 되는 중층의 단으로 꾸며졌다는 것을 유추할 수 있다. 상상해 보면 참으로 어마어마하고 장대한 풍경이었음을 짐작할 수 있다. 그리고 단마다 감실이 있었고 그 안에 불상이 있었다는데, 현재 남아 있는 감실의 모양으로 추정해 보면 연꽃잎 모양의 감실이었을 가능성이 크다(도 4-36). 무수한 중층의 1백 단과 수백 겹의 연꽃잎, 연꽃잎 속 감실마다 '초전법륜상'이 줄지어 있었다고 전한다.

〈초전법륜상〉과 천 잎의 연꽃

현지의 사르나트 고고학박물관에는 이러한 초전법륜상에 해당하는 작품이 2점 남아 있다. 그중 한 점이 굽타미술의 정점을 찍는 사르나트 출토 〈초전법륜상〉(도 4-43)이다. 양손은 가슴에 대고 동그랗게 말아쥔 설법인의 수인을 하고 있다. 진리의 법륜을 굴리고 있다는 것을 수인으로 먼저 표현하고, 진리의 내용은 온몸으로 드러내고 있다. 머리는 '육계 여의주와 나선형의 나발' 표현으로 깨달음과 합일하여 혼연일체가 되어 있음을 나타내고 있다. 그리고 이렇게 합일된 몸체에서는 깨달음의 빛과 에너지가 뿜어져 나오는데, 그것은 '광배'로 구현했다. 광배의 표현

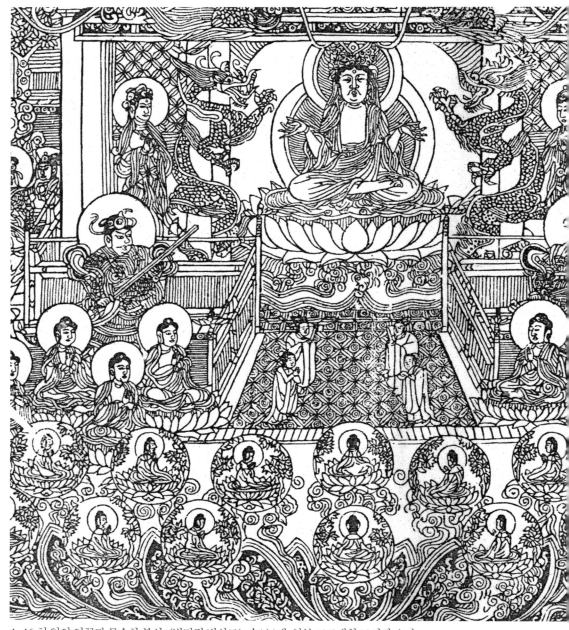

4-46 천 잎의 연꽃과 무수한 불성, 〈범망경 변상도〉, 송(宋)대, 일본 교토대학 도서관 소장

4-47 여의주 속 불성(도 4-46의 부분)

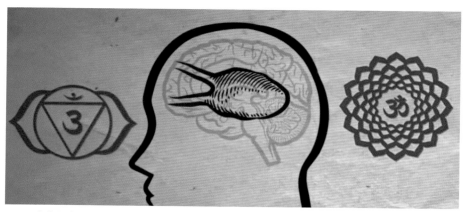

4-48 머릿속의 연꽃봉오리 또는 송과체, 영성의 꽃봉오리의 만개(좌우)
「Inner Worlds, Outer Worlds」 다큐멘터리(www.awakentheworld.com)

4-49 가톨릭의 수도 바티칸의 중심부에는 예수나 마리아의 조각상이 있을 것이라고 기대하겠지만,
거대한 솔방울(송과체)의 상이 있다.

234

을 보면, 투명한 빛이 뿜어져 나오다가 외곽으로 가면서 생명이 탄생하는 나선형 에너지가 식물처럼, 구름처럼, 동물처럼 피어나고 있다. 그리고 그 안에는 무수한 알알이 여의주가 함께 포진하고 있다. 이 〈초전법륜상〉은 붓다 설법상 중에 가장 아름다운 굽타 양식의 걸작 중 하나로 손꼽힌다.

　　사르나트 출토 〈초전법륜상〉보다 앞선 시대인 간다라 양식의 걸작이 하나 더 있다. 이 〈석가모니설법상〉(도 4-44, 45)에는 깨달음과 전법의 내용이 보다 설명적으로 나타나 있다. 굽타 양식의 〈초전법륜상〉이 육계 여의주와 광배로 깨달음의 본체와 작용을 우아한 함축미로 나타냈다면, 간다라 양식의 〈석가모니설법상〉에서는 더 구체적이고 직접적인 이미지로 그것을 표현했다. 깨달음의 연꽃은 '천 잎의 꽃잎'으로 나타나는데, 그것을 머리 위의 '천 잎의 화관'과 결가부좌한 다리 밑의 '천 잎의 연화대'로 나타나고 있다.

"연화장 세계는 향수로 된 바다 가운데 커다란 연못이 피어 있듯, 본래 법신불(法身佛)이 천 잎의 연화대에 앉았는데, 천 잎이 각각 한 세계가 되고, 그곳에 화현한 1천 석가모니불이 계시며, 다시 100억 나라에 모두 부처님이 계신 곳이라 한다."

– 『범망경』

4-50 연꽃봉오리(또는 송과체)의 발현, 〈석가모니 붓다상〉의 부분, 마투라, 쿠샨(2세기), 뉴델리국립박물관 소장

연꽃봉오리와 송과체

식물만 봉오리가 있어 꽃을 피우는 게 아니다. 사람도 봉오리가 있어 꽃피기를 기다린다. 영성의 꽃이다. 세세생생 닫혀 있던 이 봉오리가 열려 바탕 의식(또는 우주의식)과 합일되는 순간을 깨달음이라고도 한다. 봉오리의 모양새는 마치 솔방울 모양과 닮았다 하여, 서양학자들은 이것을 송과체[松果體, 솔방울샘 또는 송과샘, 송과선(松果腺, Pineal Gland)]라고 부른다(도 4-48). 사람 뇌의 정중앙(미간 백호 자리의 맞은편)에 있는 이 송과체에 대해 서구에서는 이미 17세기부터 지대한 관심을 보여 왔고 관련 연구가 상당히 진행됐다. 동양에서, 특히 불교에서는 이것을 '연꽃봉오리'에 비유한다.

17세기 유럽을 대표하는 철학자이자 과학자인 데카르트(Descartes)는 그의 첫 저서 『Treatise of Man』(1637)와 마지막 저서 『The Passions of the Soul』(1649)에서 송과체에 대해 "영혼이 위치하는 자리(principal seat of the soul)"라고 말하고 있다. 그것의 신비한 작용은 형이상학적이며 초자연적인 이론들과 함께 '불가사의한 분비샘'으로 간주되었다. 이후 송과체는 해부학 및 심리학, 의학 및 철학 등의 분야에서 특별한 중요성을 가진 것으로 명시되어왔다.

송과체 또는 연꽃봉오리가 열리는 형상은 다층의 솔방울이 열리는 모습 또는 천 잎의 연꽃이 열리는 모습에 비견된다. 이는 제6 차크라와 제7 차크라가 열린 모습으로[●] 무수한 중층의 꽃잎이 만개한 형상이다. 색깔은 자색·금색·흰색(투명색)이다. 부처님 존상의 색깔은 '자마금색(紫磨金色)'이라고 표현되는데 이는 최상의 깨달음을 상징하는 가장 고귀한 색깔이다. 자마금이란 자색(보라빛)이 도

● 『차크라 힐링 핸드북』, 샤릴라 샤라먼, 보도 J. 베진스키 지음, 최여원 옮김, 슈리 크리슈나 다스 아쉬람 출판, pp.187~191 참조.

4-51 무수한 나선형의 소용돌이로 표현되는 붓다 머리,
〈철조비로자나불〉 고려, 국립중앙박물관 소장

4-52 천 잎의 연꽃(또는 송과체)가 열리면서 '옴'의 파장이 퍼져나간다.
「Inner Worlds, Outer Worlds」 다큐멘터리(www.awakentheworld.com)

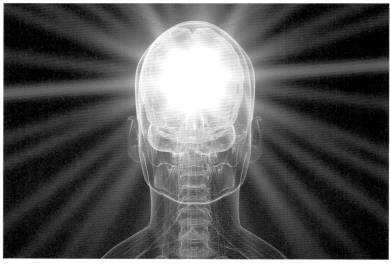

4-54 궁극의 깨달음(제7 차크라)이 열리며 빛이 방사된다.
「Inner Worlds, Outer Worlds」 다큐멘터리(www.awakentheworld.com)

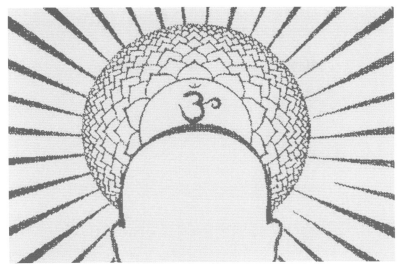
4-53 천 잎의 연꽃과 빛은 깨달음의 상징이다.

4-55 신성한 빛의 방사는 불상의 광배로 표현된다.
「Inner Worlds, Outer Worlds」다큐멘터리(www.awakentheworld.com)

는 금색이라는 뜻이다. 중층의 꽃잎이 만개한 형상을 가톨릭교의 전통에서는 '장미의 창'으로 구현하기도 한다. 중세 시대를 풍미한 '장미의 창'은 '천 잎의 연화대'의 또 다른 표현으로, 고딕 양식의 성당 건축에 핵심으로 쓰였다. 신성성의 열림에 있어서, 그 표현(솔방울, 연꽃, 장미 등)은 조금씩 다를 수 있으나 기본 형태는 공통한다.

광배와 연화대

광배(또는 후광, halo)는 다른 종교의 존상에서도 공통적으로 찾아볼 수 있는 신성성 획득의 특징이다. 힌두교와 요가의 전통에서는 광배를 제7 차크라를 지칭하는 명칭 그대로 '사하스라라'라고 부르고 이는 '천 장의 연꽃잎'을 가리킨다. 불교의 전통에서 진리(또는 깨달음)의 연꽃은 『법화경』 또는 『화엄경』 등에서 확인되듯 가장 중요한 모티프로 등장한다. '법화(法華)'란 '(보살이 되어) 진리[법(法)]의 꽃을 피워라'란 뜻이고, '화엄(華嚴)'이란 '진리의 꽃으로 세상을 장엄하다'란 뜻이다. 여기서 부처·보살의 '광배'와 '대좌'를 왜 연꽃 모티프로 장엄하는지 알 수 있다. '천 잎의 연꽃'이 열리면서, 깨달음의 에너지와 하나가 된다. 그리고 이 신성한 에너지는 물질을 투과하는 성질을 갖는다. 이것을 '반야지혜의 빛'이라고 한다.

"(꽃봉오리가 열리면서) 태초의 신성한 원리와의 합일성을 경험한다. 우리의 개인적인 에너지의 장은 우주와 하나가 된다. 우리는 더 이상 인식 대상과 분리되어 있지 않기 때문이다. 왕관 차크라가 완전하게 일깨워지면, 우주의 에너지를 흡수하는 과업은 끝나게 되고, 그것은 자발적으로 에너지를 발산하기 시작한

4-56 깨달음의 여의주와 하나가 된 붓다의 머리에서는 깨달음의 연꽃이 피고 깨달음의 빛이
방사된다. 〈석가모니 대각상〉의 부분, 석굴암, 통일신라 시대, 경주 토함산 ⓒ문화재청

다. 하나의 연꽃이 만개하여, 말하자면, 머리 위에서 순수한 빛의 왕관을 형성한
다."

— 샤릴라 샤라먼, 보도 J. 베진스키

'빛의 왕관'은 불교미술에 있어 '광배'로 구현된다. 빛의 왕관은 제6 차크라가
열리면서 나타나기 시작해 제7 차크라가 열리면서 그 절정에 달한다. 제6 차크라
인 아즈나 차크라(Ajna Chakra)는 '제3의 눈'이라고 부르며 명상으로 도달할 수 있
는 갖가지의 정신집중 상태를 지배한다. 이것이 열린 것을 미간 사이의 '백호 여의
주'로 표현한다. 아즈나 차크라는 제1 차크라에서 제5 차크라가 수직으로 연결되
어 운행되고 조정하는 역할을 담당한다. 고차원적인 에너지를 빛으로 전환해 온
우주에 번지게 한다.

수행자들은 아즈나 차크라를 통해 신성을 자각하는 두 번째 탄생을 한다. 제
6 차크라와 제7 차크라 사이에는 빈두라는 지점이 있는데 '방울' 또는 '점'을 의미
한다. '빈두 비사르가'는 '방울의 떨어짐'이란 뜻으로 만물이 창조되는 시작점을
뜻한다. 거대한 쟁반과 같은 바다에 방울이 떨어져 파장을 일으키면서 창조샘이
발현되는데, 이것은 '하현달 위의 동그란 방울'로 조형화된다. 빈두 비사르가는 만
물이 나타났다가 되돌아가는 궁극적 원천이다. 제7 차크라인 사하스라라 차크라
(Sahasrara Chakra)는 산스크리트어로 영광·승리·완성 등을 의미한다. 6개의 차크
라들이 잘 운행되고 조절되면 스스로 빛을 발하는데, 성자들에게 나타나는 머리
주위의 빛(후광, 원광)은 사하스라라의 빛이다.●

● 아즈나, 빈두, 사하스라라 설명 출처: https://kriyayoga.co.kr/21#footnote_link_21_4
[크리야 요가(Kriya Yoga) 수련소]

5장

붓다의 포교지
라지기르, 카필라바스투

5-1 라지기르의 마가다국 왕사성 유적지, 성벽의 잔해. 라지기르는 붓다 당시 6대 도시 중 하나로
교통의 요지였다. 멀리 영축산이 보인다.

5-2 〈죽림정사〉의 칼란다카 연못. 〈죽림정사〉는 붓다가 처음으로 교단을 이루고 활동한 곳이다.
여기서 세 번째·네 번째·열일곱 번째·스무 번째 안거를 났고, 총 20년에 걸쳐 이곳을 근거지로
포교를 했다.

246

①

◆ 첫 교단, 불 밝히다 ◆

"아아 괴롭다! 괴로워 미치겠다!" 붓다는 밤에 나와 거닐다가 이렇게 "괴롭다"라고 외치는 소리를 듣게 된다. 그리고 그렇게 소리 지르는 사람에게 명하신다. "그대는 오라! 여기는 안온한 곳이다. 열반은 지극히 맑고 시원하다. 적멸은 모든 번뇌를 떠나 있다."

-『붓다차리타』

불(火) 숭배 외도의 전향

"그대는 오라!"라는 이러한 붓다의 가르침을 듣고 출가한 사람은 야사(Yaśas)이다. 그는 바라나시의 큰 부잣집의 아들이었는데, 마침 세상을 염오(厭惡, 싫어하는 마음)하며 마음이 가득했기에 붓다의 부름을 듣자마자 마음이 활짝 열려 바로 출가하게 된다. 야사의 친구들 54명이 그를 따라 모두 출가한 것으로 보아 붓다는 꽤 큰 무리를 제자로 거느린 것으로 추정된다. 먼저 고통 속의 이들을 구하고, 이들에게 여타 고통 속의 중생을 제도할 것을 당부한다. 전격적인 포교의 서막이 오른 것이다.

"비구들이여! 길을 떠나라. 중생의 이익을 위해, 중생의 행복을 위해, 세상에 자비를 베풀기 위해. 아직 제도되지 못한 이들을 제도하라. 중생의 고통은 타고 있는데 오랫동안 아무도 구호할 사람 없네." 그때 60명의 비구들은 그 교지를 받들어 법을 널리 펴려고, 각기 그 과거 인연을 쫓아 사방으로 흩어졌네.

붓다의 초기 교화 중 손꼽히는 업적으로 불을 숭배하는 교단(배화교도)을 굴복시켜 포섭한 행적이 있다. 깟사빠 삼형제는 불의 신(Agni)을 섬기며 약 1,000명의 제자를 거느리고 있었다. 우루웰라 숲속에 거주하며 거대한 교단[자띨라(Jatila, 結髮外道)]을 이루고 있었다. 붓다는 그들의 수행처로 찾아가서, 사나운 독룡이 있는 사당에서 하룻밤 머물기를 자청한다. 모두 붓다가 독룡에게 죽임을 당했으리라고 생각하였으나, 붓다는 신통력으로 독룡을 제압한다.

이에 깟사빠는 "복을 닦으려고 불의 신을 섬겼으나, 그 과보는 모두 생사(生死)에 바퀴 돌고 번뇌만 더했나니, 그러므로 나는 그것을 버리네"라며 "생(生)을 받음은 괴로움[苦]의 근본"임을 터득하고, 기존의 교리보다 더욱 수승한 붓다의 가르침을 따르게 된다. "나는 고행하고, 제사를 올리고, 큰 모임을 여는 것이 가장 제일이라 생각했는데, 이는 바른 도에 더욱 멀어지는 행위였네. 이에 보다 훌륭한 적멸을 구하니, 그것은 생로병사를 완전히 떠나 다함 없는 밝고 시원한 경계이다. 나는 이 이치를 알았으므로, 불을 숭배하는 것을 버렸느니라."

진정 불타는 것은? 「불타오름경」

붓다는 자신에게 귀의한 배화교도 1,000명을 이끌고 마가다국의 수도 라지기르[또는 라자가하(Rajagrha, 왕사성)]로 가던 도중 가야시사[코끼리 모양의 바위가 있기에 상두산(象頭山)이라고도 함]에서 '불의 설법'을 하게 된다. 이 내용을 담고 있는 것이 「불타오름경」[또는 「연소경(燃燒經, Áditta-sutta)」]이다. 아침저녁으로 오로지 불만 섬기던 이들이 가장 잘 알아들을 수 있도록 붓다는 '12처가 불타오른다'는 비유로 설법한다. 붓다가 "온 세상이 불타오른다"고 하자, 깟사빠는 "무슨 뜻입니까?"라고 묻는다.

> "눈이 불타오르고 있다. 형색이 불타오르고 있다. 안식(眼識)이 불타고 있다. 안촉(眼觸)이 불타오르고 있다. 안촉을 조건으로 발생하는 느낌이 불타오르고 있다. 그러면 무엇에 의해 불타오르고 있는가? 탐욕의 불로 타고, 성냄의 불로 타고, 어리석음의 불로 타오르고 있다. 태어남·늙음·죽음·슬픔·근심·육체적 고통·정신적 고통·절망으로 불타오르고 있다. 귀·코·혀·몸·마노(생각)도 모두 마찬가지로 불타오르고 있다."
> -「불타오름경」

존재가 불타오른다. '나의 과거 현재 미래'라며 움켜쥐고 있는 '나와 나의 인생'이라는 것은 탐·진·치를 바탕으로 만들어진 '12처의 환영 덩어리(오온)'일 뿐이다. 그리고 이 불타오르는 12처에서 벗어나는 방법으로 "눈에 대해서도 염오하고, 형색에 대해서도 염오하고, 안식에 대해서도 염오하고, 안촉에 대해서도 염오하고, 안촉에서 발생하는 느낌에 대해서도 염오하라(귀·코·혀·몸·마노도 마찬가지)"고 한다. 그 이유는 우리가 눈·귀·코·입·마음의 작용에 끌려다니는 노예이기 때문이다. 그것은 취착(갈애)으로 반응한다. 이미 고착된 반응의 패턴과 더욱 강해지는 탐착은 우리를 끊임없이 불타게 한다. 이것이 고통의 씨앗인 줄 알고 염오하라는 것이다. 여기서 염오는 탐착하여 들러붙지 말고, (그것이 나를 태우는 불덩이임을 알아) 초연하라는 말이다. "(그 취착을 알아차리고) 염오하면 탐욕이 빛바래고, 탐욕이 빛바래기 때문에 해탈한다. 해탈하면 해탈했다는 지혜가 있다. 그 지혜로 '태어남은 다했다. 청정범행은 성취되었다. 할 일을 다 해 마쳤다. 다시는 어떤 존재로도 태어나지 않는다'는 것을 꿰뚫어 안다."

'나'라는 것에 대한 붓다의 대답

붓다께서 라지기르 근처 대나무 숲에 머물고 계셨다.● 그때 재가 신도인 위사카가 담마딘나 비구니에게 와서, 그녀에게 절을 올리고 물었다. "스님, '자아(나)와 동일시'라고 말하는데, 세존께서는 무엇을 '자아와 동일시'하는 것이라고 하셨습니까?" "위사카여, 여기 다섯 가지 집착 무더기들(오온)이 있다. 몸[色]이라는 집착 무더기, 느낌[受]이라는 집착 무더기, 지각[想]이라는 집착 무더기, 정신적 반응[行]이라는 집착 무더기, 의식[識]이라는 집착 무더기가 그것들이다. 이러한 다섯 가지 집착 무더기들을 '자아와 동일시'하는 것이라고 붓다께서 설명하셨습니다." "네, 훌륭하십니다"라고 하며 위사카는 더 질문을 나아갔다.

　　"스님, '자아(나)와 동일시가 일어나는 원인'이라고 말하는데, 붓다께서는 무엇을 '자아와 동일시가 일어나는 원인'이라고 하셨습니까?" "열정과 환락을 동반하여, 지금 이곳저곳에서 즐기는 '갈애'가 나아가 생성[有]에 이르게 됩니다. 즉, 감각적인 즐거움에 대한 갈애·존재에 대한 갈애·비존재에 대한 갈애가 그것입니다. 위사카여, 이것이 '자아와 동일시가 일어나는 원인'이라고 붓다께서 설명하셨습니다."

●　이하 내용은 「쭐라웨달라경(Cūḷavedalla-sutta, 맛지마 니까야 MN44)」에서 요약 인용.

"스님, '자아(나)와 동일시의 단절'이라고 말하는데, 붓다께서는 무엇을 '자아와 동일시의 단절'이라고 설명했습니까?" "바로 그 갈애가 남김없이 사라지고 중단되며, 포기하고 단념되며, 벗어나고 놓아버리는 것입니다. 이것이 '자아와 동일시의 단절'이라고 붓다께서 설명하셨습니다."

"스님, '자아(나)와 동일시의 단절에 이르는 수행법'이라고 말하는데, 붓다께서는 무엇을 '자아와 동일시의 단절에 이르는 수행법'이라고 설명했습니까?" "정확히 그것은 '팔정도'입니다. 올바른 견해·올바른 생각·올바른 말·올바른 행동·올바른 생업·올바른 노력·올바른 알아차림·올바른 집중을 하는 것입니다. 위사카여, 이것이 '자아와 동일시의 단절에 이르는 수행법'이라고 붓다께서 설명하셨습니다."

◈ 〈죽림정사〉 ◈

라지기르에 위치한 죽림정사[竹林精舍, 웰루와나(Veluvana, Venuvana)]는 붓다가
첫 교단을 이룬 곳으로 당시 마가다국의 빔비사라왕이 기증한 처소이다. 빔비사
라왕과 석가모니 붓다와의 인연은 붓다가 갓 출가한 시점인 6년 전으로 거슬러
올라간다. 출가 직후, 라지기르에서 탁발하는 고타마 싯다르타를 보고, 그 탁월한
용모와 수승한 기품에 한눈에 반해버린 빔비사라왕. 왕은 싯다르타에게 자신의
군대와 재력과 지위를 제시한다. 하지만, 그러한 욕망을 좇으려 출가한 것이 아니
라며 단박에 거절하는 싯다르타. 이에 출가한 뜻을 이루면 그 진리를 가르쳐 달라
고 빔비사라왕은 부탁한다. 이러한 만남이 있은 지 6년 만에 득도를 이룬 붓다는
라지기르로 돌아와서 그때의 약속을 지키게 된다.

빔비사라왕에게 설한 진리

'세속적 욕망을 좇지 않고 추구한 진리' 그 내용은 무엇이었을까? 다시 만난 빔비
사라왕에게 붓다가 설한 진리의 내용을 살펴보자. 요약하자면, 먼저 "평등관(平等
觀)으로 보아 몸과 마음의 근(根, 원인)을 보면, 그것이 생멸(生滅)함을 알게 되고,
그 주체가 없다는 것을 알게 된다"는 것이다. 그래서 몸이라는 것의 실체를 알게
되면, '나'도 없고 '내 것'도 없음을 알게 되고, 우리가 '나'라고 하는 것은 순전한 고
통의 덩어리임을, 그래서 괴로움에 살다가 괴로움에 죽는다는 것을 알게 된다. 세

5-3 영취산의 붓다(위 동그라미)를 뵙기 위해 라지기르에서 출발하는 빔비사라왕(아래 동그라미)의 행렬. 산치 스투파 제1탑 동문, 왼쪽 기둥 앞면의 하단 패널

5-4 붓다의 설법을 듣기 위해 죽림정사를 방문한 빔비사라왕. 붓다는 보리수와 금강보좌로 표현됐다.
그 양쪽으로 큰 대나무가 있어 이곳이 죽림정사임을 말해주고 있다. 산치 스투파 제1탑 북문,
왼쪽 기둥의 안쪽 면, 세 번째 패널

상에서 우리가 받은 것은 모두가 '삿되게 만들어져서 받은 것'이니 '무상·고·무아'라는 현상을 보라고 한다. 그리고 현상이 운영되는 원리는 연기법이라는 사실을 설법한다. 이에 빔비사라왕은 법안(法眼)이 생기게 된다. 법안이란, 법(현상)을 보는 지혜를 말한다.

> 만드는 자도 없고 아는 자도 없으며/ 주인 없어 항상 옮겨 가나니/ 태어남과 죽음은 밤낮으로 흘러가네 (…중략…) 여섯 근[六根]과 여섯 경계[六境]와/ 그것의 인연(因緣)으로 여섯 식[六識]이 생기네/ 이 세 가지가 합하여 촉(觸)이 생겨/ 마음과 생각의 업이 따라 굴러가네.
> ─『붓다차리타』

최초의 승원

붓다가 무상·고·무아와 연기법의 진리를 설하자, 깨달음의 눈을 뜬 빔비사라왕. 붓다는 이제 그의 스승이 되었다. 왕은 스승인 붓다가 교화를 펼칠만한 장소를 물색한다. "붓다께서는 어떤 장소에서 지내셔야 할까? 마을에서 너무 멀지도 않고, 가깝지도 않고, 오고 가기에 편하며, 다양한 목적을 지닌 사람들이 찾아뵙기 좋고, 낮에는 너무 붐비지 않고, 밤에는 소음이 없고 인적이 드물고, 혼자 지내기에도 좋고, 좌선하기 적절한 곳. 바로 그런 곳에 머무셔야 한다"라고 빔비사라왕은 고민한다. 그리고 웰루와나(죽림정사)가 최적의 장소라고 판단하고 이곳을 승원(僧園)으로 바치게 된다. 이에 붓다는 "나는 승원을 받기로 한다"라고 말한다.

5-5 〈인드라살라 동굴에서 명상에
든 붓다〉(AD 1세기), 편암,
파키스탄 페샤와르박물관 소장

"이렇게 오신 님, 거룩한 님,
올바로 원만히 깨달은 님께서
세상에 출현하면, 신들의 무리는
증가하고 아수라의 무리는
줄어든다."
(『제석천 질문경』 중에서)

5-6 건달바의 아들
빤짜시카가
비파를 연주하고
그 옆에 제석천이
앉아 있는 것으로
추정된다
(도 5-5의 부분).

◈ 영축산 ◈

붓다가 처음으로 승원을 기증받아 교단을 형성하고 전법과 교화를 한 곳, 라지기르. 이곳과 관련해 빼놓을 수 없는 유적지는 인드라살라 동굴(Indrasala Cave, 제석굴)과 영축산이다. 인드라살라 동굴은 라지기르의 동쪽 베디야 산에 있다. 이 동굴은 두 개의 언덕(우다야 언덕과 찻타 언덕) 사이에 있는데, 그 입구에는 인다살라(Indasala) 나무가 무성하다. 인드라살라 동굴의 한역 명칭은 제석굴이다. 당시 신들의 제왕이라고 일컬어지는 인드라[Indra 또는 싹카(Sakka), 제석천]가 이곳에서 명상에 드는 붓다를 자주 찾아와 질문한 장소이기에 붙은 명칭이다. 제석천의 질문 내용은 「제석천 질문경(Sakkapanhasutta)」에서 찾아볼 수 있으며,● 이 주제는 초기 불교미술의 단골 주제로 조형화되곤 했다.

인드라살라 동굴과 제석천의 질문

'제석천의 질문'과 관련된 〈인드라살라 동굴의 붓다〉의 조형은 일찍이 기원전 150년경 마하보디 사원(보드가야) 출토 작품까지 거슬러 올라간다. 이는 산치 스투파의 조형에서도 발견되고, 이어서 간다라와 마투라의 미술에서도 찾아볼 수

● 『디가 니까야(II-263)』, 『장아함10』 「제석환인문경(帝釋桓因問經)」, 『중아함33』 「석문경(釋問經)」, 『신들과 인간의 스승-디가니까야 엔솔로지』(전재성 역주, p.424) 등 참조.

있는 주된 주제이다. 보드가야 및 산치 스투파의 조형에는 사람 형상의 붓다를 직접적으로 조성하지 않고 빈 동굴과 금강보좌로만 그 현장을 표현하고 있다. 사람 형상의 붓다를 조형하지 않았으므로 이를 '무불상(無佛像) 시대'라고 칭하는데, 실은 불상이 없는 것이 아니다. 깨달음과 하나가 된 상태의 붓다는 공(空)의 상태이기에, 오히려 가장 적절하게 불성을 표현한 수승한 조형의 시기라고 할 수 있다.

'동굴 속 붓다와 제석천의 질문'이라는 주제와 관련하여 가장 명작이라고 할 수 있는 작품은 페샤와르박물관이 소장한 간다라 시대 작품〈인드라살라 동굴에서 명상에 든 붓다〉(도 5-5)이다. 시선을 아래로 향한 채 삼매에 든 붓다의 모습은 이 세상을 떠나 있는 듯 고요하고 숭고하다. 동굴의 형태를 아치 형태로 조형해 내부 공간을 연출했으며, 동굴 주변으로는 붓다의 전생과 현생의 생멸(生滅)이 흘러가듯 표현됐다. 정면에서 볼 때 우측 하단에 코끼리가 있으며, 좌측 하단으로 다양한 신들의 행렬이 보인다. 그리고 좌측 상단에는 제석천으로 추정되는 존상이 앉아 있다(도 5-6). 그 옆에는 손에 무언가 타원형의 긴 물건을 들고 서 있는 형상의 존상이 있는데, 이는 건달바의 아들 빤짜시카로 추정된다.

원한과 폭력의 이유

제석천과 함께 빤짜시카가 등장하는 이유는 다음과 같다. "여래가 선정에 들어 선정을 즐기며 그것에 몰입하여 명상하실 때는, 나와 같은 자가 다가가기 어렵다. 그러니 네가 먼저 붓다를 기쁘게 해 드리면 그 연후에, 내가 다가갈 것이다"라며 제석천은 빤짜시카에게 비파 연주를 부탁한다. 이에 음악의 신인 건달바의 아들 빤짜시카는 노란 대나무 비파를 켜며 붓다를 칭송하는 노랫소리로 붓다의 주의를

끄는 데 성공한다. 드디어 붓다가 제석천의 질문을 허락했다. 제석천의 질문은 무엇이었을까?

> "존자여, 다양한 무리의 신들이 있는데, 그들은 '우리는 원한을 여의고 폭력을 여의고 적을 만들지 않고 분노 없이 증오 없이 지내고 싶다'라고 생각하지만, 그렇게 하지 못합니다. 무엇에 결박되어 원한에 매이고, 폭력에 매이고, 적을 만들고, 분노하고, 증오하고 지내는 것입니까?"
> ―「제석천 질문경」

제석천이 그토록 붓다에게 묻고 싶었던 것은 '원한과 폭력의 이유'였다. 이에 대해 붓다는 '질투와 인색'이 그 원인이라고 답한다. 질투는 타인의 성공에 화를 내는 것이고, 인색은 자신의 성공을 남과 나누지 못하는 것이다. 그러자 제석천은 그렇다면 '질투와 인색'의 이유는 무엇이냐고 재차 묻는다. 이에 질투와 인색은 '좋아함과 싫어함'을 원인으로 생긴다고 한다. 꼬리를 무는 제석천의 질문에 원인의 원인이 파헤쳐진다. '좋아하고 싫어함'은 '욕망'을 조건으로 하고, 욕망은 '사유(다듬어지지 않은 생각: 갈애에 의한 결정과 견해에 의한 결정, 2가지가 있다)'를 조건으로 한다. 사유는 '지각과 관념'을 조건으로 하고, 지각과 관념은 '희론(망상 또는 번뇌)'을 조건으로 생겨난다. 그렇다면 이것을 어떻게 소멸할 것인가를 묻는 제석천의 마지막 질문에, 그 실천적 방법으로 붓다는 선업과 불선업이 되는 길을 제시하고 수행자의 목적을 가르쳐 준다.

5-7 독수리 머리 모양 바위, 영축산(독수리봉산)

5-8 영축산 정상의 향실 터. 석가모니 붓다가 이곳에서 『법화경』·『무량수경』 등의 주요 대승 경전을 설법한 것으로 유명하다.

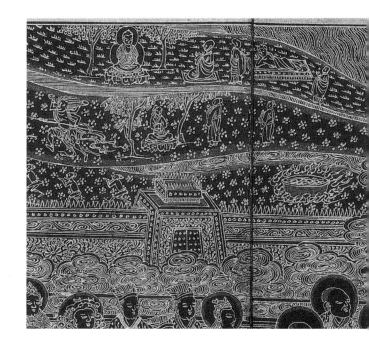

5-9 〈묘법연화경(법화경)〉의
영산회상 변상도, 고려
1340년, 감지금니, 일본
니베시마보효회 소장

"지금 부처님께서 미간 백호로
광명을 놓으사 동방 일만 팔천
국토를 비추시며 복되고 길한
일이 일어날 징조를 보이시니
(…중략…) 오늘 부처님께서
인류를 구제하고 사회를
제도하는 훌륭한 가르침인
대승경을 설하실 것이니 그
이름은 『묘법연화경』이라.
보살을 가르치는 법이며,
모든 부처님께서 보호하고
염(念)하시는 경이라"(「서품」,
『법화경』)

영축산과 보살승

라지기르의 주변에는 다섯 개의 산이 둘러싸고 있는데, 그중 하나가 유명한 영축
산(靈鷲山 또는 영취산, 기사굴산)이다. 왕사성에서 바라보면 약간 동쪽 끝으로 보
이는 찻타 언덕의 남쪽 경사면에 위치한다.

붓다는 영축산에서 다양한 대승의 설법을 했지만, 그중에서도 가장 유명한
것이 『법화경』의 내용이다. 『법화경』의 요지는 보살승이다. 사르나트(녹야원)에서
의 초전법륜의 사성제는 '성문을 구하는 사람을 위해서였다'라는 내용이 경전 앞
부분에 나온다. 요약하자면, "성문을 구하는 사람에게는 사성제를 설해서 나고 늙고

병들고 죽는 것을 건너서 해탈 열반에 이르게 하고, 벽지불(연각)을 구하는 사람에게 는 12인연법(무명·행·식·명색·육입·촉·수·애·취·유·생·노사)을 설하시어 모든 중생의 과거 현재 미래에 걸친 인과를 밝히시고, 보살을 구하는 이에게는 보시·지계·인욕· 정진·선정·지혜의 육바라밀을 설하셨다"라는 것이다. 그리고 본 설법의 취지와 목 표는 열반이 아니라 보살승이라는 것이다. 보살승이 일불승(一佛乘)이며 대승(大 乘)이라는 것이다.

영산회상

라지기르의 동북쪽 약 3km 지점에 있는 기사굴산(Gṛdhrakūta)은 독수리봉이란 뜻으로, 산 형세가 독수리 머리 형상을 하고 있어 붙여진 이름이다. 의역하면 영취산(靈鷲山) 또는 영축산이 된다. 영취산을 줄여 영산(靈山)이라고도 한다. 영산은 석가모니 붓다가 대승의 법을 즐겨 설한 장소로 유명하다.

그중에서도 각양각색 근기(根機)의 중생을 모두 구제하기 위한 자비의 설법인『법화경』을 설한 곳으로 잘 알려져 있는데, 그 설법을 듣기 위해 무수한 대중들이 모였기에 '영산회상(靈山會上)'이라고 한다. 붓다가 영산 정상의 향실터에서 중생 구제를 위해 커다란 광명을 놓았을 때, 큰 비구 1만 2,000명·보살 8만 명·제석천과 그의 무리 2만 명·사천왕과 그들의 각 권속 1만 명·팔부중과 그들의 각 권속 등 무수한 청중이 구름처럼 모여들었다고 한다. '영산회상'의 장엄한 풍경은 불교미술의 전통 속에서 핵심 주제로 자리 잡고 있다. 우리나라의 경우《법화경 변상도》(도 5-9)와《영산회상도》라는 작품으로 면면히 이어와 오랫동안 사랑받고 있다.

②

◆ 아버지와의 상봉 ◆

"아들의 얼굴 우러르자, 하도 마음이 기뻐서 무어라 입으로 말을 할 줄 몰랐네!"
아버지는 탐욕으로 세속에 얽혀 있고/ 아들은 훌쩍 뛰어 성자가 된 것 돌아보매/
비록 아들이라 해도 높은 도에 있거니/ 어떤 이름으로 불러야 할지 몰랐네.
　　－「아버지와 아들이 만나다」, 『붓다차리타』

붓다는 성도 후, 라지기르의 마가다국 죽림정사에서 첫 교단을 형성하고 여러 외
도들을 교화시킨다. 붓다의 교화는 한 군데 머무르지 않고 그때그때 인연에 따라
유동적으로 계속 근거지를 옮겼음을 알 수 있다. 전법의 주요 무대는 죽림정사와
기원정사로 꼽히지만, 그 외에도 주목할 만한 곳으로 카필라바스투(카필라성)가
있다. 붓다는 자신의 고향이자 가족이 있는 이곳으로 향한다.

　『붓다차리타』에는 위의 인용처럼 아들과 아버지가 오랜 세월을 넘어 다시 만
나는 대목이 구구절절 표현되어 있다. 멀리서 차츰 가까워지는 아들의 모습을 보
고 아버지 숫도다나왕(정반왕)은 마음이 기뻤으나, "무어라 불러야 할지 입을 떼
지 못했네"라고 한다. 그 이유는 "그처럼 그렸건만 오늘에 무엇이라 말할 길이 없
네/ 아들은 이제 고요히 앉아/ 안온하게 얼굴빛 하나 변하지 않고/ 오랜 이별 했

었건만 감정이 없으니/ 그것이 내 마음을 외롭고 슬프게 하는구나!"였다. 아버지는 "마치 오랫동안 목말랐던 사람이 우물을 만났으나, 그 우물이 완전히 마른 우물이어서 서먹한 기운이 너무 세 도무지 따라붙을 마음이 안 생긴다"라고 토로한다.

아버지는 있으나, 아들은 없다

부자 상봉의 순간에 오고 간 내용이 참으로 흥미롭다. 아버지는 아버지로서의 반응이 가감 없이 튀어나왔으나, 그것을 받아들일 아들은 이미 존재하지 않았다. "기갈 들린 사람이 마른 우물 대한 듯, 부모 잃어 사무치던 사람이 그림 얼굴 본 듯이" 그렇게 곤혹스럽다고 아버지는 표현한다. 생사고락의 이치와 세세생생 업장의 인연을 통찰하고 이미 붓다가 된 고타마 싯다르타는 더 이상 아버지와 아들이라는 인연에 얽매이려야 얽매일 수도 없었다. 이러한 아버지와 아들의 상봉 순간이 산치 스투파의 부조에 생생하게 새겨져 있다(도 5-10).

　이 부조 속의 표현을 보면, 오른쪽에 큰 왕관의 장식을 하고 합장하고 있는 인물이 숫도다나왕이다. 시봉하는 하인이 원반의 차양을 뒤쪽에서 머리 위로 받치고 있다. 왕실의 여인들은 붓다를 반기며 꽃 공양을 올리고 있다. 왕실 인물들은 모두 붓다가 있는 쪽으로 좌향좌의 자세를 취하고 있다. 그런데 정작 있어야 할 주인공의 자리에 붓다의 모습은 보이지 않는다.

　붓다가 있어야 할 자리에는 보리수와 금강보좌만 있을 뿐이다. 그리고 보리수 아래의 금강보좌는 텅 비어 있다. 이는 무불상(無佛像) 시대에 붓다를 표현하는 전형적인 도상이다. '불상이 없다'라는 의미에서 '무불상'이라고 지칭하게 되었지만, 실상 불상이 없는 것이 아니다. 사람의 눈은 사람 모양의 신상(神像)만을 추

5-10 〈카필라바스투의 신통〉의 부분. 아버지 숫도다나왕과 아들 석가모니 붓다가 만나는
장면. 아버지는 붓다를 향해 합장하고 있다. 붓다는 금강보좌 위와 보리수 아래의
허공[공성(空性)]으로 표현됐다. 산치 스투파 제1탑 북문 부조

구하기에 텅 빈 '공성(空性)'이 보이지 않을 뿐이다. 초기 불교미술의 시기에는 궁
극의 불성(佛性)을 보리수 아래의 비어 있는 공간, 아무도 앉아 있지 않은 금강보
좌, 법륜 또는 연꽃이 묘사된 족적(발자국)으로 표현한다. 아버지와 아들이 상봉하
는 장면인 이 부조에서도 '보리수와 금강보좌'만으로 붓다의 공성을 나타내고 있
다. 성도한 붓다를 표현하기에 이보다 더 적절한 표현은 없으리라.
　　'제상비상(諸相非相)'의 진리를 평생 설하신 붓다의 모습을 '상(相)'으로 표현할 수는 없는 노릇이다. 나중에 상이 없이는 붓다의 가르침도 흩어지고 교단도 흩어질 우려가 생겨나는 시점에 '유불상(有佛像)' 시대가 전개된다. 대승불교의 응신(應身)으로서의 석가모니 붓다의 개념이 적용되어 이때부터 본격적인 불교 미술의 세계가 펼쳐진다. 하지만 무불상 시대라고 불리는 초기 불교미술의 이 시기만큼 본질적인 불성에 충실한 표현은 없다. 부왕과 왕실 사람들이 자칫 빈자리나 허공에 대고 찬탄하는 듯 보이지만, 그곳에는 공성과 합일한 붓다가 있다. 태자 싯다르타는 이제 '법 그 자체로 오셨다'는 뜻을 가진 '여래(如來)'이기에, 이처럼 '공(空)의 도상'으로 나타나 설법을 베풀고 있는 것이다. 부왕은 아들의 설법을 합장한 채로 경청하고 있다. 과연, 붓다가 된 아들은 아버지에게 어떤 설법을 했을까? 아버지는 들으려고 했을까? 그리고 들었다면 이해했을까? 내용을 살펴보자.

지금 밥을 빌고 다니는구나!

설법의 내용을 살펴보기 전에, 짚고 넘어갈 사건이 하나 있다. 한 가지 특이한 사건이 벌어지는데 그것을 먼저 보자. 특이한 사건이란 붓다가 설법하기 이전에 갑자기 신통을 보인 것이다.

> 너는 지금 밥을 빌고 다니는구나! 이 길이 무엇이 그리도 영화로우냐!/ 편안하고 고요하기가 수미산 같고 빛나는 얼굴은 밝은 태양 같고/ 안정한 걸음걸이는 소걸음 같고/ 두려움 없기는 사자후 같으니/ 사천하((四天下)의 물려줌을 받지 않고 구걸하여 그 몸을 기루는 구나.

"어떻게 먼지를 뒤집어쓰며 발우를 들고 밥을 빌러 다니는가?" 붓다가 자기 고향인 카필라바스투(카필라성)에 와서 허름한 가사를 걸치고 여기저기 걸식하는 모습은 그곳 사람들에게 상당한 충격을 준 것 같다. 그들은 "놀라고 기뻐서 큰 소리를 쳤고/ 안팎으로 서로서로 그 소식을 전하고/ 어른이나 아이나 달려와서 그 모습을 보고/ 창문을 열고 어깨를 맞대고 눈을 치뜨며" 보았다고 한다. "보는 사람으로 하여금 슬프고 기쁘고/ 그들은 합장하며 눈물 흘렸네"라는 대목에서 사람들의 반응이 슬픔·기쁨·비난·조롱·안타까움·존경 등 여러 가지로 엇갈렸던 것을 알 수 있다.

걸식하는 아들을 보고 부왕이 "왜 우리 가문을 부끄럽게 하시오?"라며 힐난했다는 내용이 있는데, 이때 아들의 대답이 기가 막히다. "왕이시여! 왕의 가계는 당신의 가계이고, 나의 가계는 붓다의 가계입니다. 그분들(디팡카라, 꼰단냐에서 깟사빠에 이르기까지)과 수천의 붓다들은 모두 걸식을 통해 삶을 유지했던 것이오."● 왕의 가문이 아니라 붓다의 가문이라고 하는 대목에서, 아버지는 여전히 아들이라는 관념에 사로잡혀 있지만, 붓다는 더 이상 아들이라는 생각이 없다는 것을 확인할 수 있다. 본 대목은 경전에서는 아직 확인할 수 없었으나, 이상의 2차 자료(각주 참조)에서 찾아볼 수 있었다. "이와 같이 많은 사람들/ 서로 시끄럽게 지껄였으나/ 붓다는 마음에 집착이 없어/ 기뻐하거나 슬퍼하지 않았나니/ 그저 자비로서 중생들을 연민하여/ 가난과 괴로움에서 벗어나게 하려 하셨네."

● 『The Life of Buddha as Legend and History』(Thomas, E. J, 1992, pp.99~100)와 『사캬무니 붓다』(마성, 2010, p.222)에서 인용.

◈ 고향 땅의 신통과 설법 ◈

붓다는 고향을 방문해서 아버지와 석가족 사람들에게 신통을 보이게 되는데 그 대목을 보면 다음과 같다.

> (신통으로 허공에 올라 공중에 두루 돌아다니며) 몸을 나누어 한량이 없다가/ 도로 다시 합하여 하나가 되고/ 물을 밟기를 땅인 듯하고/ 땅에 들어가기를 물인 듯하니/ 석벽도 그 몸을 막지 못하고/ 몸의 왼쪽과 오른쪽으로 물과 불을 내뿜었네. 아버지 왕이 그것을 보고 크게 기뻐/ 아버지와 아들의 정(情)은 한 번에 사라졌네/ 붓다는 공중의 연꽃에 앉아/ 왕을 위해 설법했네.

라호르박물관 소장 〈붓다 설법상〉

카필라바스투(카필라성)에서 보인 이러한 신통을 마치 고스란히 옮겨 놓은 듯한 모습을 라호르박물관 소장 〈붓다 설법상〉에서 찾아볼 수 있다(도 4-45). 본 작품에 관해서는 다양한 제목과 학설이 있지만, 본 책, 이번 절에서는 붓다의 수인이 '설법인(說法印)'을 취하고 있으므로 〈붓다 설법상〉으로 소개한다. 두 손을 가슴에 모아 쥐고 손가락을 동그랗게 말고 있는 설법인을 취하고 있어서, 현재 붓다가 설법하고 있는 장면임을 알 수 있다. 설법의 내용을 자신의 주변 조형으로 펼쳐 보여주는 듯한 형식으로 구현했다.

다채로운 장면들이 붓다를 둘러싸고 있는데 그 내용을 보면 다음과 같다. 출가 전 궁궐에서 사유하는 모습, 득도하여 붓다가 된 모습, 몸을 무량하게 분신하는 모습 등. 그 외, 붓다의 위와 아래로는 깨달음과 계합한 상징적 장엄이 연출되어 있다. 유형과 무형을 넘나들며, 속계와 법계를 넘나들며, 자신이 체득한 깨달음을 설법하고 있다. 득도의 여정과 그 내용을 '신통과 설법'을 통해 석가족 사람들에게 보이고 있다. 그렇다면, 설법의 내용은 무엇일까? 아버지에게 베푼 설법의 내용을 살펴보자.

아버지에게 베푼 설법

"아버지가 자비의 마음으로 아들을 위해 더욱 근심하고 슬퍼하는 줄 아나니/ 끊임없는 아들 사랑 마땅히 그것을 속히 버려야 하네/ 애정을 쉬어 그 마음을 고요히 하고, 당신의 아들이 받드는 법을 받으시라." 한때는 아들이었으나 이제는 깨달음을 이룬 붓다가 되어, 아버지가 애정을 쉬고 마음을 고요히 하여 법(法)을 보기만을 오로지 바랐다. 그래서 붓다는 "아들로서 드리지 못한 것, 아비로서 아들에게 받지 못한 것, 그것을 이제 바친다"라며, 자신이 드릴 수 있는 최상의 선물을 드린다. 그것은 "훌륭하고 묘한 감로의 이치[勝妙甘露道]"이다. 감로는 불법(佛法)을 터득함에 맛볼 수 있는 열반의 시원함 또는 청정함을 상징한다.

붓다 설법의 요지는 '생사고(生死苦)를 멸(滅)하는 방법[道]'이었다. 멸하는 방법은 '업(業)의 인과(因果)를 명료히 관찰[諦觀]하는 것'이다. 이 설법에는 사성제와 팔정도의 핵심이 들어있다. "지금 마땅히 그 힘을 다하여/ 몸과 말의 업을 청정하게 다스린다/ 밤낮으로 부지런히 닦아 익혀/ 어지러운 마음을 쉬고 고요히 하라/ 오직 이것만이 자신에게 이익이 된다/ 이것에서 벗어나 있는 모든 것은 '나'가 아니

5-11 〈붓다의 무량 분신〉, 몸체(오른쪽)에서 무수한 분신이 나온다(도4-45의 윗부분).

5-12 연화화생(蓮花化生), 바탕 자리(법신)에서 천 잎의 연꽃(보신)이 만개하고
그 위에 붓다(응신)가 화생하는 장면(도4-45의 아랫부분)이다.

다"라고 한다.

> 인간의 왕으로 오욕(五欲)을 즐기나 /이는 위험이 많고 공포스러워/ 마치 독사
> 와 같이 사는 것 같으니/ 어찌 잠깐인들 기뻐할 수 있을까./ 탐진치 항복 받으면
> 천하의 어떤 적도 당하지 못하리/ 괴로움을 알고 괴로움의 원인을 끊고/ 적멸을
> 증득하고 방편을 닦아/ 사성제를 바르게 깨달으면 악의 세계와 두려움은 없어
> 지리!

붓다의 신통과 설법으로 석가족의 여러 왕자와 친족, 그리고 다수의 왕실 사람들
이 "세속의 얽매임이 싫어져 모두 집 떠날 마음을 내었다"라고 한다. 그리고 붓다
의 가르침을 따라 출가하게 된다. 붓다의 이복동생 난다·사촌 동생 아난다·아들
라후라·부인 야수다라 그리고 친족과 귀족인 킴빌라·아나룻다·우다이 등이 그
들이다. 결국 석가족 왕족의 대가 끊어져 대를 이를 후손을 다른 곳에서 구했다는
설이 있다.

'깨달음 에너지'의 표현

라호르박물관에 소장된 〈붓다 설법상〉(도 4-45)의 제명으로는 〈사위성의 신변〉,
〈붓다 설법상〉, 〈아미타 정토상〉 등 다양한 학설이 존재한다. 작품을 소장한 박물
관 측은 〈사위성의 신변(The Miracle of Sravasti)〉으로 일단 제목을 기재해 놓는다
고 밝히며, 확실한 명칭에 대해 조심스러운 태도를 보인다. 물론 '분신무량(分身無
量)과 물불방사(水火放射)'의 모습은 슈라바스티(사위성)의 신통(또는 신변)에서
확인되는 것이다. 하지만, 분신무량과 같은 신통은 카필라바스투(카필라성)의 신

통, 슈라바스티(사위성의) 신통 이외에도 득도 당시뿐만 아니라 붓다의 여정 곳곳에서 찾아볼 수 있다. 또 대승경전에서는 거의 일반적이라고 할 정도로 너무나 자주 확인된다. 또한 기존의 쌍신변(雙神變), 즉 '물불방사'라고 규정되는 존상들을 보면, 딱히 물과 불로 한정하기에는 애매한 부분이 있다.

그 이유는 붓다의 몸체에서 방사되는 서기(瑞氣, 깨달음의 에너지)는 참으로 다채로운 형식을 취하기 때문이다. 예를 들어, 가장 흔하게는 방사선의 일직선 빛줄기·나선형의 소용돌이 파장 형식의 화염 불꽃 같은 에너지 형태 등을 확인할 수 있다. 붓다의 서기는 이처럼 다양한 형식으로 표현된다. 이러한 서기는 광배(두광 및 신광)로 정형화된다. 물론 초기 불교미술의 시기에는 이런 표현들이 더 생동감 있고 원초적이어서, 보는 이로 하여금 고졸(古拙)한 듯하지만, 그 안에는 강건한 힘이 서려 있다.

6장

붓다의 전법지
슈라바스티, 산카샤

기원정사의 건립. 망고나무와 금강보좌는 붓다를 상징한다(가운데).
기원정사를 세운 급고독 장자(왼쪽)와 제따 태자(오른쪽)가 있다.
〈사위성의 기적(또는 망고나무의 기적)〉(도 6-30의 부분), 산치 스투파 제1탑 북문

6-1 〈급고독 장자와 기원정사의 건립〉(125~75 BCE), 바르후트 스투파의 부분

①

◈ 기원정사 ◈

"보시자들 가운데서 수닷따 급고독 장자가 으뜸이다."
–「으뜸 품(A1:14)」 중에서

큰 부자인 급고독[아나타삔디까(Anāthapiṇḍika)] 장자는 자신의 전 재산을 투자하는 것도 마다하지 않고 붓다를 위해 초대규모의 승원(기원정사)을 세우고자 결심한다. 그는 과연 붓다에게 어떤 설법을 들었기에, 이런 결심을 한 걸까?

세상을 바르게 보는 법

붓다 교화의 여정에 따라 불교의 역사는 새로운 국면을 맞는다. 물론, 붓다는 교화 또는 포교라는 표현보다 '중생 구제'의 일로를 걸은 것뿐이다. '내'가 있는 줄 알고 고통을 자초하며 윤회하는 중생들을 가여워하는 마음으로, 진리의 법(法)을 설해 해탈의 자유로 이끌었다. 중생들을 가여워하는 마음을 '자비'라고 한다.

기원정사(기수급고독원)는 붓다가 급고독 장자를 교화시키면서 그 계기가 마련된다. 기원정사는 코살라국의 수도 슈라바스티(Sravasti, 사위성)에 있다. 급고독 장자는 슈라바스티의 아주 큰 부호였는데, 이웃 나라 마가다국의 라자그라하(왕사성, 지금의 라지기르)를 방문했을 때, 붓다가 출현했다는 소식을 듣고, 죽림정사에 있는 붓다를 찾아가 가르침을 받게 된다. 당시 어떤 말씀을 들었기에, 급고독 장자가 전 재산을 투자하는 것도 마다하지 않고 자기 고향인 슈라바스티에 초대 규모의 승원을 건립하고자 결심한 걸까?

> 모든 구함이란 큰 괴로움이다./ 애욕은 갖가지 과오를 모은다./ 그러므로 마땅히 악을 멀리하고/ 욕심을 떠나 고요한 즐거움[寂靜樂]을 닦아라./ 늙고 병들고 죽는 괴로움은/ 세간의 가장 큰 우환이니/ 세간을 바르게 관찰함으로/ 나고 늙고 병들고 죽음을 떠나라.
>
> -「급고독 장자를 교화시키다[化給孤獨品]」, 『붓다차리타』

붓다는 장자에게 '세상을 바르게 보는 법[正見]'을 말한다. 그 내용의 요지는 먼저 "모든 집착을 버리고 고요함을 닦아라!"이고, 다음에는 (고요한 상태로) 현상을 있는 그대로 관찰하라는 것이다. 정혜(定慧)의 수행을 말한다. 그렇게 익히면 순차적으로 다음과 같이 된다. "항상 존재하는 것은 없다[無常]라는 것을 보게 되고, 그래서 고통인 줄 알고, 덧없고 괴로운 것은 '나'가 아님으로 보게 된다. 거기에 어찌 '나와 내 것'이란 것이 있을 수 있겠는가!" 즉, 무상·고(苦)·무아의 삼법인의 진리를 보게 된다. 이러한 과정을 통해 고집멸도(苦集滅道)의 진리를 가르친다. "모두는 공하여 '나와 내 것'이 없고/ 이 세간이 모두 다 환영이니, 마땅히 이 몸을 관찰해 보라. 사대(四大)와 오온(五蘊)의 덩어리일 뿐이다."

이 설법 속에는 사마타와 위빠사나의 수행 요지가 함축되어 있다. 고요한 마음(선정)을 확립한 뒤, 신념처(身念處) 수행(몸 관찰)을 하여, 색수상행식(色受想

行識, 오온)이 환영임을 보라는 것이다. '나와 내 것'이라는 실체는 '사대와 오온'이라고 직설한다. "장자는 이 설법을 듣고 그 자리에서 초과(初果)를 얻고, 번뇌가 걷히고 마음이 환히 열리어, 나를 비롯한 세상을 바로 보는 바른 견해(정견)를 얻게 되었다"고 한다. 그는 "붓다여! 슈라바스티에 머무소서. 토지는 풍족하고 안락합니다. 저는 이제 정사를 세우려고 하오니, 가엾이 여기어 제 청을 받아주소서"라고 호소한다.

이러한 급고독 장자와 붓다와의 귀중한 인연은 초기 불교미술 속의 주요 주제로 등장한다. 바르후트 스투파에 조형된 기원정사의 건립 모습(도 6-1)을 보면, 급고독 장자가 양손에 정화수를 담은 주전자를 들고 있다. 그리고 붓다를 상징하는 보리수에 물을 부어 공양하고 있다. 보리수에 물을 주어 그것을 성장시키겠다는 행위는 붓다에게 승원을 보시해 교세를 확장시키겠다는 서원을 상징한다.

6-2 주전자에 담긴 정화수를 보리수에 붓는 급고독 장자(도 6-1의 부분)

바른 재물, 바른 보시

붓다가 장자에게 가르침을 주신 내용을 초기 불전(『수닷따 경(Sudattasutta)』, 『이유경(ādiyasutta)』, 『감각적 욕망을 즐기는 자 경(Kusalokāmabhogīsutta)』, 『웰라마 경(Velāmasutta)』 등)에서 찾아보면, 장자가 큰 사업가인 만큼 그 내용이 주로 재물과 보시에 집중되어 있음을 알 수 있다. 바른 욕망이란, 바른 재물이란, 바른 보시란 무엇인가? 바르게 재물을 구하는 마음과 바르게 재물을 쓰는 것에 대해 지속적으로 장자를 교화한다.

이러한 가르침을 경청하는 장자의 모습을 산치 스투파의 부조(浮彫)에서 찾아볼 수 있다. 기원정사의 풍경을 묘사한 이 장면에는 붓다가 즐겨 거주한 코삼바꾸띠(설법과 수행의 거처인 승방)가 보이고, 이러한 꾸띠의 조형만으로 붓다를 상징하고 있다. 꾸띠 옆에는 붓다의 설법을 합장하고 경청하는 급고독 장자가 서 있다.

6-3 카필라바스투, 라지기르, 슈라바스티 등 붓다의 주요 교화의 도시

『법구경 주석서』에 의하면 장자는 아침저녁으로 두 번씩 꾸띠에 가서 설법을 들었다고 한다.

> 맑혀진 사람은 덧없음 알아, 재물을 내어 널리 은혜를 베푸네/ 탐욕이 많은 이는 지키고 아끼고/ 다할까 두려워 쓸 데에 쓰지 않고/ 또한 덧없음을 두려워할 줄 모르다가/ 속절없이 잃게 되어 근심하고 후회하네.…(중략)… 그러므로 은혜로이 베푸는 것은 해탈의 인(因)인 줄 알아야 하네.

붓다는 기원정사를 건립한 장자의 용기와 지혜를 언급하며, 그의 '보시의 공덕'을 칭찬한다. 그것은 '해탈의 원인'이 된다는 것이다. 『수닷따 경』에도 음식을 보시하는 것의 진정한 의미가 설해졌는데, 적절한 조건을 갖춘 보시는 반드시 베푼 사람에게 선업(善業)으로 돌아온다는 것이 요지이다. "잘 제어된 분들에게 음식을 보시하고/ 적당한 때에 손수 음식을 보시하는 이는/ 받는 이에게 네 가지를 주게 되나니/ 수명과 아름다움과 행복과 힘이 그것이라/ 수명을 주고 힘을 베풀고 행복과 아름다움을 베푸는 사람은/ 태어나는 곳마다 긴 수명과 명성을 얻으리." 음식을 보시하는 것은 상대에게 '수명과 힘과 행복과 아름다움'을 주는 것이라는데, 이러한 보시가 공덕이 되려면 조건이 있다. 설법 앞부분에 '잘 제어된 사람에게, 적당한 때에'라는 조건이 제시되어 있다. 붓다의 말씀은 찬찬히 새겨야 그 진의가 드러난다. 제어되지 않은 사람에게, 적당하지 않은 때에 보시하면 공덕이 안된다는 말씀이다. 여기서 '적당한 때'란 '상대에게 음식이 필요할 때'이다.

『감각적 욕망을 즐기는 자 경』에는 "이러한 열 부류의 감각적 욕망을 즐기는 자들 가운데/ 정당한 방법으로 폭력을 쓰지 않고 재산을 모으고/ 정당한 방법으로 폭력을 쓰지 않고 재산을 모은 뒤 자신을 행복하게 하고 만족하게 하고/ 나누어 가지며 공덕을 짓고/ 재산에 묶이지 않고 홀리지 않고 집착하지 않으며/ 위험을 보고 벗어남을 통찰하면서 사용하는 이 사람은/ 감각적 욕망을 즐기는 자들 가운데 으뜸이고/ 가장 뛰어나고 가장 훌륭하고 가장 높고 가장 탁월하다"라며 재산을 여법(如法)하게 모으고 나눌 줄 알고, 무엇보다도 거기에 묶이지 않는 자가 가장 훌륭하다는 것이다.

물질보다 마음이 중요

어느 때 급고독 장자의 사업이 기울어 매우 어려운 지경에 처하게 되었다. 기원정사의 건립에 재산의 3분의 2를 소진하는 등의 이유로 파산한 것이다. 이에 보시하는 공양물도 매우 거칠어져서 장자가 힘들어하는 것을 보고, 붓다는 보시의 마음에 대해 다음과 같이 설했다.[●]

붓다가 물었다. "거사의 집에서는 혹 보시를 행하는가?" 이에 장자는 대답했다. "그렇습니다, 세존이시여. 저희 집에서는 보시를 행합니다. 다만 좋은 것이 없어 거친 것밖에 할 수 없으니, 곧 겨 밥에 참깨 국과 새앙 나물 한 줌뿐입니다." 그러자 거친 것이나 거칠지 않은 것이나 모두 과보를 받게 된다고 붓다는 말한다. 그 과보의 기준은 보시 안에 상대를 '존중하고 소중히 여기는 정성심'이 있느냐 없느냐이다. "장자여, 거친 것을 보시하든 뛰어난 것을 보시하든/ 존중하면서 보시하고, 존경하면서 보시하고/ 자기 손으로 직접 보시하고, 소중히 여기면서 보시하고/ 보시의 과보가 온다는 견해를 가지고 보시하면/ 어떤 곳에서 그에게 그런 보시의 과

● 이 설법은 『웰라마 경』과 『수달다경(須達多經)』의 내용을 참조 요약.

보가 생길 때/ 그의 마음은 훌륭한 음식을 즐기는 것으로 기울고/ 훌륭한 의복을 즐기는 것으로 기울고/ 훌륭한 탈 것을 즐기는 것으로 기울고/ 다섯 가닥의 훌륭한 감각적 욕망을 즐기는 것으로 기웁니다./ 그리고 그의 아들들이나 아내나 하인들이나 심부름꾼들이나 일꾼들은 그의 말을 귀 기울여 들으려 하고/ 그가 한 말을 잘 알아서 마음에 새깁니다/ 그 이유는 무엇이겠습니까?/ 장자여, 이것은 존중하면서 한 업들의 과보 때문입니다." 보잘것없는 보시로 참담했던 장자의 마음은 환히 밝아졌다. 물질이 거창해도 존중하는 마음 없이 보시할 경우, 그 과보는 주변의 존중을 일체 받을 수 없다는 것이다.『법구경』에는 장자의 사업이 지금은 기울었지만, 그의 선업 공덕의 과보로 반드시 열매를 맺을 것이라는 게송을 찾아볼 수 있다.

악의 열매가 익기 전에는/ 악한 자도 행운을 누린다.
악의 열매가 익으면/ 그때 악인은 죄악을 받는다.

선의 열매가 익기 전에는/ 선한 자도 고통을 겪는다.
선의 열매가 익으면/ 그때 선인은 공덕을 누린다.
－『법구경 119, 120』

◈ 제따 태자와 급고독 장자 ◈

죽림정사에서의 붓다 가르침에 마음이 크게 밝아지고 자유로워지는 경험을 한 급고독 장자는 코살라국으로 돌아가서 붓다가 머무를만한 정사의 터를 물색한다. 그곳은 "도시에서 멀지도 가깝지도 않고, 사람들이 오가기 쉬우며, 고요하면서 명상하기 좋은 곳"으로는 제따 태자가 소유한 숲(제따 숲)이 적격이었다.

하지만 제따 태자는 숲을 보배처럼 아꼈기 때문에 팔 생각이 없었다. "비록 황금으로 가득히 펴서 깐다고 한들 그 땅을 가질 수 있겠느냐"라는 태자의 말에 장자는 기뻐하여 바로 황금을 가져다가 땅에 두루 깔기 시작한다. 물론 태자는 애초 팔 생각이 없었으니, 이 말을 농담으로 한 것이다. 하지만 장자는 실제로 그것을 이행하기 시작한다. 이에 어처구니가 없어진 태자는 화를 낸다. "나는 주지 않았는데 너는 어찌 금을 내 땅에 깔고 있는가?" 이에 장자는 "주지 않을 것이면, 어찌 황금으로 채우라 했는가?"라며 맞선다. 급기야 그 다툼은 재판관에게까지 가게 되었고, 재판관은 일단 가격을 정했기에 매매가 성립된 것으로 판결 내리게 된다.

황금으로 땅을 덮다

장자가 거의 전 재산을 털었어도 그가 마련한 황금으로는 숲의 대문 정도밖에는 덮을 수 없었다. 바위에 계란 치기 하듯, 자칫 무모해 보이는 행위지만 그 속에는 그만큼의 간절함이 절절히 묻어 있다. 그렇게까지 하는 이유를 제따 태자가 묻자, 장자는 "정사를 만들어 붓다와 그 제자들에게 공양하기 위함"이라고 대답한다. 이에 제따 태자를 포함한 많은 사람들은 장자의 정성에 감복하게 된다. 이에 태자는 "단지 황금의 반만 받기로 하고 화해를 구하고 정사 건립에 함께 하자"며 제안하고, "너는 땅으로 나는 숲으로, 공동으로 함께 붓다께 공양하자"며 정사 건립에 들어가는 모든 목재를 제공하게 된다.

〈급고독 장자와 기원정사의 건립〉이라는 이 작품(도 6-1)은 장자의 위대한 정사 건립의 생생함을 여실히 보여준다. 공간과 인물의 묘사가 매우 입체적으로 표현됐는데, 앞쪽(작품 하단)에는 소가 끄는 수레가 있고 이 수레에서 황금 벽돌의 무더기를 내리는 것을 볼 수 있다. 황금 벽돌을 우차(牛車)에서 내리고 옮기는 사람이 급고독 장자이다. 주인공을 여러 번 반복해서 표현함으로써, 그 움직임과 이동 그리고 활동을 구현했다.

작품의 왼쪽 위로는 많은 군중이 모여 있다. 황금을 까는 행위에 놀라서 도착한 제따 태자와 그의 군중들이다. 태자는 합장하고 장자의 행위를 지켜보다가 아래로 내려와 장자에게 손을 내밀며 동업을 제안하고 있다. 태자는 목 아래에 반원형의 옷 장식이 있어 여타 인물들과 구별된다. 작품 한가운데에는 주전자를 들고 향기로운 물을 보리수에 붓고 있는 급고독 장자가 비교적 보인다(도 6-2). 붓다를 상징하는 보리수에 물을 줌으로써 보리수는 무럭무럭 성장하게 된다. 기원정사를 건립해 붓다에게 안온한 거처를 마련하고, 붓다의 설법이 꽃피게 만들어준 장자의 보시를 구현한 아름다운 조형이다. "장자는 땅으로 태자는 숲으로/ 사리불에게 감독을 맡기어/ 경영하기 시작하여 정사를 세우는데/ 밤낮 쉬지 않아 어느새 이루어졌네./ 높이 드러난 훌륭한 장엄은/ 마치 네 하늘의 궁전 같았네!"

6-4 붓다의 승방 간다 꾸띠(Gandha kuti), 기원정사, 슈라바스티(사위성)

6-5 붓다의 승방 코삼바 꾸띠(Kosamba kuti), 기원정사

붓다가 가장 오래 머문 곳

이렇게 해서 건립된 기원정사는 불교 사원이자 불교 승원이며 현재에도 가장 유명한 불교 유적지 중 하나이다. 이곳에서 붓다는 인생의 하반기 대부분을 보낸다. 45안거 중에 19안거를 보냈고, 현재 전하는 대부분의 설법이 이곳에서 행해졌다. 붓다가 가장 오래 머문 곳인 만큼, 붓다의 체취가 가장 많이 남아 있는 곳이다. 세계 각국의 스님들이 찾아와 이곳을 청소하고, 이곳에 자리를 잡고 앉아 명상의 시간을 보낸다(도 6-4). 현재 이곳(간다 꾸띠와 코삼바 꾸띠)은 기단 부분과 우물터 등만 남아 그 장엄했던 규모를 추측할 수 있을 뿐이다(도 6-5).

기원정사(祇園精舍)는 제따와나(jetavanā)라는 명칭으로도 잘 알려져 있다. 제따와나는 제따(祇陀:jeta) 태자의 숲(와나:vana)이란 뜻으로, 본래 명칭은 '제따와나 아나타빈다스샤라마(jetavanā-anāthapiṇḍasyārāma)'에서 유래했다. 이는 제따 태자의 숲에 급고독 장자가 승원(ārāma, 원림)을 조성했다는 뜻이다. 이것을 고스란히 한문 명칭으로 옮기면 기수급고독원정사(祇樹給孤獨園精舍)가 된다. 이를 줄여 '기원정사'라고 부르게 됐다. 아나타빈디까(Anāthapiṇḍika)는 급고독(給孤獨)으로 번역됐는데, 직역하면 '고독한 이들에게 보시하다'이다. 영어권 지역에서는 제따와나 보다는 '아나타빈디까의 원림(Anāthapiṇḍika's Park)'으로 더 잘 알려져 있다.

수닷따 장자에 대해서 "큰 부자로서 재물이 한량없고 널리 보시하여 가난한 이들을 구제했기에 급고독이라 불리었네[名曰給孤獨 巨富財無量 廣施濟貧乏]"라고 불전에 언급돼 있다. 아무도 돌봐 줄 이가 없는 환과고독(홀아비·과부·고아·독거노인 등 무연고자들을 일컫는 용어)을 위해 보시를 즐겨 하였기에, 사람들이 장자에게 붙여준 별명이 '급고독'이다. 슈라바스티의 큰 부자였던 그의 본명은 수닷따(Sudatta)인데, 『팔상록(八相錄)』(조선 시대에 석가모니 일대기를 편집해 놓은 경전) 등의 한문 경전에서는 수달다(須達多) 또는 수달장자로 표기하고 있다.

◆ 미술 속 기원정사 ◆

기원정사의 실제 모습이 어땠는지는 초기 불교미술을 대표하는 바르후트 스투파와 산치 스투파의 조형에서 그 구체적인 면모를 엿볼 수 있다. 기원정사와 관련된 조형으로는 〈사위성의 기적〉·〈사위성의 기원정사〉·〈프라세나지트 왕의 행차〉등이 있는데, 주로 산치 스투파의 제1탑 북문 패널에서 찾아볼 수 있다.

〈사위성의 기원정사〉(도6-8)의 조형을 보면, 붓다의 승방인 세 개의 꾸띠와 아름다운 나무들로 가득했던 기원정사의 풍경을 볼 수 있다. 세 개의 꾸띠는 붓다가 가장 오래 머물렀던 곳으로, 간다 꾸띠·코삼바 꾸띠·카롤리 꾸띠로 추정된다. 조형된 세 개의 꾸띠의 좌우로는 급고독 장자와 제따 태자가 합장하고 있다. 합장하는 인물이 반복적으로 조각된 것을 확인할 수 있는데, 이는 해당 인물이 이동하거나 움직이는 모습을 순차적으로 나타낸 것이다. 머리에 쓴 관모의 모양 차이로 제따 태자

6-6 바르후트 스투파의 동쪽
입구 유적, 1873년 발굴
당시 사진

6-7 〈산치 스투파〉의 북문. 붓다 포교의 행적과 관련된
장면들(죽림정사 및 기원정사 등)을 만날 수 있다.

6-8 〈사위성의 기원정사(Jetavana of Sravasti)〉, 기원정사의 주요 세 설법처(간다 꾸띠·코삼바 꾸띠·카롤리
꾸띠). 꾸띠는 붓다의 자재(自在)를 상징한다. 급고독 장자와 제따 태자가 붓다를 상징하는 꾸띠를 향해
합장하고 있다. 산치 스투파 제1탑 북문의 조형.

와 급고독 장자를 구분할 수 있다. 태자와 장자가 세 군데의 꾸띠를 모두 방문하여 붓다의 설법을 경청하고 있는 것이 확인된다. 붓다의 존재는 꾸띠와 그 가운데 금강 보좌의 '빈 좌대'로 표현했다. 붓다가 그 자리에 없는 게 아니다. 그렇다고 있는 것도 아니다. 이는 '색즉시공(色卽是空) 공즉시색(空卽是色)'의 '공(空)의 진리'를 조형 적으로 구현한 것이다. 유형과 무형의 경계를 넘나들며 현상이 무상하게 춤추고 있 는 법(法)을 볼 때, 비로소 불교미술과 불교경전을 제대로 볼 수 있는 눈이 생긴다.

나무와 장소, 성지 찾는 요령

붓다의 일대기를 묘사한 미술작품들이 일견 비슷비슷해 보이고, 어디가 어디인지 구별하기 힘들 때 장소를 알아보는 요령을 소개한다. 붓다의 일대기 중 특기할 만 한 장소들은 특정 나무와 연관되는 경우가 많다. 그래서 나무의 형태를 주목하라. 예를 들면, 붓다가 탄생한 곳은 무우수 아래이고, 득도한 곳은 보리수 아래이며, 설 법한 곳은 망고나무와 전단향나무이고, 열반에 든 곳은 사라수 아래이다.

죽림정사는 '죽림(竹林)'이라는 명칭대로 대나무 숲이 있는 곳이니, 작품 속 에서 갸름한 잎사귀가 표현된 대나무가 있으면 죽림정사의 풍경인 것이다. 제따 숲에는 망고나무 숲이 무성했다고 한다. 그러니 동글동글한 열매가 다발로 주렁 주렁 드리워져 있는 망고나무가 있으면 그곳은 제따와나, 즉 급고독 장자와 제따 태자가 붓다에게 공양한 기원정사이다.

망고나무, 설법하는 붓다를 상징

산치 스투파의 〈사위성의 기원정사〉를 보면, 붓다가 주로 머물렀던 세 개의 승방

6-9 기원정사의 망고나무(도6-8의 부분)

6-10 망고 열매

6-11 간다 꾸띠 위의 전단향나무(도6-8의 부분)

6-12 전단향 꽃

6-13 〈도리천의 하강(Descent of the Buddha from the Trayastrimsa Heaven)〉,
산치 스투파 제1탑 북문의 조형

과 함께 주변으로 망고나무(도 6-9)가 가득하다. 그 외 〈사위성의 기적〉 그리고 〈도리천의 하강〉과 같은 작품에서도 망고나무가 확인된다.

무불상 시대의 주요 상징으로 조형된 나무와 나무 아래 대좌는 그저 '나무와 대좌'가 아니라 붓다를 대신한 상징적 표현이다. 그렇기에 〈사위성의 기적〉의 한가운데에는 망고나무와 대좌가 있고, 등장인물들은 모두 이 나무를 향해 좌향좌와 우향우를 하며 일제히 합장하고 있다. 망고나무 위에는 원형의 천개(天蓋)가 묘사되어, 귀한 인물이 이 아래에 있음을 나타내고 있다. 천개는 가장 고귀한 신분(주로 왕 또는 왕비)이 행차할 때 빠질 수 없는 물건이다. 아주 멀리서도 볼 수 있는 천개의 모습만으로도 귀한 분이 행차하였음을 알 수 있다. 이런 이유로 붓다를 암시하는 상징물 위에는 항상 천개가 조형된다. 그래서 보리수 위에도, 법륜 위에도, 천개를 씌워 바로 그 밑에 붓다의 존재를 나타내고 있다.

〈도리천의 하강〉(도 6-13)에서는 붓다의 하강을 긴 사다리와 두 그루의 나무로 표현하고 있다. 사다리의 위에는 보리수가 있고 아래에는 망고나무가 있다. 도리천의 공간에 해당하는 사다리 위의 공간에 보리수가 있는 것은 그곳에서 깨달음의 설법을 행했다는 의미이다. 도리천에서 설법을 마치고 보배계단을 통해 내려온 곳은 산카샤이다. 여기서 다시 본처인 기원정사로 돌아왔다. 계단 아래의 망고나무를 향해 합장하는 프라세나지트 왕과 왕비 내외의 모습을 통해 기원정사로의 귀환을 확인할 수 있다. 그런데 이들 좌측으로 전단향나무가 한 그루 더 있는데, 이에 관련된 해설은 다음과 같다.

전단향나무, 최초의 불상

기원정사를 대표하는 나무는 망고나무인데, 이 나무 말고도 전단향나무(전단목)

가 있다. 기원정사의 핵심 꾸띠로 꼽히는 간다 꾸띠와 관련된 나무가 전단향나무이다. 간다 꾸띠는 붓다의 1번지 승방으로 유명하다. 항상 이곳에서 설법하고, 몸을 누이어 쉬고, 명상에 들었다. 그런데 붓다가 이곳을 비우는 일이 생겼다. 어느 날 붓다는 어머니 마야부인에게 설법하기 위해 도리천으로 올라간다. 남겨진 신도들은 붓다의 부재에 노심초사하게 된다. 이에 프라세나지트 왕이 전단향나무로 붓다의 상을 만들어 꾸띠 안에 안치하고, 때마다 붓다를 친견하는 양 예를 올렸다고 한다. 〈사위성의 기원정사〉(도 6-8)의 왼쪽 아래와 〈도리천의 하강〉(도 6-13)의 오른쪽 아래에서는 같은 형태의 전단향나무를 발견할 수 있는데, 이는 모두 붓다의 거처지인 간다 꾸띠를 상징한다.

전단향나무는 불교미술 속에서 쉽게 구분할 수 있는데, 그 꽃잎 모양이 독특하기 때문이다. 방긋 피면 네 개의 꽃잎이 사방으로 벌어지고 그 안에 꽃술이 동그랗게 보주처럼 있기에 묘사할 때 다이아몬드처럼 방형으로 표현한다(도 6-11, 12). 다양한 향나무 중에서 전단향나무는 인도에서 주로 서식하기에 인디언 샌달우드(Indian sandalwood, 정식 학술 명칭은 Santalum album)라고도 부른다. 이 나무는 최초의 불상을 만든 나무로 유명하기에 보리수와 더불어 성수(聖樹)로 손꼽힌다. 지금도 불단을 장엄하는 귀한 재료로서 불상 및 향로, 그리고 (가루로는) 선향을 만든다. 향이 매우 강하기에 그 나무를 자른 도끼에도 향을 배게 한다고 하여, 자신을 베어버린 도끼에도 그 향을 전하고 죽는다는 이야기가 전한다.

나 아닌 것들을 위해 마음을 나눌 줄 아는 사람은/ 아무리 험한 날이 닥쳐오더라도 스스로 험해지지 않는다/ 부서지면서도 도끼날을 향기롭게 하는 전단향 나무처럼/ 마음이 맑은 사람은 아무리 더러운 세상에서도 그 마음 흐려지지 않는다/ 뱀들이 온몸을 친친 휘감아도 가슴에 독을 품지 않는 전단향나무처럼

- 〈전단향나무처럼〉 인도 잠언시 수바시따

간다 꾸띠와 코삼바 꾸띠

간다 꾸띠는 붓다의 자취가 흠뻑 배어 있는 곳이다. 붓다가 모친을 위해 도리천에 올라가 90일 동안 설법할 때, 붓다를 사모해 매일 찾아오던 신도들은 텅 빈 꾸띠에 황망함을 느꼈다. 이에 프라세나지트 왕은 전단향나무를 깎아 붓다의 형상을 만들어 꾸띠에 안치했는데, 이것이 최초의 신상(神像)으로서의 불상이라고 전한다. 붓다가 돌아오자, 이미 꾸띠 안에는 전단향 불상이 자리를 차지하고 있었으므로, 붓다가 기거할 곳이 없게 되는 사태가 벌어진다. 이에 왕은 급히 코삼바 꾸띠(Kosamba kuti)를 지어 붓다에게 올리게 된다. 코삼바 꾸띠는 〈사위성의 기원정사〉 작품(도 6-8)의 왼쪽 아래에 묘사되어 있는데, 지붕의 크기와 입구의 장식으로 보아, 간다 꾸띠보다 더 큰 규모로 장엄됐다는 것을 알 수 있다. 코삼바 꾸띠는 붓다가 『금강경』을 설한 곳으로도 유명하다.

> 이와 같이 나는 들었다. 한때 부처님께서 사위국 기수급고독원(기원정사)에서 큰 비구 천이백오십 인과 함께 계시었다. 그때 세존께서는 공양하실 때가 되었으므로 가사를 입으시고 발우를 가지시고, 사위성에 들어가시와 차례로 밥을 비시었다. 그리고 본처로 돌아오시어 공양을 마치신 뒤, 가사와 발우를 거두시고 발을 씻으신 다음 자리를 펴고 앉으셨다.
> - 「법회인유분」, 『금강경』

『금강경』의 첫머리에 붓다가 걸식을 마친 후 발 씻고 자리를 펴고 앉은 '본처'가

6-14 간다 또는 물라간다 꾸띠(Mulagandha kuti), 기원정사

6-15 신도들이 올린 촛불공양, 간다 또는 물라간다 꾸띠(Mulagandha kuti)

바로 코삼바 꾸띠이다. 그리고 바야흐로 수보리에게 역사적인『금강경』의 설법한다.『금강경』은 대승경전의 대표 경전으로 현재까지도 우리나라 불교 신앙의 구심점 역할을 해오고 있다. 이 가슴 떨리는 현장에는 지금도 수행승들과 신도들의 발길이 끊이지 않는다. 수보리는 이곳에서 붓다에게 "깨달은 마음에서 어떻게 머물러야 합니까"라는 희대의 질문을 한다. 깨달은 마음 상태로 계속 머물러 있기란 쉽지 않기 때문이다. 이에 붓다는 "아상·인상·중생상·수자상에 머물지 말라"고 한다. 그리고 나아가 '법상(法相)'에도 머물지 말라 한다.『금강경』의 핵심은 '제상비상(諸相非相)'이다. 안팎의 '일체의 상(相)'이 무상함을 관찰하고, 상에 "머무름 없이 보시하라[무주상보시(無住相布施)]"하라고 당부한다.

> 수달장자(급고독 장자)가 만든 정원은 동쪽으로 문이 나 있고, 양쪽 행랑에는 두 개의 석주가 있는데 왼쪽 석주 위에는 수레바퀴(법륜)가, 오른쪽 위에는 소의 형상이 있다. 정사 내의 물줄기는 청정하고 나무들은 무성하고 꽃들은 만발하여 가히 볼 만하니 여기가 이른바 기원정사이다. …(중략)… 기원정사는 원래 7층이 있었는데, 여러 나라 국왕들과 백성들이 다투어 보시하고, 번개(幡蓋)를 매달고 꽃과 향을 사르고 등불을 밝히는 것이 하루도 그치는 날이 없었다.
> – 법현,『불국기(佛國記)』

5세기에 이곳 기원정사를 방문한 법현 스님의 기록을 통해, 당시의 풍경을 들여다보자. 이 기록을 통해, 붓다의 주요 거처였던 간다 꾸띠는 (적어도 법현이 이곳을 방문한 당시에는) 본래 7층 건물의 웅대한 규모였고, 정사의 곳곳에는 아름다운 연못과 청정한 우물이 있었으며, 낮에는 온갖 꽃들이 만발하고 밤에는 찬연한 등불이 가득했다는 것을 알 수 있다. 그리고 낮이나 밤이나 신도들의 방문으로 문전성시를 이루었다는 것도 알 수 있다.

어머니를 제도함

붓다가 간다 꾸띠에서 안거하고 있을 때, 어느 날 제석천이 와서 "여래가 세상에 출현하심은 반드시 다섯 가지 큰일을 이루기 위함입니다"라고 말한다. "첫째는 법을 설하여 인간 세상과 하늘의 신들을 이롭게 함이다. 둘째는 부모님을 제도함이다. 셋째는 불법을 모르는 자들을 믿게 하는 것이다. 넷째는 아직 보살의 마음을 일으키지 못한 자에게 보살의 마음을 일으키게 함이다. 다섯째는 보살들에게 어느 때에 부처가 될 것을 증언하기 위해서이다." 깨달은 후의 수행자의 임무는 법사로서의 중생구제이다. 여기에는 부모를 제도하는 것이 명기되어 있다.

> 당신은 저 무수한 겁을 통해서 한결같이 나의 젖을 먹었습니다/ 그래서 나고 늙고 죽음을 여의고 위없는 도를 얻어 이루었습니다/ 마땅히 그 은혜로운 양육에 보답하여 내 삼독(毒)의 근본을 끊어 주십시오/ 대장부(大丈夫)께 귀명(歸命)하노니 탐욕이 없는 혜시(惠施)를 하는 분입니다/ 조어사(調御士)께 귀명하노니 넘어설 수 없는 최상(最上)이시며/ 천인사(天人師)께 귀명하노니 우치와 갈애(渴愛)의 계박을 길이 여의었습니다/ 밤과 낮 각각의 세 때를 통해 생각함을 항상 단절함이 없이/ 머리를 조아리고 두면례(頭面禮)를 올립니다/ 위없는 이 크신 법왕(法王)에게. 그리하여 지금 세존의 복전(福田)에서 공덕의 싹을 키우고 싶습니다/ 그러니 부디 자비를 베풀어서 신속히 묘과(妙果)를 이루도록 해주십시오.
> – '마야부인이 깨달음을 갈구하며 붓다에게 올린 게송' 중에서
> 『불승도리천위모설법경(佛昇忉利天爲母說法經)』

6-16 금덩이에서 뿜어져 나오는 서기(瑞氣). 기원정사를 짓기 위해 급고독 장자가
가져 온 금덩이, 〈녹원전법상〉(도 6-22)의 부분

어머니 마야부인이 깨달음을 지극히 갈망하고 있으니 도리천에 가서 설법하는
것은 당연한 일이라고 제석천은 말한다. 이에 붓다는 도리천에 올라가 90일 동안
어머니를 위해 설법한다. 붓다를 낳고 7일 만에 돌아가신 어머니. 그 어머니와의
첫 상봉이다. 붓다는 만나는 대상마다 상대의 근기(根機)에 맞추어 설법을 다양한
방식으로 하지만, 그 요지는 언제나 같다. 요지는 생멸법(生滅法)의 무상(無常),
그래서 모든 존재는 무아(無我)라는 것. 그리고 모든 존재의 법(法)으로서의 12연
기(緣起)이다. 그리고 이것을 통찰하는 방법으로 팔정도를 어머니에게 설했다.

◈ 죽음의 문턱에서 ◈

"사리뿟따 존자여/ 저는 더 이상 견디기가 힘듭니다/ 예리한 고통은 점점 심해
지고 가라앉질 않습니다/ 마치 힘센 사람이 시퍼런 칼로 머리를 쪼개듯/ 거센 바
람이 제 머리를 내리치고/ 고통은 더 강해지고 차도가 없으며/ 마치 힘센 장사가
튼튼한 가죽끈으로 제 머리를 조이는 것처럼 극심하고 예리한 두통이 가라앉질
않습니다."

- 『아나타삔디까 경』

6-17(좌), 6-18(우) 급고독 장자의 집터, 〈캇치치 쿠티(Kachchi Kuti)〉, 기원정사 근교
여기서 남동쪽 100m 지점에 〈앙굴리말라 스투파〉가 있다.

죽음의 문턱에 와있는 아나타삔디까 장자. 아나타삔디까(Anāthapiṇḍika)는 어렵고 힘든 이들을 도와주는 사람이라는 뜻으로, 한역하면 급고독(給孤獨)이다. 그는 상상을 초월하는 극심한 고통을 호소한다. 그리고 더 이상 몸을 운신하지 못할 것을 직감하고, 사람을 시켜 대신 붓다에게 마지막 문안을 전한다. 그리고 사리뿟따 존자에게 부디 와달라고 마지막 만남을 청하게 된다.

"장자여, 어떻게 견딜만합니까?"라고 묻는 존자에게 장자는 "마치 능숙한 백정이 예리한 도살용 칼로 배를 도려내듯이／ 그같이 거센 바람이 제 배를 도려내는 듯합니다／ 또 마치 힘센 두 사람이 양팔을 붙잡고 숯불 구덩이 위에서 굽고 태우듯이／ 그같이 제 몸에 맹렬한 불길이 치솟듯 합니다／ 사리뿟따 존자여, 저는 견디기가 힘듭니다／ 고통은 더 심하기만 하고／ 사라지지 않는다고만 알아질 뿐입니다"라고 호소한다. 장자는 기원정사를 건립한 핵심 인물이다. 붓다가 그의 말년에 교화의 꽃을 피울 수 있도록 환경을 마련해준 장본인으로, 무주상(無住相) 보시를 대표하는 인물로 유명하다. 사리뿟따 존자는 기원정사의 장소 물색부터 기초 계획 및 운영 등까지, 그 모든 시간을 함께한 장자의 오랜 친구이자 귀중한 조언자이다.

죽음이란? 사대(四大)가 흩어지는 과정

불교에서는 '죽는다'라는 표현을 '사대가 흩어진다'라고 표현한다. 사대란 지(地: 땅의 요소)·수(水: 물의 요소)·화(火: 불의 요소)·풍(風: 바람의 요소)의 네 가지 성품을 말한다. 우리의 몸은 사대가 만나[연기(緣起)], 결속되어 운영되다가[연생(緣生)], 그것이 다시 뿔뿔이 흩어지는[연멸(緣滅)] 과정을 거친다. 사대가 뭉쳤다가 흩어지고, 다시 뭉쳤다가 흩어지고 하는 것을 생(生)이라 하고 또 윤회라 한다. 그런데 여기에 아주 중요한 요소가 하나 더 있는데, 그것이 '마음'이다. 이 마음을 '업식' 또는 '업장'이라고 한다. 천도재 때 천도의 대상은 우리의 몸이 아니라 이 마음이다. 천도의 대상으로서의 마음 덩어리를 '영가' 또는 '영혼'이라고도 한다.

사대가 흩어질 때(죽을 때)는 위의 인용에서처럼, "거센 바람이 머리를 쪼개고 배를 도려내듯, 불길이 몸을 태우고 솟구치는 듯" 지수화풍이 제각각 요동친다. 격렬하게 움직이거나 아예 움직이지 않거나 심한 격차를 보이며, 사대의 결속과 조화가 깨어지게 된다. 이러한 과정을 거쳐, 먼저 바람의 요소[풍대(風大)]인 호흡이 빠져나간다. 우리가 사는 속세에서는 호흡만 끊어지면 일단 의학적인 죽음 상태로 판명한다. 그러나 아직 남은 요소들이 있다. 연달아서 불의 요소[화대(火大)]인 온기가 빠져나가 몸이 차가워진다. 물의 요소[수대(水大)]인 수분도 빠져나가 몸이 마른다. 마지막 땅의 요소[지대(地大)]인 뼈·머리칼·이·손톱 등 역시 시간이 지남에 따라 부패해 사라진다. 이렇게 몸을 구성하던 사대가 흩어져버리면, 우리가 몸이라고 굳건히 믿고 있던 덩어리가 없어지게 된다. 하지만 여기서 없어지지 않는 것이 있다. 죽어도 죽지 않는 것! 이미 언급했듯이 우리의 '마음(또는 업장, 업식)'이다.

> "사대육신(四大六身) 흩어지고 업식(業識)만을 가져가니 … 탐욕심을 버리시고 미움 또한 거두시며/ 사견마저 버리시어 청정해진 마음으로/ 부처님 품에 안겨 극락왕생하옵소서/ 돌고 도는 생사윤회 자기 '업'을 따르오니/ 오고 감을 슬퍼 말고 환희로서 발심하여/ '무명업장' 밝히시면 무거운 짐 모두 벗고/ 삼악도를 뛰어넘어 극락세계 가오리다."
>
> – 『영가 전에』

석가모니 붓다는 일찍이 윤회의 실체가 이 '업(업식, 업장)'이라는 것을 통찰했다.

그래서 업장의 마음을 없애면, 몸을 받을 기반이 없어지기에 윤회를 끊을 수 있다는 원리를 관찰했다. 그래서 '윤회 끊는 법', 즉 '업장 공략법'을 세상을 내놨는데, 붓다 수행법의 요체인 그것이 정혜쌍수[定慧雙修 또는 지관겸수(止觀兼修)]가 그것이다. 정혜를 같이 닦아 키운 통찰지(반야)로 업장을 꿰뚫어 그것을 12연기로 분해할 수 있다.

죽음의 순간, 몸에 집착하지 마라!

몸이라는 덩어리, 결속된 사대의 결속이 인연이 다하여 해체되는 '죽음'이라는 과정에서 참기 힘든 고통을 호소하는 장자. 임종 순간의 그에게 사리뿟따는 붓다의 어떤 가르침을 전했을까? 평온한 죽음이란 있는 것일까? 붓다의 가르침대로 '죽음의 고통도 뛰어넘는 방법'이 있는 것일까?

> "장자여, 이렇게 공부하여야 한다! 즉, 눈에 집착하지 않으면 눈의 경계에 의해 탐욕의 알음알이(식 또는 인식)가 생기지 않고/ 귀·코·혀·몸·뜻에 집착하지 않으면 그것들의 경계에 의해 탐욕의 알음알이가 생기지 않는다./ 빛깔에 집착하지 않으면 빛깔의 경계에 의해 탐욕의 알음알이가 생기지 않고/ 소리·냄새·맛·닿음·법에 집착하지 않으면 그것들의 경계에 의해 알음알이가 생기지 않는다./ 땅경계에 집착하지 않으면 땅 경계에 의해 탐욕의 알음알이가 생기지 않고/ 물·불·바람·허공·의식의 경계에 집착하지 않으면 그것들의 경계에 의해 탐욕의 알음알이가 생기지 않는다./ 몸에 집착하지 않으면 몸에 의해 탐욕의 알음알이가 생기지 않고/ 느낌·생각·지어감·의식에 집착하지 않으면 그것들에 의해 탐욕의 알음알이가 생기지 않는다."

먼저, 고통이라고 '아는 마음' 또는 '느끼는 마음'인 '식 또는 인식[윈냐나(viññaṇa: 본문에서는 알음알이로 번역)]'을 그 원인으로부터 떼어 놓는다. 그 원인은 취착의 오온이다. 취착은 '취하려고 집착하는 마음'으로 '갈애 또는 집착[땅하(taṇhā)]'이라고도 한다. 우리가 몸에 장착하고 있는 뿌리 기능인 육근(六根)인 안이비설신의(眼耳鼻舌身意)와 육경(六境)인 색성향미촉법(色聲香味觸法)이 만나면서 취착이 생겨난다. 만들어진 환영에 들러붙으려는 마음을 바탕으로, 업력의 소용돌이가 일어난다. 고통이 일어나는 과정이다.

이렇게 사리뿟다 존자는 육근과 육경에서 만들어진 취착과 그것을 아는 마음(인식)이, 어떻게 부단히 단계를 밟아 어느새 고통이라는 느낌 덩어리로 만들어지는지, 그 과정을 상세하게 설명한다. 다시 말해, 존자는 장자에게 '고통의 구성 요소들'을 속속들이 들추어내어 '고통이 만들어지는 과정'을 낱낱이 일깨워준다. 길고도 상세한 내용의 「아나타빈디까 경」*을 요약하면 다음과 같다.

육근과 육경(색성향미촉법: 형색·소리·냄새·맛·감촉·법)이 만나면, 만들어진 대상에 대한 취착과 그것을 아는 알음알이(또는 인식)가 일어난다. 이것을 안식·비식·설식·신식·의식의 육식이라 하는데, 이것을 대상으로 다시 취착이 일어나고, 그것을 아는 인식이 또 일어난다. 거기서 멈추지 않고 육식에서는 육촉(감각 접촉)이라는 취착이 일어나고, 다시 그것에 대한 인식이 따라붙는다. 다시 육촉에서는 육수(느낌)라는 취착이 일어나며, 그것을 인식하는 마음이 또 생겨난다. 이렇게

● 「아나타빈디까 경」에 나오는 사리뿟다 존자의 설법은 석가모니 붓다 가르침의 최종 요약판이라 할 수 있다. 「아나타빈디까 경」은 『맛지마 니까야』 143에서 찾아볼 수 있는데, 저자의 홈페이지(www.zaririta.com)에 원전 파일을 올려놓았으니 전문(全文)을 참고하기 바란다. 중병이나 죽음의 문턱에서 괴로워하는 신도, 도반, 그리고 나에게 줄 수 있는 (붓다 실존 당시) 최고의 시다림 법문이라 하겠다.

연쇄적으로 일어나 어느새 고통의 덩어리로 다가오는 '취착'과 그것을 아는 분별 심인 '인식'에 속지 않으리라는 의지를 다잡으라고, 존자는 간곡히 권유한다. 이에 장자는 펑펑 눈물을 흘렸다. "저는 (더 이상) 취착이 생기거나 절망에 빠지지 않습니다." 설법이 끝난 뒤, 얼마 지나지 않아 몸이 무너져 내린 장자는 죽었다. 죽음의 순간, 알아차림을 밝혀 고통으로부터 자신을 분리하여 평화로운 임종을 맞은 장자. 몸은 죽었으나, 마음은 더욱 진보하여 일래자(사다함과)를 성취하고 다음 생에 천신의 몸을 받게 된다.

> 붓다시여, 수닷따(급고독 장자의 본명)가 임종했습니다. 그의 태어날 곳은 어디이고 그는 내세에 무엇이 되겠습니까? 아난다여, 수닷따는 세 가지 족쇄를 완전히 없애고, 탐욕과 성냄과 미혹이 옅어져서, 한 번만 더 돌아올 자[일래자(一來者)]가 되어, 한 번만 이 세상에 와서 괴로움의 끝을 만들 것이다.
> – 「윤회를 벗어나 깨달음으로 향하는 자들」, 『대반열반경(D16l)』

'일래자(一來者)'란 '한 번만 더 이 세상에 돌아올 자'라는 뜻이다. 열 가지 족쇄를 몇 가지나 끊었느냐에 따라 예류자(預流者, 수다원), 일래자(一來者, 사다함), 불환자(不還者, 아나함), 아라한(阿羅漢)으로 나뉘게 된다. 예류자는 흐름에 든 자라는 뜻이고, 불환자는 정거천에 태어나서 다시는 이 세상에 돌아오지 않는 자를 말하며, 아라한은 완전히 번뇌가 다 한 자를 뜻한다. 열 가지 족쇄란, ①유신견(sakkāyadiṭṭhi), ②의심(vicikicchā), ③계율과 의식에 대한 집착(계금취견, sīlabbataparāmāso), ④감각적 쾌락에 대한 욕망(kāmacchando), ⑤악의(byāpādo), ⑥색계에 대한 탐욕(rūparāgo), ⑦무색계에 대한 탐욕(arūparāgo), ⑧자만(māno), ⑨들뜸(uddhaccaṃ), ⑩무명(avijjā)을 말한다.

교화의 터전 마련, 미술 속 2인

붓다는 35세에 득도하고 그 후 45년간 인도 지역 중원을 다니며 중생들을 교화하다가 80세에 열반에 들었다. 45년간의 교화는 크게 전반과 후반으로 나눌 수 있다. 전반과 관련 깊은 곳이 라지기르(왕사성)의 죽림정사이고, 후반과 관련 깊은 곳이 슈라바스티(사위성)의 기원정사이다. 붓다가 기원정사에 머물렀던 때는 57세쯤이고, 인생의 말년 19년을 편안하고 쾌적한 이곳에서 보내면서 그 어느 곳에서보다 많은 설법을 했다. 그 내용은 무르익어 꽃을 피웠다.

교화의 꽃을 피울 수 있도록 환경을 마련해 준 이가 급고독 장자이다. 물론 급고독 장자를 도와 땅을 보시하며 협조한 제따 태자도 있다. 그리고 빼놓을 수 없는 또 한 명의 후원자는 바로 제따 태자의 아버지이자 당시 코살라국의 왕인 빠세나디[프라세나지트(Prasenajit), 한문으로는 파사익(波斯匿)]왕이다. 빠세나디왕의 전폭적인 후원이 있었기에 붓다는 편안한 거주가 가능했고, 제자들도 교법을 체계화하는 초석을 만들 수 있었다. 이러한 소중한 인연들로 붓다의 소중한 가르침은 현재의 우리에게까지 전해 내려올 수 있었다.

"금화로 덮은 만큼 땅을 주겠다"라는 제따 태자의 농담에 실제로 급고독 장자가 금덩이로 땅을 덮기 시작했다는 이야기는 유명하다. 이러한 공덕의 행위에 크게 감동한 태자는 땅은 물론 정사를 짓는 데 필요한 목재까지 기부하게 된다. 기원정사를 짓는 영광의 사업에 장자의 온 가족뿐만 아니라 지인의 가족들, 사업 친구들 등 수많은 사람이 참여했다. 그들에게 정사의 건립은 마치 축제와도 같았다.

그래서 기원정사는 '제따와나 아나타빈디까사 아라마(Jetavanā Anāthapiṇḍikassa ārāma)'라고도 불린다. '제따 숲속 아나타빈디까(급고독) 장자의 사원'이란 뜻이다. 이는 붓다가 직접 부른 명칭인데, 그 이유는 '제따 태자와 급고독 장자' 두 사람

6-19 급고독 장자(가운데 왼쪽)와 제따 태자(가운데 오른쪽), 〈사위성의 기적〉의 부분,
　　산치 스투파 제1탑의 북문

6-20 급고독 장자와 제따 태자, 〈송광사 팔상탱〉의 부분

6-21 급고독 장자와 제따 태자, 〈통도사 팔상탱〉의 부분
　　기원정사를 세운 두 인물은 시대를 관통하며 불교미술 속 영원한 우상으로 남았다.

의 공덕을 기리기 위함이다. 또 두 사람의 보시가 모범이 되게 하기 위함이다. 두 사람의 모습은 산치 스투파의 조형에 나타난다. 망고나무가 있는 기원정사와 함께 두 사람이 항상 같이 짝을 이루어 등장(도6-19)한다. 이러한 형식의 도상은 참으로 유구한 세월을 지나 우리나라《팔상탱》에도 그 모습을 드러낸다(도6-20, 21, 22).

　　조선 시대 『도해 팔상록』의 「녹원전법상」에서 "기원정사: 금을 깔아 절터를 사다[布金置地], 붓다를 뵈온 수달(급고독) 장자[須達見佛]"라는 해당 내용을 찾아볼 수 있다. 그리고 조선 시대《팔상탱》의 필수 장면 중 하나로 '두 사람(급고독 장자와 제따 태자)과 금을 까는 장면'이 정착하게 되었다. 초기 불교미술에서 '금을 실은 우차(牛車)'였지만, 후대로 오면서 '금을 실은 코끼리'로 도상이 변하게 된다(도6-22). 금에서는 육색 광명이 뿜어져 나온다. 육색 광명은 부처와 보살의 몸체에서 뿜어져 나오는 깨달음의 빛이다. 깨달음의 빛으로 장자의 공양물을 표현한 것은 이것이 단순한 물질적 재보시를 넘는 성스러운 법보시를 상징한다.

6-22 급고독 장자와 제따 태자 그리고 금을 실은 코끼리, 〈녹원전법상〉의 부분
　　　〈통도사 팔상탱〉(1775년), 통도사 성보박물관 소장

6-23 발자국 안에는 법륜·삼보·연꽃·만자 등 불성의 상징들이 조형됐다.
〈붓다의 발자국(Buddha Pada)〉(기원전 2세기 이후), 40x60cm, 파키스탄, 페샤와르박물관 소장

②

◈ 말리까 왕비 ◈

"붓다시여! 같은 여자로 태어났으면서도 어떤 여자는 얼굴도 못생기고 가난하며 신분도 천합니다. 그런가 하면 또 어떤 여자는 얼굴도 예쁘고 재산도 풍부하며 신분도 높습니다. 무슨 이유로 이런 차이가 나타나는 것입니까?"
- 말리까 왕비의 질문, 「말리까 경(Mallikā-sutta)」

붓다 생존 당시, 가장 번창한 도시인 슈라바스티(사위성)에 불교를 전파하는 데 있어 (급고독 장자와 제따 태자 이외에) 빼놓을 수 없는 인물이 한 명 더 있다. 그는 빠세나디왕이다. 전법하는 지역의 국왕을 교화시키는 것. 이는 한 나라 전체의 교화를 위한 필수 조건일지도 모른다. 붓다는 마가다국 라지기르(왕사성)의 빔비사라왕과 친부인 카필라바스투(카필라성)의 숫도다나왕(정반왕)을 교화하는 데 이어 코살라국의 빠세나디왕까지 교화시켜서 열렬한 후원자로 만들었다. 빠세나디왕의 교화에는 왕비인 말리까의 중간 역할이 절대적이었다. 말리까 왕비는 왕의 여인 500명 중에 첫 번째 부인으로 독실한 불교 신자였다. 그녀는 붓다의 현명한 말씀을 남편 빠세나디왕에게 부지런히 전했다. 처음에는 그 내용에 반신반의하던 왕도 부인의 지혜로운 인도로 결국 붓다가 진정한 성자임을 납득하고 신도이자 후원자가 됐다.

'저는 왜 못생기고 가난합니까?'

말리까 왕비는 말리화원에서 허드렛일을 하던 천한 신분의 여인이었다. '말리꽃 (자스민)'에서 이름을 따와서 말리까로 불렸다. 그녀는 얼굴이 못생기고 재산도 없었다. 그런 그녀가 어떻게 제1 왕비의 지위에 올랐으며, 그 지위를 유지할 수 있었을까? 말리까 왕비 관련 초기 경전을 읽다 보면, 그녀는 따뜻함과 배려심이 많고 현실적 판단이 빠른 총명한 여인임을 알 수 있다. 어느 때 말리화원을 찾은 심신이 지친 빠세나디왕에게 물을 가져다주고 편안한 쉼터를 제공해준 말리까. 그녀의 섬세한 배려에 감동한 왕은 청혼하고 그녀는 왕비가 된다.

하지만 왕의 주변에는 항상 아름답고 부유한 여인들이 넘쳐나고 있었다. 게다가 그들은 브라만 계급의 높은 신분 출신들이었다. 그들의 거만한 영향력에 휘둘리지 않으면서 제1 왕비의 지위를 지키기란 쉽지 않았다. 은근한 무시와 교활한 음해 그리고 시기와 질투가 만연한 궁정의 일상은 참으로 심란했을 것이다. 우아하게 빛나는 궁정의 여인들을 보면서 '나도 저랬으면'하는 마음과 '나는 무슨 이유로 저렇지 못할까'하는 원망의 마음들이 교차했다. 결국 말리까 왕비는 붓다에게 찾아가서 "도대체 무슨 원인과 조건으로, 여기 어떤 여인은 용모가 나쁘고 못생기고 보기에 흉하고 가난하며, 게다가 소유물이 적고 재물이 적고 영향력이 적습니까?"라고 묻는다. 물론 이 질문 속 '여기 어떤 여인'은 말리까 왕비 자신이다.

> "말리까여! 여기 어떤 여인은 성미가 급하고 격렬하고, 사소한 농담에도 노여워하고/ 화를 내고 분노하고 분개하며, 분노와 성냄과 불만족을 거침없이 드러낸다/ 그리고 그녀는 사문이나 브라만에게 음식과 마실 것과 옷과 탈 것과/ 화환과 향과 바르는 것과 침상과 거처와 등불을 보시하지 않고/ 게다가 그녀는 질투심을 가졌다/ 남들이 이득을 얻고 존경받고 명성을 얻고 존중받고 청송받고 예배

받는 것을/ 질투하고 시샘하여 질투심에 묶여버린다/ 그녀는 거기서 죽어서 현재의 이러한 상태로 다시 오게 되나니/ 태어나는 곳마다 용모가 나쁘고 못생기고 보기 흉하고 가난하며/ 게다가 소유물이 적고 재물이 적고 영향력이 적게 된다."

– 「말리까 경」, 『앙굿따라 니까야』

붓다는 '자신의 업' 때문이라고 직설한다. 전생의 거친 마음과 거친 행동이 그대로 거친 용모의 과보로 나타나게 된 것이다. '자신이 저지른 대로 받는다'라는 인과응보의 철칙을 현명한 말리까 왕비는 금방 알아듣는다. 이에 "붓다시여, 저는 지금부터 성을 잘 내지 않고, 흥분을 잘하지 않겠습니다. 저는 많이 비난받더라도 상대를 모욕하지 않고, 화내지 않고, 악의를 가지지 않고, 분개하지 않고, 분노와 성냄을 신랄하게 드러내지 않겠습니다!"라고 한다. 성냄과 질투를 자제하며 보시하겠다고 다짐한다. 가혹한 운명이라 믿었던 현생이라는 결과는 전생의 내 업이 원인이었다. 현생은 다시 내생의 원인이 된다. 그래서 "원인과 결과는 하나[불이(不二)]"라고 붓다는 말했다. 가혹한 운명을 다시 반복할 수는 없다는 것을 간파한 왕비는 이같이 매우 지혜로운 판단을 하게 된다.

붓다 설법의 상징들

'붓다의 설법'은 어떻게 조형화될까? 무불상 시대의 붓다 또는 깨달음의 대표적 상징들을 보도록 하자. 이러한 상징들을 총망라 하다시피한 걸작인 〈붓다의 발자국〉(도 6-23)을 소개한다. 발자국이 찍혀 있다는 것은 붓다가 거기 서 있음을 상징한다. 발자국의 표현으로 공(空)과 하나가 된 붓다의 실존을 나타낸 것이다. 발바닥에는 '설법을 행하심'을 상징하는 법륜(法輪), '불·법·승'을 상징하는 성스러운 삼보(三寶), 깨달음의 '청정한 기운의 피어남'을 상징하는 연화(蓮華)의 도상이 새겨져 있다. 또 열 개의 발가락마다 만자(卍字) 문양을 새겼는데, 이는 깨달음의 기운이 회전하는 모습이다. 삼라만상의 신성한 태동을 상징하는 형상으로, 차크라(총 7개)가 열릴 때의 모습이다. 차크라는 우리 몸과 우주의 생명이 소통하는 문(門)을 말한다.

만자는 불교뿐만 아니라 다양한 종교에서도 '신(神)의 운영 또는 작용'이라는 상징적인 의미가 있다. 그래서 만자는 불교의 전유물이 아니고, 브라만교 또는 힌두교 등의 사원에서도 흔히 볼 수 있다. 알렉산더 대왕의 관에서도 둥글게 둘러 있는 만자를 볼 수 있고, 힌두사원의 문과 창문 곳곳에서도 볼 수 있고, 가톨릭 성당의 장식에서도 무수하게 발견된다. 이는 고대 원시종교에서부터 현재까지 동서양을 막론하고 찾아볼 수 있는 인류 보편적인 문양이다.

단, 불교에서는 이것을 '신의 작용'으로서 풀이하는 것이 아니라, '이것과 저것이 만났을 때('조건과 조건이 만났을 때'의 원심력으로 일어나는 회전 현상)라고 말하고 있다. '이것과 저것이 만났을 때' 일어나는 현상을 '연기(緣起)'라고 표현한다. 연기가 모든 존재의 실상임을 붓다는 설파했다. 불교에서는 존재를 덩어리로 보지 않고 해체해서 본다. 덩어리가 무엇으로 구성되었는지 통찰하는 것이 위빠사나 수행의 요지이다. 모든 존재는 '이것과 저것이 만나'(서로를 의지하며 생성된) '임시적 현상[假相]'이라고 정의한다. 나의 몸과 마음은 '연기(緣起)-연생(緣生)-연멸(緣滅)'의 현재 진행형의 '무상(無常)'함 속에 있다. 그리고 그 안에 영원한 고갱이는 없다. 실체가 '공(空)'이기에 존재는 '무아'이다.

붓다의 설법은 그때그때의 인연에 따라 내용이 천차만별이다. 붓다는 대상의 근기(根機)를 먼저 통찰하고, 그 눈높이에 맞춰 설법하는 것으로 유명하다. 금방 알아들을 만한 지혜로운 이에게는 직설적으로 답을 말하고, 못 알아들을 우둔한 이에게는 과보의 무서움으로 경계하게 한다. 슬픔과 비통에 잠긴 이는 부드럽게 회유하고, 또 말이 안 통하는 거친 무리에게는 신통력을 보여 제압한다. 아집이 강한 이에게는 무아(無我)의 원리를 말하고, 분별심이 강한 이에게는 평등관(平等觀)을 설한다. 욕망이 강한 사람에게는 그것이 스스로 발목을 잡는 고통이라고 일깨우고, 재물에 탐착하는 이에게는 인색함의 과보를 말한다. 악업을 일삼는 이에게는 '한대로 받는다'는 철칙을 설한다.

이 같은 눈높이 교육을 불교에서는 '방편(方便)'이라고 한다. 막무가내로 욕망을 채우려는 중생의 눈높이에 맞게 교화의 변재를 부리는 것이다. 물론, 붓다는 대상을 꿰뚫는 통찰지가 탁월했기에 항상 자유자재로운 '방편의 묘(妙)'가 발휘됐다. 그렇기에 붓다의 다양한 설법이 방대한 분량의 초기 경전인 니까야로 남아 있다. 하지만, 방대한 설법을 관통하는 요지는 하나이다. '생멸법(生滅法)'을 '관(觀)'하는 것이다. 간략히 요약하면, '나'라는 것은 '연기(緣起)'된 것이니, 그 '무상(無常)'함을 보아 ['무아(無我)'인 줄 알고] '고(苦)'에서 벗어나라는 것이다. '무상·고·무아의 삼법인(三法印)'의 진리이다. 그래서 붓다는 "연기를 보는 자, 나(나의 실체)를 본다"라고 말했다.

◈ 빠세나디왕 ◈

"붓다시여, 인간에게 안으로 어떤 법들이 일어나면, 해롭고 괴롭고 편히 머물지
못합니까?"라고 코살라국의 빠세나디왕은 물었다. 붓다는 이렇게 답하셨다. "자
신에게 생긴 탐욕·성냄·어리석음의 삿된 마음이 자신을 파멸시켜 버린다. 갈대
에게 생긴 열매가 갈대 자신을 죽이듯."

– 「인간 경(Purisa-sutta)」, 『쌍윳따 니까야』

『쌍윳따 니까야』의 「코살라 쌍윳따(Kosala-saṁyutta)」(코살라 사람들과 나눈 말씀)
에는, 빠세나디왕과 붓다의 문답이 집중적으로 나온다. 많은 내용 중에 인상적인

6-24 붓다의 설법을 듣기 위해 기원정사로
행차하는 빠세나디왕

6-25 〈코살라국 빠세나디왕의 행차〉,
산치 스투파 제1탑 북문

몇 가지를 요약해 소개한다. 먼저 「사랑하는 자 경(Piya-sutta)」에서 빠세나디왕은 "누가 자기 자신을 사랑하는 사람이며, 누가 자기 자신을 원수처럼 미워하는 사람인가?"라고 묻는다. 이에 붓다는 다음과 같이 설한다.

> "누구든지 몸으로 나쁜 행위를 저지르고, 말로 나쁜 행위를 저지르고, 마음으로 나쁜 행위를 저지르는 사람들은 자기 자신을 미워하는 사람들이다. 비록 그들이 '나는 나 자신을 사랑한다'고 하더라도 그들은 자신을 미워하는 사람들이다. 그것은 무슨 이유 때문인가? 그들은 미워하는 자가 미워하는 자들끼리 하는 짓을 자기 스스로 자기 자신에게 하기 때문이다. 그러므로 그들은 자신을 미워하는 사람들이다."
>
> – 「사랑하는 자 경(Piya-sutta)」

자신을 사랑하는 자와 미워하는 자

"누구든지 몸으로 나쁜 행위를 저지르고, 말로 나쁜 행위를 저지르고, 마음으로 나쁜 행위를 저지르는 사람들은 자기 자신을 미워하는 사람들이다"라는 붓다의 말처럼 '악행을 행하는 자체'가 '자기 자신을 미워하기 때문'이라는 것이다. "그들은 서로 미워하는 자들끼리 하는 짓을, 자기 스스로 자기 자신에게 한다"라는 부분에서 정곡의 답을 찾을 수 있다. 즉, 남을 미워하는 사람은 자신을 스스로 미워하는 것을 전제로 한다. 반대로 자신을 사랑하는 사람은 남도 사랑한다. 한 사람의 업행(業行)은 자신을 대할 때나 남을 대할 때나 똑같다는 뜻이다. 이면에는 나에게서 나간 것은 결국 나에게로 돌아온다는 원리가 있는데, 나에게서 미움이 나가면 미움이 돌아오고, 사랑이 나가면 사랑이 돌아온다는 인과의 원리이다. 그런데 그러한 감정의 첫 대상은 '나' 자신이라는 것이다.

이 원리는 『화엄경』에 역설된 '인드라망'으로 설명될 수 있다. 인드라망의 내용은 우리는 모두 거미줄과 같은 그물의 에너지로 연결되어 있다는 것이다. 『화엄경』을 관통하는 '일즉다(一卽多) 다즉일(多卽一)'의 진리이다. 중생의 눈으로는 '너와 나'가 분리되어 보이기에 이기심이 판을 치는 속계가 형성된다. 하지만 반야의 눈으로 보면 '우리는 하나'이기에 이타심을 낼 수밖에 없다는 것이다. 본질적인 세계에서는 주객이 없는 하나이므로, 결국 미움의 업행은 남에게 행해도 곧 내가 받게 되는 것이다. 같은 원리로 사랑의 업행은 결국 사랑으로 내게 돌아온다.

재산에 대한 집착, 결국 지옥으로

「무자식 경(Aputtakaa-sutta)」에는 어떤 돈 많은 장자가 죽었는데 그에게는 자식이 없어서 그 많은 소유물이 모두 궁전으로 운반됐다는 얘기가 나온다. 그 장자는 (천만금을 소유했으나) 살아생전에 쌀겨죽을 먹고 옷은 기워 입었고 나뭇잎 낡은 수레를 타고 다니는 인색한 삶을 살았다. 그리고 자기 재산이 (본인은 자식이 없기에) 동생의 외아들에게 갈 것이 싫어서 그 아이의 목숨을 빼앗았다고 한다. 결국 재산 때문에 살생을 한 업보로 여러 천백 년 동안 지옥에서 고통받고, 그러고도 업보가 남아서 이번 생에도 여전히 자식 없이 그의 소유는 헛되이 흩어져버렸다. 이것을 목격한 빠세나디왕은 허무함을 느껴 붓다에게 묻게 된다.

이에 붓다는 그 장자는 지금 대규환지옥에 떨어져 불타는 고통을 받고 있다고 전한다. 그리고 "몸과 말과 마음으로 지은 업(業)만이 진실로 내 것일 뿐이며, 그것에서 결코 벗어나지 못한다"라고 이른다.

"저승사자에게 잡혀 인간 세상을 버리게 된다면, 참으로 무엇이 그 자신의 것(내 것)입니까? 그때 그는 무엇을 함께 가지고 갑니까? 절대로 떠나지 않는 그림자가 그를 따르듯, 사람을 따라다니는 것은 무엇입니까?"

"다음 생을 위한 저축으로 착한 일[선업(善業)]을 해야 합니다. 공덕은 살아있는 모든 생명·모든 존재가 다른 세상에 태어날 때, 중생들을 위한 의지처입니다. 곡식·재물·은·금 그 외 어떤 소유물도 하인·일꾼·심부름꾼·자기 가족까지도, 이 모든 것을 다 가지고 떠나가지는 못합니다. 이 모든 것을 다 버리고 가야만 합니다. 몸과 말과 마음[신구의(身口意)]으로 지은 것이 진짜 자신의 것이며, 그는 오직 이것만을 가지고 갑니다. 그림자가 사람을 떠나지 않는 것처럼 이것만이 그를 따라 갑니다."

– 「무자식 경(Aputtakaa-sutta)」

「불방일 경」에는 자신에게 '유일하게 이익되는 것'은 '선업에 대한 불방일'뿐이라는 가르침을 찾아볼 수 있다. 근면하고 성실한 알아차림을 통해 선업을 쌓는 것만이 (더 나은 다음 생을 위한) 유일한 밑천이 된다는 것이다. 「말리까 경」에서는 "진정 자신을 사랑하는 자, 남을 해치지 않는다"라는 명언을 찾아볼 수 있다. 그러니 바꾸어 말하면 '남을 해치는 자는 자신을 사랑하지 않는 자'라고 할 수 있다. 남을 해치고 고통을 주는 자는 스스로 매우 불행한 사람이라는 것이다. 그렇게밖에는 할 수 없는 (자신을 사랑하지 않는) 그 사람이 불쌍해 보일 때 '자비'가 구현된다.

붓다가 알려준 다이어트 비법

어느 날, 잔뜩 먹고 배가 불러 숨을 헐떡거리는 빠세나디왕의 모습을 보고, 붓다는 "(먹을 때) 알아차림으로 적정량을 먹으라"고 충고한다. 이 조언대로 왕은 먹을 때마다 알아차림을 해서 결국 건강과 몸매를 유지할 수 있게 된다. 이러한 다이어트 성공담은 「양동이 분량의 음식 경」에서 찾아볼 수 있다. 또 「전쟁 경」에서는 빠세나디왕이 전쟁에서 이겼을 때나 졌을 때 항상 기원정사로 퇴근해서 자초지종을 붓다에게 고하는 내용이 나온다. 전쟁에서 패하고 울분을 삭이지 못하는 왕에게 붓다는 "승리는 원한을 부르고, 패배는 원한을 낳는다"고 한다. 즉, 승리나 패배나 모두 원한을 초래한다는 말이다. 그러니 "둘 다(승리와 패배)를 모두 버리면 진정한 평화를 찾는다"라고 가르침을 편다. 이상, 「코살라 쌍윳따」라는 경전으로 묶여 있는 다양한 설법에서도 알 수 있듯이, 빠세나디왕과 붓다는 매우 친밀한 관계였음을 알 수 있다. 왕은 붓다의 거침없는 직설에 항상 귀 기울였고 후원을 아끼지 않았다.

왕의 전적인 후원이 없었더라면 불법의 체계화는 과연 가능했을까. 붓다가 슈라바스티(사위성)에 머물기 시작한 것은 성도 후 21년째 되던 해부터 43년이 되던 해까지 24년 동안이라 추정된다. 그러니 기원정사에 주석하기 시작한 때가 57세쯤으로 거의 환갑의 다다른 나이였다.

각묵 스님의 『디가 니까야』 번역본 「서문」에 따르면, 많은 초기 불전들이 기원정사에서 설해진 것인데, 특히 『중부(맛지마 니까야)』와 『상응부(쌍윳따 니까야)』는 절반 가까이가 이곳에서 설해졌다고 한다. "세존께서는 말년에 사리불과 목건련과 가전연과 아난다 등의 큰 제자들과 함께 이곳에서 법을 체계화하는 작업을 하셨다고 봐야 할 것이다. 부처님의 가장 유력한 후원자였던 빠세나디 코살라왕이 통치하는 사윗티의 기원정사와 녹자모 강당에 머무시면서 사리불 존자를 위

6-26(좌: 도4-45 부분), 6-27(우: 도4-43 부분) 설법인 또는 전법륜인의 수인

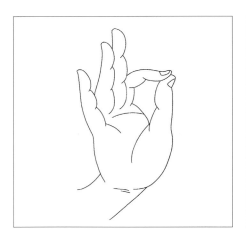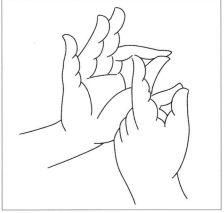

6-28(좌), 6-29(우) 설법인(說法印, vitarka-mudrā)과 전법륜인(轉法輪印, Dharmaçakra-mudrā)의 도해

시한 제자들과 교법을 체계화해 불법대계(佛法大計)를 도모하셨다고 봐야 할 것이다. 20여 년이 넘는 이러한 법 체계화의 큰 초석이 있었기 때문에 부처님이 입멸하신 지 두 달 뒤에 가진 1차 합송은 별다른 무리 없이 7개월 만에 무난히 회향되었을 것이다."●

설법인의 도상

앞에서 무불상 시대의 붓다 설법의 도상(도 6-23)을 살펴보았다. 석가모니 붓다는 깨달음의 공성(空性)과 합일했기에, (사람으로서의) 형상은 초기 불교미술에서는 찾아볼 수 없었다. 이를 편의상 학계에서는 무불상 시대라고 칭하고 있다. 하지만 사람 형상의 모습이 없었을 뿐이지, 불성(佛性)은 보리수 아래의 공성·금강대좌 위의 공성·회전하는 법륜·붓다의 발자국 등 보다 여법(如法)한 표현으로 조형됐다. 그러다가 기원 전후의 시기에 간다라와 마투라 지역에서 거의 동시적으로 사람 모양의 불상이 만들어지기 시작했다. 응신(應身)으로서의 인간 붓다가 조형되기 시작한 것이다. 응신의 조형은 법신(法身)과 보신(報身)을 품고 있다. 법신은 여의주(또는 원상)으로 조형되는데, 미간의 백호 여의주와 백회의 육계 여의주가 그것이다. 보신은 여의주에서 나오는 빛과 서기로 나타나는데, 광배의 장엄이 이것의 조형적 구현이다. 이것이 우리가 흔히 알고 있는 부처님 모습의 시원이다.

　　무불상 시대에서 붓다의 설법은 '법륜'으로 표현되지만, 유불상 시대에는 응신의 붓다가 설법인(說法印)의 수인(手印)을 갖춘 모습(도 6-26, 27)으로 표현된

●　　각묵 스님의 『디가 니까야』 「역자 서문」에서 인용.

다. 진리의 설법을 베풀 때의 손 모양을 설법인(vitarka-mudrā) 또는 전법륜인(轉法輪印, Dharmaçakra-mudrā)이라고 한다. 설법인과 전법륜인은 통용하기도 하지만, 전법륜인은 붓다가 최초로 설법하는 모습인 〈초전법륜상〉에 국한되어 쓰이기도 한다.

전법륜인은 양손을 가슴에 모아 올리고 오른손은 엄지와 검지의 끝을 동그랗게 맞댄 후 손바닥을 밖으로 향하게 한다. 그리고 왼손은 엄지와 중지를 동그랗게 맞대고 검지는 자연스럽게 펴고, 약지와 소지는 안으로 말아 쥔다. 왼손바닥은 가슴 안으로 향하게 한다(도 6-28, 29). 일반적인 '설법인'은 양손을 가슴에 올리고 엄지와 검지를 붙여서 동그랗게 만든 모습인데, 이때 어느 손가락을 엄지와 붙이느냐에 따라 밀교와 현교에서는 다시 세밀한 의미로 나뉘기도 한다. 여기서 중요한 것은 어느 손가락이 어디에 붙었냐는 것보다는 '동그랗게' 말아 쥐었다는 형식적 특징이다. 동그랗게 말아 쥔 원상은 깨달음의 자리를 가르킨다. 원융무애(圓融無碍)한 깨달음의 세계로 가기 위한 설법을 하고 있다는 것을 수인으로 나타내고 있다.

③

◆ 쌍신변의 기적 ◆

슈라바스티(사위성)의 이교도(외도)들이 급고독 장자에게 '세상의 원리'를 묻는다.
"세상은 영원한가 아닌가, 세상은 끝이 있나 없나, 목숨은 곧 몸인가 아닌가" 등의
난해한 질문들을 퍼붓는다. 이에 급고독 장자는 붓다에게서 배운 '삼법인(三法印)
의 원리'로 이교도들을 간단히 제압해 버린다.

> '진실'이란, 그것은 함이 있음[有爲]이며 헤아림[思量]이며 인연해 일어남[緣起]
> 이다. 만일 그것이 함이 있고 헤아리며 인연해 일어난다면, 그것은 곧 덧없는 것
> 이요, 덧없는 것이 곧 괴로운 것이다. 이렇게 알고 나면 일체 견해에 대해서 전혀
> 취할 것이 없게 된다.
> ─『급고독경』

이교도들이 일으킨 그러한 질문의 견해 자체가 허상이라고 일축한다. 질문 속의
'세상·영원·종말·목숨의 유무'라는 '견해'가 만들어지는 과정을 '유위(有爲)·사량
(思量)·연기(緣起)'로 말한다. 몸뿐만 아니라 마음의 본질적 성품 역시 '덧없고[無
常], 덧없으니 괴롭고[苦], 그것을 알고 나면 일체 견해가 실체가 없다[無我]'라는

6-30 〈사위성의 기적(또는 망고나무의 기적)〉, 산치 스투파 제1탑 북문의 조형
이교도들의 방해에 붓다가 쌍신변의 기적을 일으킨다. 둥둥 북이 울리고
천신들이 외호하고(맨위), 이교도들과 군중들은 합장하고 조복한다(중간).
붓다의 실재는 망고나무와 대좌, 그 사이의 공성(空性)으로 표현됐다.

요지이다. 이교도들의 사념적인 질문 자체의 진실이 무엇인지 밝힘으로써 질문의 밑동을 쳐버렸다. 석가모니 붓다는 급고독 장자의 이러한 대처를 보고 매우 칭찬했다. 급고독 장자의 현답(賢答)을 보면, 그는 붓다의 연기법과 사성제에 대한 가르침을 온전히 터득하고 정확히 이해하고 있었던 것으로 사료된다.

이교도 제압의 역사

석가모니 붓다가 활동할 당시, 중심 도시인 중부 인도(갠지스강 중류) 지역에는 육사외도(六師外道)라는 자유사상가들이 세력을 떨치고 있었다. 서기전 500년 무렵부터 활동했던 여섯 명의 교주가 이끄는 교단으로, 상공업의 발달로 인한 브라만교의 약화와 더불어 흥행하게 되었다. 기존의 베다 성전의 권위와 브라만교의 지배를 일체 부정하면서, 서민들의 전적인 지지를 받고 있었다. 그런데 붓다의 가장 왕성한 활동 시기와 맞물려, 끊임없이 불교 교단의 성립을 견제하고 방해했다. 이들의 사상은 불교의 정법(正法)에 위배되기에, 불교 입장에서 이단이라는 의미로 '외도(外道)'라고 불렀다.

　　외도와 불교의 대치 국면은 더욱 심해져, 어느 날 양자의 신통력 대결이 슈라바스티(사위성)에서 벌어지게 된다. 그 발단은 붓다의 제자인 삔돌라 스님이 아라한을 증명해 보이고자, 공중 부양을 한 사건이다.● 이에 붓다는 신통을 보이는 것은 계율을 범하는 것이라며 강력히 제재한다. 이 소식을 듣자마자 교활한 외도들은 붓다가 절대 응하지 않을 거라 계산하고 신통 대결을 요청한다. 이에 붓다는

● 　상세한 내용은 『법구경』 게송 181 참조.

제자들은 안 되지만, 법왕인 자신은 가능하다는 논리로 신통 대결에 응한다.

육사외도를 이끄는 여섯 교주 중에 뿌라나 깟사빠라는 교주가 있었는데, 그는 "선악·인과·업의 원리 같은 것은 없다. 모두 인간이 정한 관념일 뿐이다"라며 불교의 진리를 거부한다. 그는 자신이 신통을 보이기로 약속한 날, 그의 신도인 농부가 신통을 보기 위해 계속 따라오자 "그따위 신통은 뭣 때문에 보러 가는가? 그 물항아리와 밧줄이나 이리 주게"하고 말한다. 그는 항아리와 밧줄을 들고 강둑으로 가서 밧줄로 자기 목에 항아리를 매달고 강물에 몸을 던졌다. 강물에서 한 차례 물거품이 솟아올랐다. 신통을 보일 수 없기에 자살을 택한 것이다. 그는 죽어 지옥에 태어난다.

간다의 망고나무

석가모니 붓다는 언제 어디서 어떤 신통을 보였을까? 붓다의 신통은 당시 가장 큰 도시였던 라지기르(왕사성)와 슈라바스티(사위성) 일대의 톱뉴스였다. "아살하 달(음력 6월) 보름날, 사위성 근처, 간다의 망고나무 아래에서"라는 정확한 일자와 장소를 붓다가 못 박자, 이교도들은 크게 술렁였다. 당황한 이교도들은 붓다가 신통을 행하지 못하도록, 해당 지역의 모든 망고나무는 그 싹까지 뽑아버리는 등 수단과 방법을 가리지 않고 방해했다. 망고나무 아래에서 신통을 일으킨다 했으니, '망고나무를 없애면 어쩔 수 없겠지'라는 심산이다. 하지만 그 어떤 방해도 붓다를 막을 수는 없다. 유위(有爲)로 무위(無爲)를 이길 수는 없기 때문이다.

예정된 아살하의 보름날, 왕의 정원사인 간다가 망고 열매를 붓다에게 올리게 된다. 망고를 먹은 붓다는 "이 망고의 씨를 심어라"하고 간다에게 말한다. 망고의 씨를 심은 곳에 물을 부어 붓다가 손을 씻자, 순식간에 망고나무가 땅에서 솟아나 오십 장 높이로 자라났다. 게다가 무수한 열매들이 풍요롭게 열렸다. 이 소식을 들은 왕은 이교도들이 다시 이 망고나무를 해치지 못하도록 급히 보초를 세웠다. 그러자 민중들은 다음과 같이 외쳤다. "이 후안무치 이교도들아! 고따마가 간다의 망고나무 아래에서 신통을 행한다는 말을 듣고, 1요자나 주위에 자라고 있는 망고나무를 오늘 싹이 난 나무까지 모두 뽑아버렸다. 그런데, 여기 '간다의 망고나무'가 있다!"

〈사위성의 기적〉 또는 〈기적의 망고나무〉

'쌍신변의 기적' 또는 '쌍신변의 신통'은 슈라바스티(사위성)와 관련하여 빼놓을 수 없는 불교미술의 주제이다. 그래서 이것을 〈사위성의 기적(Great Miracle at Savrasti)〉이라고도 부른다. 또 위에서 설명했듯이 망고나무에서 신통이 행해졌기에 〈망고나무의 기적(Miracle at Mango Tree, 또는 Mango Tree Miracle)〉이라고도 부른다. 해당 주제로 시대가 가장 올라가는 작품으로 산치 스투파 제1탑 북문의 조형(왼쪽 기둥의 앞면 상단 패널, 도6-30)을 들 수 있다. 작품의 한가운데에는 아름드리 망고나무가 있고, 망고나무 밑에는 대좌가 있으며, 그리고 망고나무 위에는 천개가 씌워져 있다. 천개·망고나무·대좌의 한 가운데 텅 비어 있는 공간으로, 공성(空性)과 합일한 붓다의 실재를 구현(도6-30 하단)하고 있다. 이 작품에서는 슈라바스티(사위성)의 기적(또는 쌍신변의 기적)을 망고나무로 상징하고 있다. 실제로 쌍신변을 나투는 모습은 조형되지 않았으나, 극적인 상황을 북이 둥둥 울리고 천신이 나타나 찬양하는 모습(도6-30 상단)으로 표현했다. 망고나무를 둘러싼 외도와 군중들이 일제히 합장 조복하는 모습(도6-30 중단)에서 기적이 성공적으로 완성되었음을 알 수 있다.

미술 속 주인공 찾는 요령

망고나무는 그 위의 천개의 조형으로 인해, 그냥 단순한 망고나무가 아니라 붓다가 주석하는 곳이라는 특별한 의미를 갖게 된다. 자칫 복잡해 보이는 불교미술의 속에서 주인공을 쉽게 찾는 방법이 있다. 먼저 천개가 어디 있는지 찾는 것이다. 천개는 본래 귀인이 행차할 때 햇빛이나 비를 막기 위한 일산 또는 우산의 역할을 하는 차양을 말한다. 신분이 높은 사람일수록 천개의 장식이 화려하고 또 여러 개의 중층으로 되어 있어, 아주 멀리서도 귀인의 행차를 알아볼 수 있는 상징이 된다. 천개(天蓋)는 부처·보살의 위덕(威德)을 나타내는 장엄구의 하나로 발전하게 된다. 산개(傘蓋)·보개(寶蓋)·화개(華蓋)라고 하기도 하고, 닫집 형태의 장엄으로도 발전하여 불상을 외호한다.

초기 불교미술 작품 속 수많은 등장인물 중에 가장 신분이 높은 사람은 왕과 왕비, 그리고 붓다이다. 이에 이들의 조형 위에는 천개가 묘사된다. 산치 스투파의 경우, 사리탑·법륜·보리수·망고나무 위에는 어김없이 천개를 조형하여 붓다의 실재를 나타내었다. 붓다 이외에는 왕과 왕비의 경우에만 천개가 표현되는데, 아소카왕·숫도다나왕(정반왕)·빠세나디왕·아사세 태자 등의 머리 위에서도 천개를 찾아볼 수 있다.

'의인화'된 상

우리는 존재하지만 '실재(實在)'하지는 않는다. 더 정확히 말하자면, 존재하는 것처럼 보일 뿐이다. 존재의 실체는 연기(緣起)이다. 연기(緣起)-연생(緣生)-연멸(緣滅)의 무상(無常)한 변화 속에 있을 뿐이다. 그리고 이러한 현상의 흐름만 있을 뿐, 그 속에 자아라는 영원한 고갱이 또는 불변의 덩어리는 존재하지 않는다. 존재의 실체가 12연기로 분해되는 순간, 공(空)이 드러난다. 그래서 무아(無我)이다. 이 같은 '존재의 실상'의 진리를 밝힌 붓다를 유형(有形)의 형상으로 표현한다는 것은 붓다가 설파한 진리에 위배된다. 그래서 붓다의 실재는 '비어 있는 공간(보리수 아래 또는 금강보좌 위)'이나 '발자국'으로 나타내고, 설법과 장엄은 '법륜'과 '연꽃'으로 나타낸다.

작고 거친 단위로 이것보다 크고 미세한 단위를 표현할 수는 없다. 즉, 중생계의 표현 도구(문자나 형상)로 법계를 표현할 수는 없다는 말이다. 그래서 『금강경』에서는 "무릇, 있는 바 형상은 모두 허망하다. 만약 모든 형상이 형상이 아닌 것을 보면, 곧 여래를 볼 것이다(제5 「여리실견분」)", "만약 형상으로 나를 보고, 소리로 나를 구하면, 이는 삿된 도를 행함이니 결코 여래를 보지 못한다(제26 「법신비상분」)"라고 언급하고 있다.

그러다가 『법화경』의 불신(佛身) 사상과 함께 '응신(應身)'으로서의 석가모니 붓다가 사람 형상의 조상으로 나타나게 된다. 응신 또는 화신이란, 대상의 근기에 맞추어 몸체를 변신하여 그 대상 앞에 나타나 교화하는 불신을 말한다. 사람의 눈에는 사람만 보이기에, 신(神)의 존재 역시 사람 모양을 하고 있어야 한다. 이러한 대중적 특성과 그들의 교화를 위해 종교미술에서는 사람 형상의 신상이 만들어지는데 이것을 'anthropomorphic figure(의인화된 상)'이라고 한다. 애초에 사람의 형상이 아닌 것을, 신앙의 방편으로서 사람의 형상으로 의인화했다는 뜻이다. 응신으로서의 붓다 조형에는 보신과 법신의 상징들이 하나로 합체가 되어 있다. 육계의 여의주(육계보주 또는 계주)·미간의 여의주(백호)·빛과 서기의 광배와 장엄 등, 보다 근원적인 깨달음의 상징들이 사람 형상의 모습과 함께 반드시 조형된다.

6-31, 6-32 '쌍신변의 기적'의 조형. 붓다의 어깨에서는 불이 뿜어져 나오고, 발에서는 물이 뿜어져
　　　　나온다(도6-33의 부분).

6-33 〈사위성의 위대한 기적(The Great Miracle at Shravasti)〉, 간다라, 초기 쿠샨 시대(1세기~320),
금박의 흔적 있음, 23.8x29.2cm, 미국 클리브랜드미술관 소장

'쌍신변'이란 무엇인가?

초기 불교미술을 대표하는 산치 스투파의 〈사위성의 기적〉(도 6-30)에는 응신의 불상이 없다. 하지만 간다라 조각에는 의인화된 불상이 나타나고 구체적으로 어떻게 기적을 행하는지 '쌍신변(雙神變)'의 순간이 조형되었다. 〈사위성의 위대한 기적(The Great Miracle at Shravasti)〉(도 6-33)에는 붓다가 공중으로 날아올라 어깨에서 불이 뿜어져 나오고 발에서는 물이 뿜어져 나오는 신통을 극적으로 묘사했다. 붓다의 발은 지면에서 떨어져 허공에 머물면서, 발에서는 물보라가 소용돌이치고, 어깨에서는 불이 이글거리며 솟구친다. 물과 불, 두 개의 까시나[Kasiṇa:편재(遍在)라는 뜻으로 두루 퍼져 있음)]로 신통변재를 부렸다는 뜻에서 '쌍신변'이라고 한다.

붓다가 외도들과 약속한 장소·약속한 시간에 나타나서 "지금이 신통을 행할 때이다! 붓다께서는 사방 12요자나 길이로 뻗어있는 수많은 군중 가운데 서서 '쌍신변의 신통'을 보이셨다"라고 한다. "공중에 보배 경행대를 만들어 한쪽 끝은 세계의 동쪽 가장자리에 걸치고 다른 쪽 끝은 세계의 서쪽 가장자리에 걸치셨다. 저녁 그림자가 드리워질 때쯤 그곳에 모인 군중은 36 요자나로 주위에 뻗쳐 있었다." 쌍신변을 행하니, 시간이 지남에 따라 더욱더 사람들이 모여들어 그 광경을 목격하고자 인산인해를 이루었다.

붓다의 '쌍신변의 기적'을 계기로 외도들은 전폭적인 항복을 하게 되고, 기원정사는 드디어 포교의 중심지로 우뚝 서게 된다. 그렇다면, 붓다가 보인 기적의 내용은 무엇인가? 경전 속의 기록부터 살펴보자.

상반신에서 불이 나타나고, 하반신에서 물이 흐른다. 반대로 하반신에서 불이 나타나고, 상반신에서 물이 흐른다/ 몸의 앞쪽에서 불이 나타나고, 등 쪽에서 물이 흐른다. 반대로 등 쪽에서 불이 나타나고 앞쪽에서 물이 흐른다 (이하 물과 불이 번

갈아 교차해 나타나는 신기한 현상 생략)/ 오른쪽 눈에서 … 왼쪽 눈에서 … 반대로 왼쪽 눈에서 … 오른쪽 눈에서 … / 오른쪽 귀에서 … 왼쪽 귀에서 … 반대로 왼쪽 귀에서… 오른쪽 귀에서… / 오른쪽 코에서 … 왼쪽 코에서 … 반대로 (생략) / 오른쪽 어깨에서 … 왼쪽 어깨에서 … 반대로 (생략) / 오른손에서 … 왼손에서 … 반대로 (생략) / 오른쪽 옆구리에서 … 왼쪽 옆구리에서 … 반대로 (생략) / 오른쪽 다리에서 … 왼쪽 다리에서 … 반대로 (생략) / 열 개의 손가락과 열 개의 발가락에서 … 반대로 (생략) / 한쪽 모든 털에서 다른 쪽 모든 털에서… 반대로 (생략) / 한쪽 모든 털구멍에서 다른 쪽 모든 털구멍에서 … 반대로 (생략) 물이 흐르고 불이 나타난다/ 몸의 각각 부분에서 여섯 색깔의 빛(육종 광명)이 쏟아져 나온다. 청색·황색·적색·백색·주황색과 빛(광채)의 여섯 빛깔이 쌍으로 흐르거나 함께 흘러나온다.

– 『법구경 주석서(Dhammapada Aṭṭhakathā)』

'심(心)찰라'의 극치

쌍신변(Yamaka-pāṭihāriya)이란, 두 가지 기적이 동시에 행해졌다는 뜻이다. 영어로는 'twin miracle(쌍둥이 기적)' 또는 'double appearances(이중의 나타남)'으로 표현된다. 여기서 두 가지라는 것은 첫 번째로 '물과 불'이다. 다음으로는 '여섯 색깔의 빛'이 쌍으로 또는 동시다발로 나타난 것이다. 마지막으로 '본체'와 '분신(分身)'을 말한다. 쌍신변의 구체적 모습을 말해주는 경전 상의 내용을 필자의 해석과 더불어 정리하면 다음과 같다.●

● 이하 쌍신변 내용의 인용은 『법구경 주석서』를 중심으로, 『밀란다왕문 경』과 『붓다차리타』 등을 참조해 정리했다.

6-34 〈사위성의 위대한 기적〉, 간다라(2~3세기), 크기 80cm,
미국 크리스티 경매사 소장

6-35 쌍신변과 천불화현의 기적을 행한 장소 〈천불화현의 탑〉, 기원정사에서 남쪽으로 조금 떨어진 곳에 자리 잡고 있다.

붓다는 공중에 보배 경행대를 만들어 걸쳐놓고 앞뒤로 경행하면서 쌍신변을 나퉜다. 상반신에서 불을 까시나의 대상으로 사선정에 들어갔다가 나와서 선정을 반조하고, 다시 하반신에서 물 까시나를 대상으로 사선정에 들어갔다가 나와서 선정을 반조한다. 이 두 가지를 일으키는 데는 단지 네다섯 번의 심(心)찰라밖에 걸리지 않는다. 이 원리는 몸의 다른 부분에서도 마찬가지이다. 불이 일어난 것과 물이 흐르는 것은 결코 섞이지 않는다. 왜냐하면, 한순간에 두 가지 마음이 동시에 존재할 수 없기 때문이다. 하지만 사람들의 눈에 동시에 일어나는 것처럼 보일 뿐이다. 선정에 들어갔다 나오는 데에 이보다 빠른 사람은 없다. 붓다는 자유자재로 선정에 들어갔다 나오는 것에 통달한 분이다. 붓다 몸에서 뿜어져 나온 불과 물은 위로는 범천의 세계에 가 닿고, 아래로는 철위산의 가장자리까지 닿는다. 신통은 오랫동안 지속되었으며, 붓다는 보배 경행대를 오르내리면서 수많은 사람에게 법문했다. 그때마다 군중은 우레와 같이 손뼉 치고 찬탄했다. 붓다는 법회에 참석한 사람들의 다양한 근기에 따라, 법문하기도 하고 신통을 나투기도 하는 등 방편의 변재를 보였다.

미술로 보는 기적의 모습

〈붓다의 기적〉(도 6-38)과 〈사위성의 위대한 기적〉(도 6-34)은 쌍신변을 행하는 붓다의 신통력을 극적으로 잘 표현한 대표 작품이다. 경전의 기록대로 상반신과 하반신에서 물과 불이 뿜어져 나온다. 양어깨와 양 발바닥에서 이글거리는 불꽃과 출렁이는 파도 모양의 강렬한 파장을 사실적으로 구현했다. 몸에서 뿜어져 나오는 육종광명은 머리의 두광으로 표현된다. 물론, 기본적인 깨달음의 징표인 불성의 빛(광배)과 미간 여의주(백호), 그리고 백회 여의주(육계보주)는 갖추어져 있다. 이들 징표는 모두 신성한 깨달음과 하나가 된 상징들이다. 이런 상징들은 일반적인 사람과 성자인 붓다를 구분 짓는 핵심 요소들이다.

위에서 언급한 두 작품의 특이한 점은, 이들이 간다라 양식의 작품임에도 불구하고 몸체의 양감(量感)이 두드러진다는 것이다. 보통 간다라 지방의 양식은 지역적으로 해당 위치가 북쪽이고 또 헬레니즘의 영향으로 옷을 두껍게 표현한다. 그래서 몸체가 거의 드러나지 않는 게 특징이다. 반면 마투라 양식의 경우, 위치가 비교적 남쪽이고 기후가 더워서 그러한 풍토성이 반영된 탓에 상체에 옷을 입지 않거나, 옷을 표현하더라도 지극히 얇게 표현한다. 그래서 마투라 양식은 붓다의 신성성을 몸체 그 자체의 강건함과 양감으로 나타낸다.

이러한 양감은 깨달음의 상징인 여의주의 양감과도 상통한다. 그런데 〈붓다의 기적〉의 경우 몸체 표현을 보면(도 6-38), 옷 주름이 동일한 간격으로 퍼져 있고 옷이 얇아 붓다의 강건한 몸체가 거의 드러나 보인다. 〈사위성의 위대한 기적〉(도 6-34)의 경우는 옷 주름이 불규칙해서 더 사실적이고, 허리 이하는 옷을 매우 두껍게 표현하여 〈붓다의 기적〉보다 시대가 앞선 간다라 작품임을 알 수 있다. 〈붓다의 기적〉의 경우는 간다라 양식임에도 이미 굽타 양식을 예견하는 과도기적 명작이라 하겠다.

여섯 색깔의 광명인 육종광명은 몸의 곳곳에서 뿜어져 나온다/ 푸른빛은 머리털과 턱수염 등의 털에서 뿜어져 나온다/ 노란빛은 피부에서 뿜어져 나온다/ 붉은빛은 살과 피에서 뿜어져 나온다/ 흰빛은 뼈와 이빨에서 뿜어져 나온다/ 심홍색은 손바닥과 발바닥에서 뿜어져 나온다/ 광명은 이마와 손발톱에서 뿜어져 나온다/ 여섯 색깔의 빛은 도가니에서 흘러나오는 용해된 금처럼 철위산의 내부에서 솟아 나와 범천의 꼭대기에 닿고 거기서 다시 흘러나와 철위산의 가장자

6-36, 6-37 "상반신에서 불이 나타나고, 하반신에서 물이 흐른다. 다시 이것이 반대로 교차한다."
쌍신변의 기적의 모습(도 6-38의 부분)

6-38 〈붓다의 기적〉, 간다라,
1120x420mm, 파키스탄,
페샤와르박물관 소장

리에 닿았다/ 철위산 전체가 둥근 아치와 광명으로 이루어진 깨달음의 집과 같았다.

– 『법구경 주석서(Dhammapada Aṭṭhakathā)』

능가할 수 없는 최고의 신통

붓다가 보인 쌍신변의 대상들은 까시나 수행의 대상들과 일치함을 알 수 있다. 40가지 명상 주제 중 열 가지 까시나인 '땅·물·불·바람·청색·황색·백색·적색·광명·허공' 중 두 가지 또는 여섯 가지 빛깔을 동시에 보이신 것이다. 까시나(Kasiṇa)는 '전체' 또는 '모든'이란 뜻으로 '두루 편재함'을 말한다. 까시나 수행이란 두루 채움의 수행을 말하는데, 하나의 까시나 주제를 정해 집중해서 그것을 표상으로 만든 뒤, 온 우주 공간에 그 표상을 확장하여 온통 그것으로 채우는 수행이다. 고도의 마음 집중으로 가능한 선정 체험의 한 방법이다. 마음은 한순간에 하나의 대상밖에는 알 수 없어서, 까시나의 열 가지 주제를 한 번에 하나씩 할 수밖에 없다. 그런데 이것을 '동시에 보이는 것처럼 행하셨다'라는 사실은 심(心)찰나를 상상을 초월하는 빠른 속도로 행했다는 의미이다. 말 그대로 신통 또는 기적의 경지에서, 왔다 갔다 했다는 것이다. 더욱 놀라운 것은 여섯 빛깔을 몸체에서 동시다발적으로 부위별로 내뿜어냈다는 것이다.

마음의 대상이 이중 또는 다중으로 보이도록 나타내는 신통. 이는 상상을 초월하는 속도로 마음을 운영한 결과인데, 이러한 기적을 붓다는 네 번 나툰 것으로 전한다. 첫 번째는 정각 후 보리수 아래에서 천신과 범천의 의심을 타파하기 위해, 두 번째는 고향인 카필라바스투(카필라성)를 방문해 자만심 높은 친족들을 조복시키기 위해, 세 번째는 슈라바스티(사위성)의 망고나무 아래에서 이교도들을 항복시키고 군중들을 교화하기 위해, 네 번째는 바이샬리의 이교도 때문에 모인 군중들을 교화하기 위해서이다.

아비담마의 설법

포교의 근거지 확보 및 교단의 확립 차원에서, 신통으로 이교도들을 제압했다는 사실은 더 강조할 필요가 없다. 그런데 신통의 중요한 이유가 하나 더 있다. 신통을 나툰 후, '아비담마의 설법'이 전개되었다는 것이다.

『법구경 주석서』에 따르면, '쌍신변의 신통'과 '아비담마의 설법'은 이어지는 하나의 에피소드이다. "신통을 나투신 후에 33천(도리천)에서 안거를 보내면서 어머니를 위한 아비담마 삐따가[논장(論藏)]를 설하는 것이 역대 모든 부처님들의 변함없는 관습이었다"라는 것을 석가모니 붓다는 알고, 슈라바스티(사위성)에서 (33천으로) 갑자기 모습을 감춘다. 이때 안거 기간 동안 붓다의 부재를 불안해하는 신도들을 위해 최초의 불상(佛像)이 만들어지게 된다. 이에 기원정사의 붓다의 거처인 간다 꾸띠에는 붓다를 대신해 전단목을 깎아서 만든 붓다의 형상이 안치된다.(보다 상세 내용은 pp. 295~297 참조)

붓다가 어머니를 위해 설한 아비담마 삐따가는 아비담마 칠론(七論)이라고 부른다. 그 내용은 담마상가니·위방가·다뚜까타·뿍갈라빤낫띠·까타왓투(이상의 항목은 붓다가 아니라 목갈라뿟따 띳사 장로가 논한 것으로 전해짐), 그리고 야마까·빳타나이다. 간략히 소개하면, 마음 89가지와 오온·십이처·십팔계·오근·십이연기·사념처 등과 요소(다뚜dhatu), 빤낫띠(개념), 뿌리·오온·장소 등, 그리고 상좌부의 500가지 바른 견해와 24연기 조건(마음과 물질의 상호의존 관계)이다. 쌍신변의 신통은 33천에서도 계속하여 때때로 행해진다.

산카샤, 부처님들의 영원한 자리

3개월의 안거 동안 아비담마의 법문을 마치고 다시 지상으로 올 때, 애타게 기다리던 군중들은 붓다가 언제 어디로 올지 궁금해했다. 붓다가 해제 날 내려온 곳은 산카샤(상카시아) 성문이다. 이때 제석천은 금·보석·은으로 된 세 개의 계단을 만들었는데, 붓다는 가운데 보석 계단으로 하강한다. '산카샤의 하강' 역시 초기 불교미술의 주요 주제 중 하나이다. 산카샤의 하강 자리는 역대 모든 붓다가 하강한 '영원히 변치 않는 자리' 중 하나로 전한다.

붓다가 천신들과 범천들의 권속을 거느리고 산카샤의 계단으로 내려오는 모습은 너무나도 거룩했다. 이에 마중 나온 사리불은 그 모습을 "예전에는 본 적도 들은 적도 없네!"라며 그 전례 없는 장엄한 풍경을 찬탄한다. 그리고 "모든 범천과 천신들과 재가자들이 붓다를 예찬하며 자신들도 붓다가 되기를 서원합니다"라고 하자 석가모니 붓다는 그들이 되고자 하는 '붓다가 과연 무엇인지' 명료한 게송으로 가르침을 준다. 그것이 『법구경』181번의 게송'에서 찾을 수 있다.

> 삼매와 통찰지를 닦은 현자는
> 해탈의 기쁨 속에 즐거워한다.
> 주의 깊게 마음 챙기고 바르게 깨달은 이를
> 천신들도 지극히 존경한다.
> – 『법구경』

'삼매와 통찰지를 닦은 현자'라고 했는데, 여기서 삼매는 '사마타'를 말하고 통찰지는 '위빠사나'를 말한다. 양자를 모두 닦아야 '해탈의 기쁨'을 누릴 수 있다고 말한다. 사마타와 위빠사나는 정(定)과 혜(慧) 또는 지(止)와 관(觀)으로 불리고, 이것을 함께 닦는 것을 정혜쌍수 또는 지관겸수라고 한다. 두 수행의 양 날개가 갖추어진 지혜로운 현자이어야 함을 강조한 것이다. 정념(正念, 알아차림 또는 사띠)과 정정(正定, 바른 삼매 또는 집중)을 통해 통찰지인 반야지혜(慧)를 완성해야 한다는 것이다. 붓다가 되는 수행법의 요지가 더할 나위 없이 잘 함축된 『법구경』의 게송이다.

6-39 〈기적을 일으키는 부처(천불화현)〉, 간다라, 지름 680cm,
파키스탄, 페샤와르박물관 소장

◆ 천불화현의 원조 ◆

그런데 '사위성의 신통'은 여기서 끝난 것이 아니다. 전례 없는 '분신'의 신통이 다음으로 이어진다. "붓다께서는 모인 군중 속에서 붓다의 마음을 이해하고 질문할 이가 없다는 것을 아시고, 신통으로 분신을 창조하셨다. 그래서 분신이 질문하면, 붓다께서 대답하셨다. 붓다가 경행을 하면 분신은 다른 일을 했다. 분신이 경행하면 붓다는 다른 일을 하셨다." 여기서 포인트는 분신과 본체가 다르게 행동하고 있다는 점이다. 그러니까 본체가 손을 들면 분신도 손을 들고, 본체가 말하면 분신도 말을 하고 하는 등 본체의 복사로서 분신이 아니라는 것이다. 붓다의 본체와 분신이 각각 별도의 행동을 함으로써, 각기 독립적으로 운영되는 것처럼 보이도록 나눴다. 이러한 신통은 '붓다만이 가능하다'고 『밀린다왕문경』에는 언급되고 있다. 16일간 계속된 이러한 신통과 설법의 결과로 2억 명의 중생들이 법(Dhamma)에 대한 이해를 얻었다고 한다.

초기 불교미술에서 쌍신변 기적의 일환으로서 '분신(分身)'은 〈천불화현(千佛化現)〉이라는 제목의 작품으로 구현된다. 분신의 형태를 보면, 본체와 동일한 복제 형식인 경우가 있고(도 6-40), 본체와 다른 형식인 경우도 있다(도 6-41). 〈붓다의 기적(천불화현)〉을 보면(도 6-41), 석가모니 붓다는 결가부좌의 자세로 선정에 든 모습인데 좌우의 분신들은 걷기도 하고 손을 들고 있기도 한다. '천불화현' 주제의 대표 작품으로는 아잔타 석굴의 〈사위성의 기적(천불화현)〉을 들 수 있는데(도 6-42), 무궁무진한 '다불(多佛)'이 거대한 벽면을 가득 메우고 있다. 바탕 자리(법신)에서 연꽃 줄기가 올라와 무수한 연꽃(보신)이 피어나로, 거기에서 무수한 부처님(응신)이 화생하는 모습(도 6-43)이다. 이것을 '연화화생(蓮華化生)'이라고 한다. 화생한 부처님의 수인은 선정인(禪定印)이거나 설법인[說法印 또는 전법륜인(轉法輪印)]이다.

초기 불전에서 대승 경전으로

이상, '사위성의 기적'의 일환으로서 '천불화현' 조형의 시원(始原)을 살펴보았다. 붓다 몸체 좌우로 8구 또는 10구의 분신을 표현하는 간다라 작품의 사례(도 6-39)가 있었고, 무수한 분신이 석굴 벽면 전체를 빼곡히 뒤덮는 아잔타 제7석굴의 사례 〈사위성의 기적(천불화현)〉(도 6-42)가 있었다. 아잔타 석굴 사례의 경우, '다불의 표현'은 불성이 우주에 충만함을 나타내고 있다. 이미 이 시기부터 『법화경』의 구원성불(久遠成佛) 또는 『화엄경』의 비로자나시방화불(毘盧遮那十方化佛)의 개념이 반영되었을 것으로 추정된다.

> "나는 한량없는 과거로부터 무한한 미래에까지/ 다양한 이름과 모습으로 출현하였는데/ 이는 모두 중생을 교화하기 위한 방편이었다/ 만일 어떤 중생이 내게 찾아오면/ 나는 부처님의 눈으로/ 그의 믿음과 근기의 날카롭고 둔함을 보아/ 제도할 바를 따라 곳곳에서 설하되/ 이름도 다르며 수명도 달랐으며 또는 열반에 들기도 하는 등/ 다양한 방편으로 미묘한 법을 설해/ 능히 중생으로 하여금 환희의 마음을 내게 했다."
> – 「여래수량품」, 『법화경』

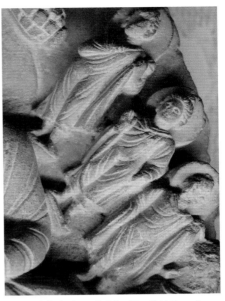

6-40 무수한 분신(천불화현)의 기적을
일으키는 장면(도6-39의 부분)

6-41 제각기 다른 행동을 하는 분신의 모습,
〈붓다의 기적(천불화현)〉의 부분

『법화경』의 핵심 개념 중 하나인 '구원성불(久遠成佛)'이란, 무한한 공간에 무한한
시간에 걸쳐서 붓다가 존재하고 있으며 끊임없는 방편의 설법으로 교화하고 있
다는 것이다. 천불화현의 신통은 대승경전에 빈번히 나오는 화불(化佛) 또는 화신
불(化身佛)의 개념으로 연결된다. 화신, 즉 '변화한 몸체'라는 뜻으로 변화신 또는
변화불이라는 용어와도 상통한다. 불교의 대표적 불신관(佛身觀)인 삼신(三身)
속에서는 응신(應身)에 해당한다. 응신 또는 화신이란, '중생의 교화를 위해 중생
의 근기에 맞추어 갖가지 형상으로 몸을 나투는 것'을 말한다. 중생을 구제하기 위
해 중생의 근기에 스스로 맞추는 행위를 '자비행'이라 한다. 이에 응신은 자비를
전제 조건으로 한다.

6-42 〈사위성의 기적(천불화현)〉의 부분, 아잔타 석굴 제7굴

6-43 연화화생하는 무수한 불성(도 6-42의 부분)

인도·중국·한국의 사례

천불화현[또는 다불(多佛)]의 조형적 전통은 인도 아잔타 석굴의 사례를 시작으로 동점하여 대승불교 미술에서는 꽃을 피우게 된다. 이하, 중국 및 한국의 대표 작품 몇몇을 소개한다. 중앙아시아 돈황석굴에서는 다불의 무수한 표현을 확인할 수 있는데, 이러한 전통을 중국의 운강 석굴(북위) 및 용문 석굴(북위~당)로 이어진다. 대표적 사례로 운강석굴 운요 제18굴의 노사나불을 보면, 그 옷의 표면은 무수한 다불의 조형으로 가득 덮었다(도 6-44). 옷 주름의 레이어를 따라 수천수백 구의 작은 불성이 파도친다. 이러한 다불의 표현은 수대(隋代)를 거쳐 당대(唐代)에 오면 성숙기를 맞게 된다. 당대에 만들어진 용문 석굴 만불동의 사례를 보면, 석굴 안팎의 벽면 전체가 온통 다불로 조형(도 6-45)되어 있다.

　　우리나라의 경우에는 화엄의 방대한 세계를 한 폭 그림으로 옮긴 고려불화 〈비로자나삼천불도(毘盧遮那三千佛圖)〉를 대표사례로 들 수 있다(도 6-46). 약 2m의 화면을 손톱보다 작은 무수한 불성들 빼곡히 그려져 있다. 또 고려대장경의 『화엄경』 변상판본인 「화장세계품(華藏世界品)」(6-47)을 보면, 무수한 화불이 화장세계(또는 연화장세계)를 가득 채우고 있음을 볼 수 있다(도 6-47). 화면 아래의 여의주에서 서기가 나오고 그 위로 줄지어 화생한 불성들이 보이는데, 동그란 얼굴과 두광만 표현하여 화면 속에 최대한 많은 불성을 나타내려 했음을 알 수 있다. 해당 조형이 무엇인지 말해주는 경전 상 내용을 발췌하면 다음과 같다.

　　화장 장엄 세계의 무수한 티끌 있네/ 낱낱 티끌 가운데 법계를 본다/ 광명 속에 부처님이 구름 모이듯/ 이것은 온 세상에 자재하는 부처님인 것을 (중략) 청정하신 비로자나 부처님/ 장엄을 갖춘 속에 그 모습 드러내고/ 변화 분신의 무리 에 워 두르고/ 일체의 세계해에 모두 가득 채우네/ 존재하는 화불 모두 환영 같아

6-44 노사나불 몸체에 표현된 천불화현, 〈노사나불〉의 부분, 운강석굴 운요 제18굴

6-45 천불화현, 용문석굴 만불동, 중국 당대

6-46 무수한 불성. 〈비로자나삼천불도〉의 부분, 고려 14세기 추정, 비단에 채색,
196.0cm×133.5cm, 일본 고베시립박물관 기탁 소장

6-47 무량한 화불. 「화장세계품제5」 변상판본의 부분, 해인사 『80화엄』, 『사간장경(寺刊藏經)』
수창년간(壽昌年間) 개판본

서/ 오신 곳을 구하여도 알 수가 없네/ 부처님 경계의 위신력으로/ 일체의 세계 속에 이렇듯 화현하시네.

－「화장세계품」, 『화엄경』

이렇듯 "화장세계의 비로자나(毘盧遮那)와 시방화불(十方化佛) 및 일체의 모든 부처님이 신통한 일들을 나타내셨다"고 한다. 즉, 진리의 세계 모습은 비로자나와 변화 분신의 화불이 일제히 출현하여 장관을 이루고 있는 모습이다. 우리가 진리의 눈을 뜨면 보게 되는 세상이다.

7장

붓다의 최후 설법지
바이샬리, 케사리아

원숭이가 붓다에게 꿀을 바치다.
〈원후봉밀〉의 부분

7-1 바이샬리의 〈대림정사(大林精舍)〉

7-2 〈아소카왕 석주〉의
주두(도 7-1의 부분)

①

◈ 대림정사 ◈

대도시 바이샬리(경전 상에는 웨살리)에 전례 없던 큰 재난이 닥쳤
다. 심한 가뭄으로 농작물이 말라 죽자 기근이 들어 사람들이 죽어 나가기 시작
했다. 무수한 시체들이 길과 강을 가득 메웠다. 버려진 시체에서 악취가 진동하니
악귀들이 몰려들었다. 그리고 썩은 시체에서 비롯된 전염병이 퍼지기 시작했다.
기근·악귀·역병의 세 가지 재앙이 맞물려 온 도시를 뒤덮어 버렸다. 바이샬리 사
람들은 당시 라지기르에 있는 붓다가 오기를 간절히 원했는데, 릿차비족 왕자들
이 직접 찾아가서 붓다와 함께 돌아왔다. 그런데 붓다가 바이샬리 지역에 발을 들
이자마자 갑자기 폭우가 쏟아져 가뭄이 물러갔다. 또 삭까 천왕(제석천)이 천신들
의 권속을 거느리고 강림하자 악귀들이 줄행랑을 쳤다.

전염병을 물리친 『보배경』

붓다는 아난다 장로에게 "내가 설하는 『보배경』을 바이샬리를 돌아다니며 보호
주(保護呪)로서 암송하라"고 지시했다. 이에 바이샬리에서 처음으로 『보배경』
이 울려 퍼지게 되었고, 악귀들은 물러가고 역병은 치유된다. 기적처럼 사라진

재앙! 바이샬리 도시의 사람들은 붓다에게 극진한 대접을 하고 또 존경을 표하게 된다. 아난다 장로는 도시 곳곳을 돌면서 청정수를 뿌리며 『보배경』을 독송했고, 이에 치유된 군중들이 붓다가 있는 곳으로 모여들었다. 그러자 붓다는 『보배경』을 군중들 앞에서 낭송했고, 제자들이 이어받아 일주일 동안 계속하여 낭송했다. 기근·악귀·역병의 재앙에 영험한 효과가 있는 『보배경』의 전문(全文)을 싣는다.

여기에 모인 존재들(천상의 호법신들을 말한다)은 지상이나 하늘이나 어디에 있든지, 기쁜 마음으로 정중히 이 가르침을 경청하기를!/ 실로 이 모든 존재들은 이 경(經)을 경청하여 밤낮으로 공양물을 바치는 인간들에게, 자비를 베풀고 게으름 없이 그들을 보호하기를!/

이 세상과 저 세상의 어떤 보물이든 또는 천상의 뛰어난 보배이든, 여래와 견줄 수는 없으니 부처님이야말로 훌륭한 보배, 이 진실에 의해 행복하기를!/ 석가족 성자(석가모니)께서 증득하신 번뇌의 소멸·집착의 빛바램·불사(不死)의 최상 승법(열반), 이 가르침과 견줄 것 아무것도 없다네. 이 가르침이야말로 거룩한 보배, 이 진실에 의해 행복하기를!/ 거룩하신 부처님께서 칭찬하신 청정 삼매, 이는 즉시 결과를 가져오는 것, 이 가르침과 견줄 것 아무것도 없다네, 이 가르침이야말로 거룩한 보배, 이 진실에 의해 행복하기를!/

선한 이들이 칭찬하는 네 쌍의 여덟 성자들(승보: 수다원도와 수다원과, 사다함도와 사다함과, 아나함도와 아나함과, 아라한도와 아라한과). 선서(善逝) 제자들로서 공양받을 만하니. 그들에게 보시하면 큰 복덕 받으니, 이러한 승단(僧團 또는 승가)

7-3 붓다는 말년에 바이샬리의 큰 숲(大林, Mahavāna)의 중각강당(대림정사)에 머물렀다. 붓다는
　　열반을 위해 정사를 떠나며 몸을 돌려 이곳을 돌아보고 허탈하게 웃었다. "이곳이 나의 마지막
　　거주처이니라"라고 했다. 말년의 교화가 주로 행해진 곳은 대림정사 가운데의 중각강당이다.
　　아난다 스투파와 아소카왕 석주, 그리고 주변의 승방이 보인다. 남쪽 3리 되는 곳에 암마라녀의
　　집이 있고 그녀가 보시한 암마라 동산이 있다.

이야말로 거룩한 보배, 이 진실에 의해 행복하기를!/ 확고한 마음으로 욕심 없이 고따마의 가르침에 부단히 노력하는 이들, 불사(不死)에 뛰어들어 목적을 성취하니 성과(聖果)에 들어 적멸을 즐긴다네. 이러한 승단이야말로 거룩한 보배, 이 진실에 의해 행복하기를!/

인드라의 기둥이 견고히 땅에 박혀 있으면 사방의 부는 바람이 흔들지 못하듯이, 성스러운 진리[사성제(四聖諦)]를 분명히 보는 이들 이와 같다고 말하노니. 이러한 승단이야말로 거룩한 보배, 이 진실에 의해 행복하기를!/ 심오한 지혜 지닌 부처님께서 잘 설하신 성스러운 진리를 분명히 이해한 이들. 그들은 아무리 게을리 수행해도 여덟 번째의 윤회를 받지 않으니(수다원과에 든 사람은 7생 이내 아라한과를 성취하여 더 이상 윤회하지 않는다) 이러한 승단이야말로 거룩한 보배, 이 진실에 의해 행복하기를!/

통찰지(현상을 꿰뚫어 보는 반야지혜)를 얻는 순간 유신견(有身見: 몸이 있다는 삿된 견해), 의심, 계금취(삿된 미신과 의례)의 세 가지 법이 제거되니, 사악처(四惡處)에서 벗어나 여섯 가지 큰 잘못(어머니 살해, 아버지 살해, 아라한 상해, 부처님 몸에 피냄, 승가를 분열 시킴, 붓다 아닌 다른 스승을 따름의 6가지) 행하지 못하니. 이러한 승단이야말로 거룩한 보배, 이 진실에 의해 행복하기를!/ 진리를 본 사람은 몸과 말과 뜻으로 어떤 잘못을 저질러도 사소한 것조차 감추지를 못하니, 경지를 본 이들은 (잘못을) 할 수가 없다 설하셨네. 이러한 승단이야말로 거룩한 보배, 이 진실에 의해 행복하기를!/

여름의 첫더위가 다가오면 숲속의 나뭇가지에 꽃이 무성하듯이, 그처럼 열반에 이르는 위없는 법으로 최상의 이익을 가르치셨네. 부처님이야말로 거룩한 보배, 이 진실에 의해 행복하기를!/ 최상이시며, 최상을 아시며, 최상을 주시고, 최상으로 인도하시는 분이 최상의 법을 설하셨나니. 이 가르침이야말로 거룩한 보배, 이 진실에 의해 행복하기를!/ 이전(과거) 것은 다했고, 다음(미래) 것은 안 생기네. 다음 생에 대한 집착의 마음이 없다네. 번뇌 종자를 멸하여 그 성장을 원치 않는 현자들은 등불처럼 열반에 드니. 이러한 승단이야말로 거룩한 보배, 이 진실로 의해 행복하기를!/

여기에 모인 모든 존재들 지상이나 하늘이나 어디 있든지, 천신과 인간의 존경을 받는 부처님[佛]을 예경하여 행복하여지이다!/

여기에 모인 모든 존재들 지상이나 하늘이나 어디 있든지, 천신과 인간의 존경을 받는 이 가르침[法]을 예경하여 행복하여지이다!/ 여기에 모인 모든 존재들 지상이나 하늘이나 어디 있든지, 천신과 인간의 존경을 받는 이 승가[僧]를 예경하여 행복하여지이다!●

– 『보배경(라따나숫따Ratana-Sutta)』

'삼귀의(三歸依)'의 시원

『보배경』에서 말하는 '진정한 보배'란 '삼보(三寶)'를 말한다. 삼보는 불(佛)·법(法)·승(僧), 즉 부처님·가르침·승단의 3가지를 말한다. '부처님은 어떤 존재인가? 그 가르침은 무엇인가? 무엇을 승단이라 하는가?'라는 삼보에 대한 정의와 공덕이 『보배경』에는 명료하게 밝혀져 있다. 삼보는 중생들의 근본 귀의처로서 아

● 『보배경』 전문 중에 괄호 안의 글씨는 해당 용어의 주석이다. 주석은 『법구경 주석서』를 참조하여 인용함.

침저녁으로 독송하는 예불문의 핵심이다. 이것을 '삼귀의(三歸依)'라고 하는데●, 그 이유는 삼보가 우리가 귀의해야 하는 또 성취해야 하는 대상이기 때문이다. 즉, 삼보는 수행자가 궁극적으로 지향하는 목표이자 과정이다.

『보배경』을 독송함으로써 우리는 삶의 목표가 무엇인지 깨달을 수 있고, 우리가 어떤 경지에 이르러야 하는지 상기할 수 있다. 그것은 갈애의 오온에서 벗어나 청정한 열반을 증득하는 것이다. 역병과 악귀는 불선업[不善業 또는 부정업(不淨業)]의 결과이다. 『보배경』을 독송하며 삼보에 귀의하는 선업(善業)을 통해 청정업(淸淨業)으로 전환함으로써, 삼독(三毒, 탐·진·치)은 사라지게 된다. 『보배경』은 청정업의 내용이 무엇인지, 또 그 결과로서의 열반은 어떤 것인지를 설하고 있다. 그리고 청정업을 행한 공덕이 우리에게 건강과 행복을 가져다줌을 역설한다. 『보배경』의 독송으로 삼보의 빛이 밝혀지고 무명의 어둠은 물러난다. 청정하게 정화된 기운의 용솟음으로 바이샬리의 역병은 물러가고 사람들은 안정을 되찾게 됐다.

『숫따니빠따』에서도 위와 같은 내용의 「보배경」을 찾아볼 수 있는데, 여기에는 보다 핵심적인 내용만 간결하게 기술되었다.●● 즉 '불법승(佛法僧)'과 '열반(涅槃)'이 '진리의 보배'라고 언급하고 있다.

● 우리나라 예불문의 가장 기초이자 기본인 '삼귀의'. 신라의 원효는 그의 『대승기신론소』에서 삼귀의를 강조하여 '귀명삼보(歸命三寶)'로 이름을 붙이고 이를 상세히 설명하고 있다. 또 고려 말기의 나옹은 '자심삼보(自心三寶)'에 귀의할 것을 강조했다. 나옹은 귀의(歸依)를 '허망을 버리고 진실을 가지는 것'이라고 정의한다.

●● 이하 내용은 『숫따니빠따』와 『쿠닷까빠타』에 근거함.

스승의 가르침[法]에 따라 굳게 나아가라. 저 높은 경지에 도달해서 얻을 것 없는 그 법열에 젖어라. 가장 값진 보배가 이 속에 있음이여, 이 진리의 보배로 하여 축복 있으라.

성문 밖의 돌기둥은 바람이 불어와도 흔들리지 않는 것처럼, 진리를 체험한 사람[佛]도 이와 같으니. 가장 값진 보배가 이 속에 있음이여, 이 진리의 보배로 하여 축복 있으라.

스승이 말씀하신 그 진리를 몸소 체험하는 사람[僧]은, 마음이 흩어지더라도 곧 되돌아오느니. 가장 값진 보배가 이 속에 있음이여, 이 진리의 보배로 하여 축복 있으라.

옛것은 이미 다하고 새로운 것은 아직 태어나지 않았다. 마음은 또 미래의 삶에도 집착하지 않으니, 생존에 대한 이 집착의 씨를 쪼개 버려서 더 이상 자라나지 못하게 하는 사람은 마치 등불과 같이 그렇게 조용히 사라진다[涅槃]. 가장 값진 보배가 이 속에 있음이여, 이 진리의 보배로 하여 축복 있으라.

– 「보배」(『숫따니빠따: 두 번째 작은 장』)

◈ 마지막 교화 ◈

바이샬리는 붓다가 열반의 땅(쿠시나가르)으로 가기 전, 마지막 교화의 장소였다. 제2차 결집 장소로도 유명한 이곳에서는 암마라녀[암바빨리(Ambapāli)]·유마 거사·보적 장자 등을 교화했다. 특히 암마라녀를 교화한 이야기는 유명한데, 그녀는 악명높은 창녀로 큰 부(富)와 권력을 누리고 있었다. 붓다는 제자들에게 '참된 모양을 보라'고 이르며, 그녀에게 홀리지 않기를 당부한다. '참된 모양'이란, '덧없고 괴로우며 부정(不淨)하고 내가 없다'라는 사실이다.

> 여색(女色)에 홀리면 어지러운 생각으로 목숨을 마치고, 반드시 삼악도(三惡道, 지옥·아귀·축생의 세계)에 떨어지니, 근(根)과 경(境)을 서로 매지도 말라/ 그 가운데에서 탐욕이 생기니, 마치 두 마리의 밭을 가는 소가 한 멍에에 한 굴레로 매인 것과 같다.
> – 「암마라녀 부처님을 뵙다[菴摩羅女見佛品]」(『붓다차리타』) 중에서

여색에 홀리지 않는 법

붓다는 "근(根)과 경(境)을 서로 매지도 말라. 그 가운데에서 탐욕이 생기니"라고 말했다. 풀이하자면, 안이비설신의(眼耳鼻舌身意)의 '근(根)'은 색성향미촉법(色聲香味觸法)의 '경(境)'과 결속되면서 '집착'이 생겨난다는 것이다. 예를 들면, 나

의 시각[眼根]과 암마라녀의 모습[色境]이 만나는 곳[觸]에서 탐욕이 일어난다는 것이다. 붓다는 우리가 평생토록 '나의 세상'이라고 착각하는 것의 실체는 육근과 육경이 만난 생성된 '12처(十二處)'일 뿐이라고 말했다. 12개의 접촉으로 원숭이 널뛰듯이 '집착의 마음'과 '집착의 몸'이 소용돌이친다. 이것이 우리가 경험하는 '모든 것'이라 했다.

이러한 12처의 감옥에서 벗어나는 방법을 붓다는 설법했다. 애초에 근과 경을 매지 않으면 된다. 어떻게 매지 않는가? 알아차림이 없는 상태에서는 '근'과 '경'이 맞닿는 순간, 집착이 생겨나고 그것은 오온(색-수-상-행-식)의 흐름을 타버려, 걷잡을 수 없는 전개의 일로가 된다. 그러나 알아차림을 하고 있으면 '근'이 '경'을 만날 때, 집착이 생겨나지 않는다. 알아차림으로 감관을 단속하면 매이지 않을 수 있다. 불타는 집착 대신 평정한 마음을 맛볼 수 있다. 이리저리 끌려다니는 집착의 고통 속에 끊임없이 부유할 것인가, 아니면 자각의 불성을 밝혀 지극한 평화를 누릴 것인가.

암마라녀는 자신이 기증한 암마라 동산에 붓다가 행차했다는 소식을 듣고, 화려한 치장을 하고 화려한 수레를 타고 가서 법문을 청한다. 과연, 붓다는 어떤 법문을 했길래 희대의 그녀가 새사람이 되었을까? 「암마라녀 부처님을 뵙다[菴摩羅女見佛品]」(『붓다차리타』)에서 가장 핵심적인 부분을 발췌하여 소개한다.

사람이 이 세상에 태어났으면/ 법을 스스로 즐겨야 하나니/ 재물과 색(色)은 아니다/ 이것을 결코 보배가 아니요/ 오직 바른 법[正法]만이 보배이다 (…중략…) 좋았던 건강은 병으로 무너지고/ 젊음은 늙음으로 변하게 되며/ 목숨은 죽음으로 곤(困)함을 받지마는/ 수행하는 법[行法]만은 침노할 수 없다.

암마라녀의 개과천선

'일단 사람으로 태어났으면, 법을 즐겨야지 다른 것은 즐길 바가 못 된다'라는 요지이다. 법을 즐길 줄 모르고, 식탐과 색욕만 좇는다면 축생과 다를 바가 없다. 꽃도 한철이고 변하지 않는 것은 없다. 생명의 종착지는 죽음이다. 이렇듯 모든 것이 무상하지만 '수행하는 마음'만은 그 어떤 것도 침범할 수 없다는 것이다. 죽을 때 우리가 가져갈 수 있는 것은 수행을 통한 '청정한 마음'뿐이다. 암마라녀는 이러한 설법을 듣고 크게 뉘우치게 되고 부질없는 애욕과 희롱을 끊을 수 있었다. 그녀는 "저는 이미 높은 분(붓다)께 포섭당했다"며 저녁 초대를 청하는데, 그녀의 간절한 마음을 간파한 붓다는 그 청을 받는다.

7-4 붓다를 맞이하는 암마라녀 ⓒ김효경

7-5 〈원후봉밀〉(붓다에게 꿀을 바치는 원숭이), 산치 스투파 제1탑 북문 기둥의 조형

〈원후봉밀〉

자이나교의 성지였던 바이샬리에서 붓다의 새로운 교법이 우위를 점하며 크게 유행하였다는 사실은 다양한 에피소드를 통해 알 수 있다. 암마라녀와 릿차비 귀족은 서로 붓다를 초대하고자 기(氣) 싸움까지 벌이게 됐다. 그만큼 붓다의 교화가 삽시간에 널리 호응을 얻었다는 것이다. 붓다에 대한 존경과 찬양은 바이샬리의 사람들뿐만 아니라 동물들에게까지도 전파됐다. 교화의 초월적인 전파, 그러한 내용을 담고 있는 것이 〈원후봉밀(猿猴蜂蜜)〉이다.

산치 스투파의 〈원후봉밀〉의 조형을 보면(도 7-5), 가운데 큰 원숭이가 붓다의 발우를 들고 있는 것이 확인된다. 두 마리의 큰 원숭이는 똑같은 원숭이로, 앞으로 이동하는 순차적인 움직임을 복수(複數)의 조형으로 나타냈다. 불교미술에서 주인공의 이동 또는 움직임을 표현할 때, 동일 인물을 반복적으로 묘사하는 것은 자주 찾아볼 수 있는 특징이다. 붓다의 조형은 금강보좌와 보리수로 표현했다. 금강보좌와 보리수 주변으로는 다양한 꽃들이 만개했고, 많은 사람이 합장하며 공경을 표하고 있다.

붓다의 발우와 다른 제자들의 발우가 섞여 놓여 있었는데, 원숭이가 붓다의 발우를 골라내어 거기에 사라나무 꿀을 가득 채워 공양을 올렸다는 이야기이다. 대림정사에는 아소카왕 석주가 서 있는 주변으로 연못이 있는데, 이 연못은 원숭이들이 와서 붓다를 위해 파놓은 것이라고 전한다. 그래서 '원숭이 연못[猿猴池]'이라고 불린다. 연못의 옆에는 당시 교화의 중심지인 중각강당(꾸따가라살라)이 있었던 것으로 전하는데, 현재 그 흔적은 찾아볼 수 없다.

7-6 최초의 비구니 승원 터. 만(卍)자 구조의 건축물이기에 '만자 승원'으로도 불린다.
만자의 각각의 끝에 3개씩 방이 붙어 있어, 총 12개의 방으로 구성됐다. 이 방들은
중앙 정원으로 통하는 공동 베란다로 연결돼 있다.

최초의 비구니 승단

대림정사에는 중각강당 이외에도, 남아 있는 기단과 축대로 보아 많은 건물들이 있었던 것으로 추정된다. 그중 특기할 만한 곳으로 대림정사의 오른쪽에 있는 최초의 비구니 승원(도 7-6)을 꼽을 수 있다. 석가모니 붓다를 키워준 이모이자 유모였던 마하빠자빠띠 고따미는 "여자도 집을 나와 여래가 선포하신 법과 율 안으로 출가하도록 해주십시오"라고 세 번씩이나 간청했다. 하지만 매번 붓다에게 거절당했다. 급기야 마하빠자빠띠 고따미는 출가를 원하는 500명의 여인을 데리고, 카필라바스투(카필라성)에서 바이샬리(웨살리)까지의 먼 길을 떠나게 된다. 대림정사의 중각강당에 머무는 붓다를 찾아, 불굴의 여정에 나선 것이다.

> 그때 마하빠자빠띠 고따미는 삭발을 하고 노란색 가사를 입고, 많은 사꺄의 여인들과 함께 웨살리로 들어가 큰 숲의 중각강당에 도착하였다/ 그때 그녀는 발이 퉁퉁 부어올라 있었고, 사지는 온통 먼지투성이였으며, 슬픔과 비탄에 잠겨 눈물을 펑펑 흘리며 문밖에 서 있었다.
> ─「고따미 경(Gotamī sutta, A8.51)」(『앙굿따라 니까야』)

「고따미 경」에는 마하빠자빠띠를 필두로 출가한 500여 명의 귀족 여인들의 이야기가 상세하게 수록됐다. 이들의 출가하겠다는 강렬한 의지와 굳은 결심이 절절히 묻어나는 내용을 찾아볼 수 있다. 간절한 이들의 서원에 아난다 존자는 "제가 스승님 붓다께 여자도 집을 나와 여래가 선포한 법과 율 안으로 출가할 수 있도록 간청해 보겠습니다"라고 자청하게 된다.

아난다 존자는 "(붓다께서 말씀하신 대로) 만일 여자도 집을 나와 여래가 선포한 법과 율 안으로 출가하여 예류과나 일래과나 불환과나 아라한과를 실현할 수

7-7 〈릿차비족 사리탑 터〉
 붓다의 진신사리가 모셔진
 곳으로 지금은 그 터만 남아
 있다.

7-8 〈릿차비족 사리탑〉의
 재현 모형, 둥근 스투파
 한 가운데에 안치된 사리
 용기. 파트나(Patna)박물관

7-9 사리 용기(도 7-8의 부분)

7-10 사리 용기에서 나온 붓다의
 진신사리와 납입품(도 7-9의 부분)

있다면, 마하빠자빠띠 고따미에게도 기회를 주어야 하지 않겠습니까? 그분은 스승님께 많은 도움을 주셨습니다. 그분은 스승님의 이모이자 유모이자 양육자였고, 생모가 돌아가셨을 때 젖을 먹이셨습니다"라며 붓다를 종용하여 결국 허가를 받아낸다. 그런데 붓다는 허가의 조건을 건다. "만일 마하빠자빠띠 고따미가 팔경계(八敬戒)를 받아들인다면, 그녀는 구족계를 받을 수 있다"라는 것이다. 그리고 붓다는 여덟 가지의 계율을 지킨다는 약속을 전제로 승인하게 된다. 그 머나먼 길을 목숨을 걸고 걸어온 찾아온 불굴의 여인들, 그리고 좀처럼 설득되지 않았던 붓다를 결국 설득해 낸 아난다 존자에게 박수를 보낸다.

〈릿차비족 사리탑〉

많은 사찰과 승원, 스투파 등지에 붓다의 진신사리가 있다고 주장하지만, 신빙성 있는 곳은 극소수이다. 바이샬리의 〈릿차비족(Licchavi) 사리탑〉에서 발견된 것은 그 극소수 중 하나이다(도 7-7, 8). 붓다의 대열반 다비식 후에 유골의 진신사리를 8등분할 때, 릿차비족이 모셔 와서 이곳에 안치했다. 당시 바이샬리는 여러 부족의 공화국 체제로 운영됐는데, 릿차비족은 그중 가장 강한 권력을 소유했던 부족이었다. 〈릿차비족 사리탑〉에서 발굴된 사리와 용기는 파트나(Patna)박물관에 이전되어 소장되어 있다. 사리 용기에서는 붓다의 성스러운 유골이 흙과 소라고둥 조각·작은 구슬들·얇은 금 잎사귀·동전 등과 함께 발견됐다(도 7-9, 10).

②

◈ 이별의 땅 ◈

"허공 신과 땅 신이 머리칼을 뜯으면서 울부짖고 손을 마구 흔들면서 울부짖고,
다리가 잘린 듯이 넘어지고 이리 뒹굴고 저리 뒹굴면서 '세존께서 너무 빨리 반
열반하려 하시는구나'라고 한다."

– 『대반열반경』

붓다가 바이샬리(웨살리) 근처의 벨루와 마을에서 삶의 마지막 안거를 날 때 거의
죽음에 이르는 혹독한 병에 걸린 적이 있다. "내가 예고도 없이 반열반에 드는 것
은 어울리지 않으므로, 이 병을 정진 삼아 다스리고 생명의 상카라에 굳게 머무르
리라." 아직 때가 이르다고 판단한 붓다는 이렇게 마음을 챙기고 알아차리면서 동
요 없이 그 병을 이겨냈다.

아난다는 모진 병을 이겨낸 붓다가 너무 심하게 아픈 탓에 방향 감각을 잃어
버렸다고 토로한다. 하지만 "아무런 '당부(스승의 주먹)'없이, 반열반에 들지는 않
을 것이다"라고 했기에 안심했다고 붓다에게 말한다. '스승의 주먹'이란, 스승이
제자에게 비밀리에 전수하는 비책을 말한다. 혹여 열반에 들지 않을까 걱정했으
나, 비법의 전수 없이 그냥 가지는 않을 것이므로 한편 마음이 놓였다는 말이다.

'자귀의 법귀의'

그러자 붓다는 "아난다여, 내게 무엇을 더 바라는가? 나는 안과 밖이 없이 설하였다. 여래의 법에는 '스승의 주먹' 같은 것은 없다." 즉, 붓다는 여태껏 숨긴 것이 아무것도 없다는 말이다. "나는 승가를 지도한다는 생각도 내가 거느린다는 생각도 없으니 무엇을 당부한단 말인가?" 이렇게 말하고 우리가 익히 잘 알고 있는 '자등명 법등명'의 설법이 이어진다.

> 아난다여, 그러므로 그대들은 자신을 섬(또는 등불)●으로 삼고[自燈明], 자신을 귀의처로 삼아 머물고[自歸依], 남을 귀의처로 삼아 머물지 마라. 법을 섬으로 삼고[法燈明], 법을 귀의처로 삼아 머물고[法歸依], 다른 것을 귀의처로 삼아 머물지 마라/ 그러면 어떻게 비구는 자신을 섬으로 삼고, 자신을 귀의처로 삼고, 남을 귀의처로 삼지 않을 수 있는가? / 어떻게 비구는 법을 섬으로 삼고, 법을 귀의처로 삼고, 다른 것을 귀의처로 삼지 않을 수 있는가?

> 비구들이여, 여기 비구는 몸에서 몸을 관찰하며 머문다[身隨觀]. 세상에 대한 집착과 염오의 마음을 버리며 근면하게 또 분명하게 알아차리고 마음 챙기는 자가 되어 머문다/ 느낌에서 느낌을 관찰하며 머문다[受隨觀]. … 마음에서 마음을 관찰하며 머문다[心隨觀]. … 법에서 법을 관찰하며 머문다[法隨觀]/ 세상에 대한 집착과 염오의 마음을 버리며 근면하게 또 분명히 알아차리고 마음 챙기는 자가 되어 머문다.

● 섬 또는 등불: 디빠(dīpa)는 산스크리트어로 섬 또는 등불이란 뜻이 있다. 상좌부에서는 섬이라는 용어를 썼고, 북방에서는 등불이라는 용어를 썼다. 북방의 등불에서 '자등명(自燈明) 법등명(法燈明)'이라는 문구가 나오게 되었다. 『대반열반경』 각묵 스님 번역 각주 참조.

7-11 바이샬리로 향하는 길에서 만난 작은 마을의 학교. 촌장을 중심으로 남자아이들과
여자아이들이 오른쪽과 왼쪽으로 나눠 앉아 수업을 받고 있다

아난다여, 이같이 비구는 자신을 섬으로 삼고 자신을 귀의처로 삼아 머물고 남을 귀의처로 삼아 머물지 않는다/ 법을 섬으로 삼고 법을 귀의처로 삼아 머물고 다른 것을 귀의처로 삼아 머물지 않는다/ 아난다여, 누구든지 지금이나 내가 죽고 난 후, 자신을 섬으로 삼고 자신을 귀의처로 삼아 머물고 남을 귀의처로 삼아 머물지 않고, 법을 섬으로 삼고 법을 귀의처로 삼아 머물고, 다른 것을 귀의처로 삼아 머물지 않으면서 공부짓기를 원하는 비구들은 최상에 머물 것이다.

– '자귀의 법귀의'(『대반열반경』, 『디가 니까야』)

스승에게 의지하려는 아난다에게 붓다는 자기 자신과 법에 의지하라고 가르친다. 어떻게 의지하며 머무느냐는 질문에는, 신수심법(身受心法)을 관찰하는 '사념처(四念處)' 수행을 강조한다. 이것이 붓다가 누차 설법했던 다름 아닌 '스승의 주먹'인 것이다. 그것은 '자귀의 법귀의'로 우리에게 익숙한 '자등명 법등명'이다.

◈ 〈붓다의 발우〉 ◈

붓다는 바이샬리에서 마지막 교화를 마치고, 자신의 임종을 위해 쿠시나가르로 여정을 떠난다. 그런데 왓지족 사람들이 붓다를 떠나보내야 하는 안타까운 마음을 떨치지 못해 계속 붓다의 뒤를 따라오게 된다. 붓다를 필두로 긴 행렬이 생겨버린 것이다. 그러다가 이곳 케사리아에 도착했을 때, 붓다는 뒤를 돌아보고 더 이상 따라오지 말라며 마지막 말을 남기고, 이별의 징표로 그들에게 자신의 발우를 건넸다. 일상에서 매우 소중한 발우를 건넸다는 것은 이제 더 이상 이것이 필요없다는 뜻이다. 왓지족 사람들은 붓다의 발우를 품에 안고 울음을 삼켰다. 붓다의 발우라고 추정되는 유품이 현재 아프가니스탄 국립박물관에 전시되어 있다. 발우를 건네준 곳을 기념하기 위해, 그곳에는 거대한 스투파가 세워졌다 (케사리아 대탑, 도 7-12). 둘레가 424m이고 높이가 16m, 맨 위의 돔 높이가 무려 51m나 되는 규모였다. 아직도 그 흔적을 볼 수 있는 벽돌의 방들이 스투파의 전체에 둘러 있다. 그 안에는 불상들이 안치되었을 것으로 추정된다. 세계의 문화유산으로 유명한 보로부두르 사원의 원형(原型, 시원적 형태)을 이곳에서 확인할 수 있다.

> "내 나이 무르익어 나의 수명은 이제 한계에 달했다/ 그대들을 버리고 나는 가니 나는 내 자신을 의지처로 삼았다/ 비구들이여, 방일하지 말고 마음챙김을 가지고 계를 잘 지켜라/ 사유(思惟)를 잘 안주시키고 자신의 마음을 잘 보호하라/ 이

7-12 〈케사리아 대탑〉
　　왓지족 사람들이 붓다와의 이별을 못 이겨 계속 따라오자, 이별의 징표로 붓다가 발우를 건넨 장소이다.

법과 율에서 방일하지 않고 머무는 자는 태어남의 윤회를 버리고 괴로움의 끝을 만들 것이다."

고대의 불교 유물 중 가장 많은 사람의 칭송을 받는 것 중 하나가 '붓다의 이(치아)'이다. 스리랑카의 불치사(佛齒寺)에 소장된 붓다의 이는 세계인의 사랑을 받는 유물로, 불치사를 세계 최고의 성지 중 하나로 만들었다. 이것과 쌍벽을 이루는 것이 '붓다의 발우'이다. 붓다의 발우는 붓다가 쿠시나가르로 가는 마지막 여정 중, 케사리아를 통과할 때 바이샬리에서부터 줄곧 따라온 왓지족 사람들에게 이별의 징표로 준 것이다. 1~2세기경 카니슈카왕이 그것을 현재 페샤와르(당시 푸샤푸라)로 가져갔는데, 이것을 3세기에서 9세기 사이 이곳을 순례한 중국 승려인 법현과 현장이 모두 목격했다고 전한다. '붓다의 발우'에 공양을 올리는 장면은 초기 불교미술의 주요 주제[예: 〈붓다 발우의 숭배(A depiction of devotees worshiping the bowl)〉, 간다라 4세기. 페샤와르박물관 소장 등]로 남아 그 중요성이 입증된다.

그러면 어떻게 해서 '붓다의 발우'가 현재 아프가니스탄 국립박물관에 소장되게 되었을까? 이슬람 시대에는 이슬람 모스크인 〈술탄 웨이스 바바(Sultan Ways Bābā)〉라는 칸다하르 외곽의 신전에 옮겨져 있었다. 몇몇 영국의 장교들이 19세기에 그곳에서 발우를 보았다는 목격담이 있다. 그리고 1980년대 후반 아프가니스탄 내전 당시, 나지 불라 대통령이 이 발우를 아프가니스탄 국립박물관으로 가져가게 되었다. 발우는 현재 해당 박물관 입구에 전시되어 있다.

'붓다의 발우'는 크기가 작지 않다. 직경이 약 1.75m, 높이가 약 3~4m, 두께가 약 18cm이다. 녹회색 화강암으로 된 반구형 돌 그릇으로, 특히 중간과 바닥이 다소 두껍다. 갈라지거나 찰과상은 없어 보존 상태가 양호하다. 바닥 주위에는 섬

7-13 〈붓다의 발우〉, 간다라(2세기), 도쿄 국립박물관 ⓒWikimedia

7-14 〈붓다의 발우〉, 아프가니스탄 국립박물관

세한 연꽃 문양이 새겨져 있고, 그릇의 가장자리를 따라 가로로 큰 글씨들이 새겨져 있다. 탈레반 시절 새겨진 쿠란의 여섯 줄 문구도 발견된다. 그릇의 무게는 약 350~400kg으로 매우 무겁다.

한편, 발우에는 아랍어 문자가 새겨져 있어서 석가모니 붓다와는 관련이 없다는 학계의 주장도 있다. "용기에 새겨진 비문이 그(붓다)의 시대에 존재하지 않았던 아랍어 문자로 되어 있기에, 붓다의 발우와 연관되어 있다고 보기는 어렵다. 붓다의 메시지는 브라흐미 문자 계열의 팔리어로 작성되기 때문이다"라는 것이다. 아랍 문자는 서기 5세기에만 존재했고, 붓다의 생애는 기원전 2·3세기로 거슬러 올라가기에 시기상 맞지 않다는 것이다. 하지만, 여전히 이 발우는 붓다의 것으로 신앙되고 있다. 바이샬리에서는 이것을 아프가니스탄으로부터 다시 가져오기 위해, 오랜 세월에 걸쳐 여러 가지 외교 수단을 모색하는 중이다.

계정혜와 사여의족

붓다의 마지막 설법이 담긴 『대반열반경』에는 어떻게 번뇌로부터 해탈할 수 있는지 그 핵심이 간결하게 기술됐다. "이것이 계다. 이것이 삼매다. 이것이 통찰지이다"라며 수행의 요체를 말한다.

> "이것이 계다. 이것이 삼매다. 이것이 통찰지이다. 계를 철저히 닦아서 생긴 삼매는 큰 결실이 있고 큰 이익이 있다/ 삼매를 철저히 닦아서 생긴 통찰지는 큰 결실이 있고 큰 이익이 있다/ 통찰지를 철저히 닦아서 생긴 마음은 바르게 번뇌들로부터 해탈한다/ 번뇌들이란, 바로 이 감각적 욕망에 기인한 번뇌와 존재에 기인한 번뇌와 무명에 기인한 번뇌이다."

– 『대반열반경』

즉, 계(戒)를 닦아 삼매[定]에 이르고 삼매를 닦아 통찰지[慧]에 이른다는 '계→정→혜' 유기적인 관계를 말한 것이다. 『대반열반경』의 전반부에서는 '계·정·혜'와 '사여의족(四如意足)'의 방법을 수차례 강조하는 설법을 만날 수 있다. 붓다는 "누구든지 네 가지 성취 수단(사여의족)을 닦고, 공부 짓고, 기초 삼고, 확립하라!"라고 누차 타이른다. 네 가지란, (1) '열의'를 주로 한 삼매와 노력의 의도적 행위[行]를 갖춘 성취 수단, (2) '정진'을 주로 한 삼매와 노력의 의도적 행위를 갖춘 성취 수단, (3) '마음'을 주로 한 삼매와 노력의 의도적 행위를 갖춘 성취 수단, (4) '검증'을 주로 한 삼매와 노력의 의도적 행위를 갖춘 성취 수단이다.

그러면 이것을 어떻게 닦는가? 닦을 때 '지나치게 느슨한가·지나치게 팽팽한가·지나치게 수축했나·지나치게 흩어졌나'를 잘 보면서, 소위 '중도'를 지켜야 한다는 게 요지이다. 중도를 지키면서 샅샅이 낱낱이 보아야 한다. 다음은 사여의족의 내용을 상세하게 풀어놓은 『분석경』에서 발췌한 내용이다.●

(1) 열의의 분석

비구들이여, 그러면 어떤 것이 지나치게 느슨한 열의인가? 비구들이여, 게으름과 함께하고 게으름과 결합된 열의이다. 비구들이여, 이를 일러 지나치게 느슨한 열의라 한다/ 비구들이여, 그러면 어떤 것이 지나치게 팽팽한 열의인가? 비구들이여, 들뜸과 함께하고 들뜸과 결합된 열의이다. 비구들이여, 이를 일러 지나치게 팽팽한 열의라 한다/ 비구들이여, 그러면 어떤 것이 안으로 수축된 열의인

● 『대반열반경』(『디가 니까야』)와 『분석경』(『쌍윳따 니까야』) 참조.

가? 비구들이여, 해태와 혼침과 함께하고 해태와 혼침과 결합된 열의이다. 비구들이여, 이를 일러 안으로 수축된 열의라 한다/ 비구들이여, 그러면 어떤 것이 밖으로 흩어진 열의인가? 비구들이여, 밖으로 다섯 가닥의 감각적 욕망에 대해서 계속해서 흩어지고 계속해서 방해받는 열의이다. 비구들이여, 이를 일러 밖으로 흩어진 열의라 한다.

(2) 정진의 분석
비구들이여, 그러면 어떤 것이 지나치게 느슨한 정진인가? 비구들이여, 게으름과 함께하고 게으름과 결합된 정진이다. 비구들이여, 이를 일러 지나치게 느슨한 정진이라 한다/ 비구들이여, 그러면 어떤 것이 지나치게 팽팽한 정진인가? 비구들이여, 들뜸과 함께하고 들뜸과 결합된 정진이다. 비구들이여, 이를 일러 지나치게 팽팽한 정진이라 한다. … (상동 후략).

(3) 마음의 분석
비구들이여, 그러면 어떤 것이 지나치게 느슨한 마음인가? 비구들이여, 게으름과 함께하고 게으름과 결합된 마음이다. 비구들이여, 이를 일러 지나치게 느슨한 마음이라 한다/ 비구들이여, 그러면 어떤 것이 지나치게 팽팽한 마음인가? 비구들이여, 들뜸과 함께하고 들뜸과 결합된 마음이다. 비구들이여, 이를 일러 지나치게 팽팽한 마음이라 한다." …(상동 후략).

(4) 검증의 분석
비구들이여, 그러면 어떤 것이 지나치게 느슨한 검증인가? 비구들이여, 게으름과 함께하고 게으름과 결합된 검증이다. 비구들이여, 이를 일러 지나치게 느슨한 검증이라 한다/ 비구들이여, 그러면 어떤 것이 지나치게 팽팽한 검증인가? 비구들이여, 들뜸과 함께하고 들뜸과 결합된 검증이다. 비구들이여, 이를 일러 지나치게 팽팽한 검증이라 한다. …(상동 후략)

- 『분석경』

8장

붓다의 열반지
쿠시나가르

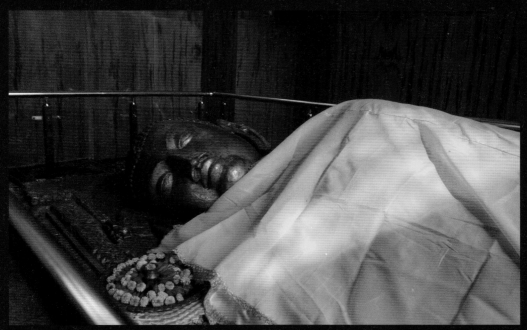

〈붓다 열반상〉, 열반당, 쿠시나가르
"형성된 것들은 무상하다. 그러니 여기서
울부짖는다 해서 무슨 소용이 있겠는가."

8-1 두 그루의 사라나무(사라쌍수), 열반당, 쿠시나가르

8-2 "피곤하구나, 누워야겠다. 아난다여, 그대는 한 쌍의 사라나무 사이에 북쪽으로 머리를 둔 침상을
만들어라." 〈붓다 열반상〉, 열반당

①

◆ 빠리닙바나 ◆

죽어가는 사람의 안색에는 보통 검은 빛이 돈다. 하지만, 붓다는 반대였다. 아난다 존자가 보시받은 황금색 옷을 입혀드리자, 황금색 옷은 붓다의 몸에서 나오는 청정한 빛 때문에 오히려 황금색을 잃게 된다.

아난다 존자가 황금색 옷을 붓다께 입혀드렸다. 붓다의 몸에 그 옷을 입혀드렸으나, 황금색은 죽어버린 듯 빛이 나지 않았다. 존자는 붓다께 "경이롭습니다. 붓다시여! 놀랍습니다. 피부색이 이렇게 청정하고 이렇게 깨끗하다니요! 지금 황금색 옷을 붓다의 몸에 입혀드렸지만, 옷의 황금빛이 광채가 죽어버려 빛나지 않습니다"라고 말했다. 붓다는 "참으로 그러하다. 아난다여. 두 가지 경우 여래의 몸은 지극히 청정하고 피부색을 깨끗하게 된다. 그 두 가지란 어떤 것이냐. 여래가 위 없는 정등각을 깨달은 그 밤과 여래가 무여열반의 요소[界]로 반열반하는 밤이다. 이 두 가지 경우에 여래의 몸은 지극히 청정하고, 피부색은 깨끗하게 된다"라고 말씀하셨다.

– 「빛이 나는 붓다의 몸」, 『대반열반경』(『디가 니까야』)

이 말씀 속에는 '오늘 밤 내가 반열반에 든다. 그래서 몸에서 빛이 나는 거다'라는 내용이 함축되어 있다. 이어서 이렇게 말한다. "아난다여, 오늘 밤 삼경에 쿠시나가르 근처 말라족 사람들의 사라 숲속 한 쌍의 나무(사라쌍수) 사이에서 여래의 반열반이 있을 것이다." 그리고 까꿋타강으로 가서 마지막으로 몸을 씻는다. 사라나무(sal 또는 sala tree, 정식명칭은 Shorea robusta)의 사라(śāla)는 집(house)이란 뜻이다.

반열반[빠리닙바나(parinibbana)]의 의미

'열반(涅槃)'이란 '불이 꺼진다'라는 의미이다. 산스크리트어로 니르바나(nirvana)이고, 팔리어로는 닙바나(nibbana)이다. 사성제 중 '집성제'에 해당하는 '갈애'가 완전히 사라진 것을 말한다. 붓다도 말했듯 '그 시작을 알 수 없는, 끊임없이 불타던 갈애'가 드디어 꺼진 것이다. 윤회의 원인이었던 갈애가 소멸함으로써 윤회는 멈추게 된다.

> 수많은 태어남, 그 윤회 속을 헤매어 왔네.
> '집을 짓는 자'가 누구인지 알려고
> 찾아 헤매이다 헤매이다 찾지 못했네.
> 거듭거듭 태어남은 괴로움이어라.
>
> 아! 집을 짓는 자여!
> 마침내 너를 찾아냈도다.
> 너는 이제 다시는 집을 짓지 못하리라.

모든 서까래는 부서졌고
대들보는 산산조각 났다.

나의 마음은 '열반'에 이르렀고
모든 '갈애'는 사라졌네.

　　-붓다의 오도송, 『법구경』

그토록 찾지 못했던 '집 짓는 자'는 바로 '갈애'이다. '존재에 대한 갈애(집성제)'가 원인이 되어, 그 결과로서 '존재(고성제)'를 받았다. 하지만 이제 집 짓는 자가 완전히 사라져서 더 이상 집은 만들어지지 않는다. 다시 태어남은 없고, 드디어 윤회는 끝났다.

　　붓다는 29세에 출가해서 36세에 깨달음을 얻고 80세에 입멸했다. 36세 때 무상정등각을 '열반'이라고 하고, 80세의 입멸을 '반열반'이라고 한다. 특히 붓다의 임종은 '반열반(parinibbana, 또는 대열반, 대반열반)에 드셨다'라는 표현을 쓴다. 그러면 열반(닙바나)과 반열반(빠리닙바나)은 어떻게 다른가? 일반적으로 반열반은 '완전한 열반'이란 뜻이다. 팔리어 어원인 빠리닙바나의 '빠리(pari)'는 '완전한'을 의미하는데, 보통 어떤 '상태'에서 그 '상태의 완전한 획득과 유지'로 전환할 때 쓰이는 용어이다. 쉽게는 '증득(證得)'이라는 용어를 떠올릴 수 있다.

　　증득이란, 수행으로 진리를 깨닫고, 지혜와 공덕을 체득하는 것. 증득의 '득(得: 획득 및 성취)'이란 '없었던 무언가가 새로 생겨나고 유지되는 것'인데, 이는 유위법의 생(生)과는 다르다. 무위법의 대상에만 적용되는 특수한 경우에만 쓴다. 인연화합에 따라 '생겨난 것'은 유루(有漏)이기에 생멸이 있다. 하지만, 증득이란 무루(無漏)의 수행력이 쌓여서 그것이 원인이 되어 성취되는 결과이기에, 인연 조건의 제약을 받지 않는다.

붓다는 세세생생 얼마나 많은 '열반'에 들었을까. 하지만 이번 생에 붓다는 드디어 마지막으로 '반열반'에 들었다. 이제 '보살'로서의 삶을 선택하지 않는 한, 붓다는 반열반에 영원히 머무를 수 있다.

◈ 〈붓다 열반상〉 ◈

붓다는 까꿋타강에서 목욕하고 조금 숨을 돌리고, 또 자책감에 시달릴 춘다까지 챙기고 나서* 임종할 장소인 사라 숲으로 향했다.

> "피곤하구나, 누워야겠다. 아난다여, 그대는 한 쌍의 사라나무 사이에 북쪽으로 머리를 둔 침상을 만들어라." 아난다 존자가 말씀대로 침상을 만들자, 붓다께서는 발과 발을 포개고 마음을 챙기고 알아차리시면서 오른쪽 옆구리로 사자처럼 누우셨다.
>
> – 「사라쌍수」, 『대반열반경』(『디가 니까야』)

피곤한 몸을 사라쌍수 아래에 누이자, 때아닌 꽃들이 만개했다. 때는 2월 보름 한밤중, 추운 겨울이었다. 하늘의 만다라(또는 천묘화) 꽃이 허공에서 떨어져 여래의 몸 위로 흩날리며 여래의 몸을 덮었다. 하늘의 전단향 가루가 날려 향기가 진동했고, 하늘의 음악이 울려 퍼지기 시작했다. 초기 불교미술 간다라의 열반상에서부

● 춘다의 공양(상한 음식)으로 마지막 식사를 하고 병에 걸렸다는 설이 있다. 하지만 붓다는 상한 음식의 상태를 이미 알았고, 그럼에도 불구하고 공양을 받았던 것으로 사료된다. 그리고 임종을 준비하는 도중임에도, 춘다의 공양은 그 마음이 중요하며 따로 죄책감에 시달릴 필요가 없다는 위로의 말을 전하는 섬세한 배려를 보인다.

8-3 붓다가 열반에 들자 제자들과 천신들이 오열한다. "허공 신과 땅 신이 머리칼을 뜯으면서
　　울부짖고 손을 마구 흔들면서 울부짖고, 다리가 잘린 듯이 넘어지고 이리 뒹굴고 저리
　　뒹굴면서 '세존께서 너무 빨리 반열반하려 하시는구나'라고 한다."
　　〈붓다 열반상〉, 간다라

8-4 〈붓다 열반상〉(7세기경), 아잔타 석굴(제26굴)

8-5 〈붓다의 열반〉, 중당(中唐), 와불동, 돈황 막고굴(제158굴)

8-6 45년 동안 설법과 교화를 마치고 80세 나이에 사라쌍수 아래에서 열반에 든 장면
〈쌍림열반상(雙林涅槃相)〉 변상판본, 《월인석보》, 조선 시대, 35x20cm, 개인소장.

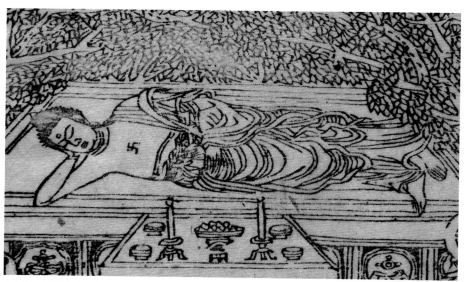

8-7 붓다 열반의 모습(도 8-6의 부분)

터 북방과 남방으로 퍼져나간 유구한 열반상의 전통은 『대반열반경』의 이러한 임종 장면에 기인한다.

> "아난다여, 허공과 땅에서 (땅을 창조하여) 땅의 인식을 가진 신들이 있나니, 그들은 머리칼을 뜯으면서 울부짖고 손을 마구 흔들면서 울부짖고, 다리가 잘린 듯이 넘어지고 이리 뒹굴고 저리 뒹굴면서 '세존께서 너무 빨리 반열반하려 하시는구나. 너무 빨리 선서께서 반열반하려 하시는구나. 눈을 가진 분이 너무 빨리 세상에서 사라지려 하시는구나'라고 한다. 그러나 애욕을 벗어난 신들(불환과를 얻은 성자들)은 마음을 챙기고 알아차리면서 '형성된 것들은 무상하다. 그러니 여기서 울부짖는다해서 무슨 소용이 있겠는가'라고 한다."
>
> – 『대반열반경』

8-8, 8-9 황금 비단을 열반당까지 직접 이운해 〈열반상〉에 덮는 신도들

8-10 〈붓다 열반당〉, 쿠시나가르

②

◆ 마지막 유언 ◆

"아난다여, 내가 전에 사랑했던 또 마음에 들었던 모든 것과 헤어지기 마련이고, 없어지기 마련이고, 달라지기 마련이라고, 그렇게 말하지 않았던가. 그러니 그대의 (계속 머물러 달라는) 간청이 무슨 소용이겠는가. 태어났고 존재했고 형성된 것은 모두 부서지기 마련이거늘 그것을 두고 '절대로 부서지지 말라'고 하는 것은 있을 수 없는 일이다."

– 「아난다의 간청」, 『대반열반경』

스승 붓다가 계속 머물러 주기를 간청하는 아난다에게 붓다는 이렇게 타이른다. 3개월 뒤 반열반을 예고하고, 그 후 중각강당에서 마지막 설법을 한다.

"비구들이여, 나는 어떤 법들을 최상의 지혜로 알게 된 뒤 어떤 설법을 하였는가. 그것은 네 가지 마음챙김의 확립[四念處], 네 가지 바른 노력[四正勤], 네 가지 성취 수단[四如意足], 다섯 가지 기능[五根], 다섯 가지 힘[五力], 일곱 가지 깨달음의 구성 요소[七覺支], 여덟 가지 구성 요소를 가진 성스러운 도[八支聖道]이다."

– 「중각강당의 마지막 공식적 설법」, 『대반열반경』

마지막 대중 설법에서는 '최상의 지혜'에 이를 수 있는 수행 방법을 총망라해서 제자들에게 당부한다. 사념처로 시작해 팔지성도[八正道]의 완성까지 도 닦음의 총정리를 해준다. 이것을 "호지하고 받들고 행하고 닦고 많이 공부 지으라!"라고 하고, 이러한 "청정범행의 길"이 바로 "인간 세상의 행복을 위한 길"이라고 강조한다. 그리고 마지막으로 그 유명한 '불방일'의 당부로 마무리한다. "참으로 당부하노니 방일하지 말고 해야 할 바를 모두 성취하라!"●

'불방일'

"방일하지 말라!"라는 '불방일'의 당부! 붓다의 이 가르침은 중각강당 마지막 설법에서도 확인되고, 쿠시나가르의 열반 직전 유언에서도 재차 확인된다. '불방일'이란 '계속 깨어있으라, 항상 깨어있으라'라는 말과도 상통하는데, 어떻게 하면 계속 깨어있을 수 있을까? 불방일의 뜻을 제대로 알기 위해 팔정도(八正道, Eightfold Right Path)의 의미를 살펴보기로 하자. '여덟 가지의 바른길'이라는 뜻의 팔정도. 도대체 무엇이 '바른 길'이라는 것일까? 바르게 보고, 바르게 사유하고, 바르게 말하고 … . '바르게'라는 것은 어떤 의미일까? 어떻게 보는 것이 '바르게' 보는 것이며, 어떻게 사유하는 것이 '바르게' 사유하는 것이며, 어떻게 말하는 것이 '바르게' 말하는 것인가?

팔정도는 정견(正見: 바르게 봄, Rightly View), 정사유(正思惟: 바르게 사유함, Rightly Thought), 정어(正語: 바르게 말함, Rightly Speech), 정업(正業: 바르게 행동함,

---

● 「여래의 마지막 유훈」과 「중각강당의 마지막 공식적 설법」(『대반열반경』) 등 참조.

붓다가 반열반하자 애정을 버리지
못한 비구들은 손을 마구 흔들면서
울부짖고 다리가 잘린 듯 쓰러져
뒹굴었다. 붓다는 "애정에서
벗어난 비구들은 마음을 챙기고
알아차림하면서, 형성된 것은
무상하다. 그러니 슬퍼함이 무슨
소용이겠는가"라고 했다.

8-11

8-12

8-13

8-14 〈붓다 열반상〉의 발, 열반당

Rightly Acting), 정명(正命: 바르게 삶, Rightly Living), 정정진(正精進: 바르게 노력함, Rightly Striving), 정념(正念: 바르게 알아차림, Rightly Sati), 정정(正定 : 바르게 집중·고요, Rightly Samādhi)이다. 여기서 '정(正: 바르게)'은 무슨 뜻인가?

정도(正道)에서 정(正)의 의미

불교사전에 의하면, '정(正)'은 '삼마(Sammā)'를 번역한 것으로 '여실하게(thoroughly), 완전하게(perfectly), 있는 그대로(as it is)' 등을 의미한다. 그러니까 '여실하게 완전하게 있는 그대로 알아차림하면서'라는 뜻이다. 아상(我相)이라는 무명의 상태에서 즉 '내가 있다'라는 것을 전제한 상태에서는 '바르게' 알아차릴 수 없다. 주관적 상태에서 보기 때문이다. '바르게' 알아차린다는 것은 객관적 상태에서 가능하다. 객관적인 상태란 무아를 말한다. 그러면 어떻게 해야 그 상태가 되는가? 어떤 것이 바르게 도를 닦는 것인가라는 질문에 대한 붓다의 직설은 다음과 같다.

> 그러면 어떤 것이 '바른 도 닦음'인가?/ 무명이 남김없이 빛바래어 소멸하기 때문에 의도적 행위들이 소멸하고/ 의도적 행위들이 소멸하기 때문에 알음알이가 소멸하고/ 알음알이가 소멸하기 때문에 정신·물질이 소멸하고/ 정신·물질이 소멸하기 때문에 여섯 감각 장소가 소멸하고/ 여섯 감각 장소가 소멸하기 때문에 감각 접촉이 소멸하고/ 감각 접촉이 소멸하기 때문에 느낌이 소멸하고/ 느낌이 소멸하기 때문에 갈애가 소멸하고/ 갈애가 소멸하기 때문에 취착이 소멸하고/ 취착이 소멸하기 때문에 존재가 소멸하고/ 존재가 소멸하기 때문에 태어남이 소멸하고/ 태어남이 소멸하기 때문에 늙음 죽음과 근심·탄식·육체적 고통·정신적 고통·절망이 소멸한다/ 이와 같이 전체 괴로움의 무더기[苦蘊]가 소멸한

다. 비구들이여, 이를 일러 '바른 도 닦음'이라 한다.

－「도 닦음경(Patipadā-sutta)」『쌍윳다 니까야』

'불방일의 알아차림'으로 지금 내 존재[苦蘊, 고통 덩어리]가 어떻게 현존(現存)하고 있는지 제대로 '바르게 보라'는 것이다. 무명으로 덩어리로서의 가상(假想, 가짜 또는 임시적 이미지)을 보는 것이 아니라, 통찰지(반야지혜)로 지금 '연기하고 있는 본 모습'인 실상(實相)을 바르게 보라는 말이다. 그렇게 보면 모든 순간이 사성제이고, 12연기이며, 생멸법의 무상함이라는 것이다.

유체가 타지 않는 이유

아난다 존자가 붓다가 반열반한 뒤의 유체 처리에 대해 묻자, 붓다는 "전륜성왕의 유체에 대처하듯 하면 된다"라며 "새 천으로 감싼다. 그 뒤 새 솜으로 감싼다. 다시 새 천으로 감싼다. 이런 방법으로 500번 감싼 뒤, 황금으로 만든 기름통에 넣고, 황금으로 만든 다른 통으로 덮은 뒤, 모든 향으로 장엄하여 화장한다. 그리고 큰 길 사거리에 탑을 조성한다. 거기에 화환이나 향이나 향 가루를 올리거나, 절을 하거나, 마음으로 청정한 믿음을 갖는 자들은 오랜 세월 이익과 행복이 있을 것이다(『대반열반경』)"라고 당부한다.

사라쌍수 아래에서 '불방일'의 유언을 마지막으로 남기고 반열반한 붓다. 쿠시나가르의 말라족은 붓다의 말씀대로 유체에 대해 대처하고 화장하기 위해 장작더미에 불을 붙였다. 하지만 도무지 불이 붙지 않았다. 그 이유는 가섭 존자를 비롯한 500명의 제자가 아직 쿠시나가르에 도착하지 않았기 때문이다. 열심히 오고 있는 가섭 존자와 제자들이 안타까워 천신들이 "가섭 존자가 붓다의 발에 머리

8-15 기나긴 성지 순례 끝에 다다른 붓다의 다비 장소 〈라마브하르 스투파〉

8-16 〈라마브하르 스투파〉 앞에서 명상하는 스님

로 절하기 전에는 장작이 타지 말기를!"이라고 서원했기 때문이다.

　황급히 도착한 가섭과 500명 제자의 무리는 화장용 장작더미를 오른쪽으로 세 번 돌아 경의를 표한 뒤, 붓다의 발 쪽을 열고 발에 머리를 조아렸다. 이렇게 절을 올리자, 타지 않던 화장용 장작더미가 저절로 타올랐다. 붓다를 다비한 다비의 장소에는 〈라마브하르(Ramabhar) 스투파〉(도 8-15, 16)가 세워졌다.

◆ 사리 전쟁과 사리 분배 ◆

기원전 480년 2월 25일, 석가모니 붓다는 인도 쿠시나가르의 성 밖에서 80세의 나이로 완전한 열반에 들었다. 그 뒤 7일 만에 말라족 신도들에 의해 다비가 행해졌고, 분해된 유체 또는 유골이 남았다. 이는 "사리라(Śarīra)라고 불리나니, 재스민 꽃봉오리와 같고, 깨끗한 진주와 같고, 황금과 같은 유골들이 남았다"라고 전한다. 시신을 다비하고 남은 유골을 '사리라' 또는 '사리'라고 부른다.

붓다의 유골(사리)은 한정적이었기에, 그것을 차지하기 위한 집착과 경쟁이 과도하게 일어났다. 이에 '진실한 붓다'는 '진리의 설법'이라는 개념이 타당성을 얻게 되어, 경전을 사리와 동격시하는 '법신사리'가 등장하게 된다. 그래서 법신사리와 구별되는 개념으로 '붓다의 유골'을 '진신사리(眞身舍利)'라고 부르게 됐다. 진신사리에는 뼈·어금니·머리카락 등이 있고 또 투명한 유리알과 같은 결정체들이 있다. 특히 이러한 유리알 결정체들은 수행과 공덕의 결과로 여겨지기에, 스님들이 입적했을 때 그것의 유무가 세간의 귀추를 주목시키기도 한다. 사리를 안치한 조형물이 우리가 익히 아는 '스투파(탑 또는 탑묘)'이다.

사리와 사리탑의 시원

붓다의 다비를 행한 말라족은 본인들만 붓다의 사리를 독차지하고 싶었다. 하지만, 주변 왕국들이 사리 획득을 위해 전쟁을 일으켰고, 급기야 쿠시나가르는 포위

8-17 〈말라족의 왕이 붓다 사리를 쿠시나가르로 가져오는 장면〉, 왕은 코끼리 위에 앉아 있고,
머리 위로 붓다의 사리를 떠받들고 있다. 산치 스투파 제1탑, 남문의 조형

되고 만다(도 8-18). 이러한 대치 끝에 마침내 합의가 이루어져 사리는 공평하게
여덟 등분하게 된다. 여기에 사리함과 (다비하고 남은) 숯까지 포함하여, 총 10개의
사리탑이 생기게 된다.

공평하게 여덟 등분되어 각각의 왕국으로 나눠진 붓다의 사리는 사리탑을
세워 안치했는데, 몇 세기 후 아소카왕이 이들을 모두 개봉해 다시 8만 4,000개의
사리탑을 만들어 재배치한 것으로 전한다. 붓다의 사리를 통해 붓다의 가르침을
더욱 크게 더욱 널리 전파하고자 하는 사업의 일환이었다. 아소카왕은 기존 7개
의 사리탑에서는 사리를 얻었지만, 라마그라마(Ramagrama)의 탑은 나가 용왕이
강력하게 수호하여 실패하게 된다. 나가 용왕과 아소카왕이 대치하는 장면은 산
치 스투파 제1탑 남문에 조형되어 있다(도 2-19). 아소카왕은 전차와 군대를 이끌
고 기세등등하게 라마그라마 탑으로 향하고 있고, 나가 용왕은 이에 맞서고 있는
데 머리 위의 무수한 뱀의 장엄으로 그의 존재를 식별할 수 있다.

8-18 〈붓다의 사리 전쟁〉, 주변의 국왕들에게 포위된 쿠시나가르. 산치 스투파 제1탑, 남문의 조형

8-19 쿠시나가르의 말라족과 주변의 일곱 나라는 사리의 소유권 문제로 전쟁을 일으킨다.
말라족이 포위되어 공격당하는 장면(도 8-18의 부분)

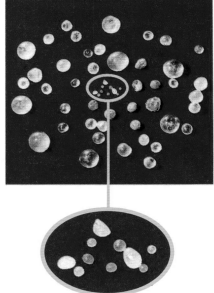

8-21 사리병 속의 사리(도 8-20의 부분)

8-20 감은사지 동탑 출토 사리 장엄구. 사리 외함 안에 사리 내함이
있고, 사리 내함 가운데에 2중의 중층 연꽃 조각이 사리병을
품고 있으며, 그 안에는 사리가 안치됐다.

사리 전파와 조형 미술

붓다의 다비와 사리 분배로 석가모니 일생의 대장정은 끝이 난다. 사리의 분배로 붓다의 일대기는 끝이 나지만, 이는 또 다른 위대한 출발의 기점이 된다. 바로 대중적 불교신앙의 시작이다. 사리 분배로 탑이 세워지게 되고, 신앙의 구심점이 생기게 됐다. 사리탑을 중심으로 사람들이 붓다를 추앙하기 위해 모여드니, 이를 제도하기 위한 교단과 사원이 생겼다. 또 붓다의 실존을 갈망하는 신도들의 마음에 부응하기 위해 불상과 불화가 조성됐다. 석가모니 붓다와 그 법을 기리기 위해 시작된 사리 숭배. 사리를 모신 탑은 불교신앙과 불교미술의 시발점 역할을 한다. '분사리(分舍利, 사리의 분배)'라는 사건은 대중적 포교의 시작일 뿐만 아니라, 불교미술의 시작이기도 하다.

사리 분배의 내용을 보면, 우선 사리는 8등분 되어 주변의 각 나라에 8개의 사리탑이 세워지게 된다. 추가로 사리병(또는 사리함)을 모신 병탑(瓶塔)과 화장하고 남은 재(灰)를 모신 회탑(灰塔)이 세워져 총 10개의 탑이 건립된다. 그 후 아소카왕이 라마그라마의 것을 제외한 7개 사리탑을 모두 열어, 다시 8만 4,000개의 탑을 조성하고 사리를 재분배한다. 그리고 여기서부터 사리는 서역으로 중국으로 한국으로 일본으로 전파되면서 무수한 불탑을 일으키며 신앙의 중심지 역할을 하게 된다. 한정된 분량의 사리가 어떻게 동아시아 전체를 관통하여 동점(東漸, 세력을 점점 동쪽으로 옮김)의 역사를 걸었는지 알 수 없으나, 사리의 전파에 따라 불사와 신앙의 물결이 크게 일어나게 되었다.

사리 전파의 역사를 간략히 정리하면 다음과 같다. 현장(玄奘, ?~664) 법사는 천축(인도)에서 당나라로 귀국할 때 여래의 육사리 150립을 얻어왔다고 전하고(『대당서역기』), 의정(義淨, 635~713) 스님 역시 중국으로 사리 300립을 구해왔다고 전한다(『송고승전』). 우리나라의 사리 전파의 기록을 『삼국유사』에서 찾아보면,

이미 진흥왕 때 양(梁)나라에서 사리를 보내왔다고 전한다. 그리고 선덕왕 정관 17년에 자장(慈藏, 590~658) 율사가 당(唐)나라에서 부처의 머리뼈와 어금니와 사리 100립, 그리고 부처가 입었던 금점의 붉은 옷 가사 한 벌을 가져왔다는 기록이 있다. 일본에 율종을 전한 당나라 고승 감진 화상(鑑眞和尚, 688~763)은 일본에 건너갈 때 불사리 3,000립을 가져다주었다. 일본 고승 구카이(空海, 774~835)는 불사리 80립을 고국으로 가져왔고, 엔교(圓行)는 불사리 3,000립을, 엔닌(圓仁)은 보살사리 3립과 벽지불 사리 2립을 가져왔다.

원래의 사리 양이 어느 정도였는지는 모르나, 사리는 마치 자생적으로 분파하듯 그 번식과 번파의 역사를 멈추지 않았다. 쿠시나가르의 붓다 다비 장소에서 비롯된 '분사리(分舍利)'의 역사는 그 이후에도 멈추지 않고 천 년을 넘어 계속되었던 것이다. 사리가 전파되는 지역마다 불교라는 새바람이 일어났다.

8-23 "부처님이 열반에 드신 후 7일이 지나자, 사리 8곡 4두는 우바길이라는 지혜로운 대신에 의해 삼등분되었다. 천계에 일 분, 용궁에 일 분, 그리고 속세에 일 분 되었다. 이로 인해 각기 탑을 일으키게 되어 그 빛이 온 법계를 비추었다[佛滅度後舍利八斛四斗有智臣優婆吉分作爲三一分 送天一分在龍宮一分在世間各起塔光明遍照法界]."
폭우처럼 쏟아지는 사리 구슬, 〈쌍림열반상〉의 부분, 홍국사 팔상탱, 1869년, 견본채색

8-24 쏟아지는 무량한 사리를 쟁반으로 받고 있는 스님들(도 8-23의 부분)

고(苦)는 어떻게 만들어지는가?
_집성제의 원리

고통은 어떻게 만들어질까? 이 질문은 '존재는 어떻게 만들어질까?'라는 질문과 같다. 본 책의 앞부분 〈들어가며〉에서 '존재=고통'이라는 붓다의 고성제에 대해 알아보았다. 삶이 고(苦)일 수밖에 없는 이유는 취착(또는 갈애) 때문이라는 사실. 이러한 고성제의 원인으로서의 갈애를 '집성제(集聖諦)'라고 한다.

붓다가 가르친 집성제는 고성제의 원인을 설명한 것인데, 고통(또는 존재)이 만들어지는 과정에 관한 풀이이다. 이 과정을 잘 살펴보고 나아가 통찰할 수 있다면, 우리는 고통을 소멸할 수 있는 길을 찾을 수 있다. "비구들이여, 그러면 무엇이 괴로움의 일어남의 성스러운 진리[집성제]인가? 그것은 재생(再生)을 일으키는 갈애이다. 즐거움과 탐욕을 동반하고, 항상 더 새로운 즐거움을 여기저기 찾는다. 즉, 감각적 욕망에 대한 갈애[慾愛]·존재에 대한 갈애[有愛]·존재하지 않는 것에 대한 갈애[無有愛]가 그것이다. 이런 갈애는 어디서 일어나며 어디서 자리 잡는가?" 집성제의 '집(集)'은 집착(또는 갈애)를 말한다. 괴로움을 일으키는 요인이다.

그러면 갈애는 어디서 일어나는가? 붓다는 『대념처경』에서 '괴로움을 일으키는 구성 원인이자 결과'로서의 오온(五蘊: 색수상행식)의 작용을 말하고 있다. 즉, '존재=고통=오온'이라는 붓다의 전제를 염두에 두고 그 말씀을 따라가 보자.

물질과 느낌, 인식이 일어나는 과정

우리 몸에 장착되어 세상과 소통하는 육근(六根: 안이비설신의眼耳鼻舌身意) 자체에 이미 갈애는 내장되어 있다. 눈은 더 아름다운 것을 찾고, 귀는 더 감각적인 소리를 찾고, 코는 더 향기로운 냄새를 찾고, 혀는 더 맛있는 음식을 찾고, 피부는 더 부드러운 것을 찾고, 생각(또는 마음)은 더 흥미롭고 자극적인 것을 찾는다. 육근과 육경[六境: 색성향미촉법(色聲香味觸法)]이 만나면 각기 서로 대응되는 곳(안-색, 이-성. 비-향, 설-미, 신-촉, 의-법)에서 감각 접촉[觸]이 일어난다. 여기서 다시 갈애(탐착)가 일어나고 자리 잡는다.

이렇게 6처소에서 각기 일어나는 감각 접촉은 다시 6처소에서 느낌[受]을 일으킨다. 여기에서 다시 갈애(탐착)가 일어나고 자리 잡는다. 6처소에서 일어난 느낌은 다시 6처소에서 인식[想]을 불러일으킨다. 여기에서 다시 갈애(탐착)가 일어나고 자리 잡는다. 인식은 6처소에서 의도[行]를 일으킨다. 그리고 이것은 일으킨 생각[尋]과 지속적 고찰[伺]을 일으킨다. 오온은 찰나적으로 또 거의 동시다발적으로 일어나며, 서로가 연쇄적으로 상응하는 단계마다 갈애(탐착)가 일어나고 자리 잡는다.

하지만, 그 무상성[멸성제(滅聖諦)]을 통찰하면 거기에서 벗어날 수 있다. 어떻게 통찰하느냐? 그 방법은 마지막 도성제(道聖諦)에 설파되어 있다. 도성제의 내용인 팔정도(八正道)는 '계(戒)-정(定)-혜(慧)'로 요약된다. 먼저 부정업(不淨業)이 소용돌이치지 않도록, 언행을 삼가하여 청정한 계를 지킨다. 바르게 보고 바르게 생각하고 바르게 말하고 바르게 생계를 유지한다. 바른 알아차림을 통해, 그리고 바른 집중을 통해 바른 삼매에 들고, 이것을 바탕으로 바른 알아차림의 완성(반야바라밀다)으로 나아간다. 갈고 닦은 반야지혜(통찰지)로 존재의 본질인 12연기를 보고, 고통의 윤회에서 해방된다.

'알아차림'으로 '존재의 감옥'에서 벗어나기

우리는 존재가 어째서 고(苦)인지, 그것이 어떻게 일어나는지[集], 어떻게 소멸하는지[滅], 어떻게 벗어날 수 있는지[道] 모른 채 살아간다. 몸과 마음의 메커니즘(오온의 작용)에 일체 무지한 채로, 그것에 하릴없이 휘둘리며 사는데 휘둘리고 있는 줄도 모른다. 무명의 노예인 것이다. 하지만 붓다가 밝혀놓은 나의 존재와 작용 원리를 통해, 우리는 노예 상태에서 벗어나 자유를 선택할 수 있다. 알아차림이라는 각성(불성)을 일깨움으로 인해, 나는 나의 관찰자 또는 통찰자가 될 수 있다. '자기 자신을 스스로 꿰뚫어 아는 마음'을 불성(佛性: 부처의 마음)이라 한다.

무상성(無常性)을 모르는 무명의 마음은 존재하기 위해 필사적으로 파도친다. 존재하고자 하는 갈애의 집요한 몸부림이다. 윤회의 원인이 되는 갈애 덩어리(무명)를 통찰지로 보니 12연기로 분해됐다. 이에 붓다는 "연기를 보는 자, 나를 본다"라고 했다. 나의 실체를 보니 12연기로 분해됐고 공(空)이 드러났다. 붓다는 무명을 이기는 유일한 무기를 가르쳤다. 바른 알아차림[正念]과 바른 집중[正定]을 통한 반야지혜[慧, 통찰지]의 계발이다.

강소연(중앙승가대학교 문화재학과 교수)

문화재청 전문위원·성보문화재위원·사찰보존위원회 위원 등

경력: 홍익대 겸임교수·동국대 연구교수·한국학중앙연구원 선임연구원·조선일보 기자
       런던대학(영국)·교토대학(일본)·Academia SINICA(대만) 수학 및 근무

저서: 『잃어버린 문화유산을 찾아서』(부엔리브로, 2007),
       『사찰불화 명작강의』(불광출판사, 2016),
       『명화에서 길을 찾다』(시공사, 2019)

삶이 고(苦)일 때

붓다, 직설과 미술

우리가 꼭 가야 할 성지 베스트 8

ⓒ 강소연, 2023

2023년 11월 22일 초판 1쇄 발행

지은이 강소연
발행인 박상근(至弘) • 편집인 류지호 • 상무이사 김상기 • 편집이사 양동민
책임편집 최호승 • 편집 김재호, 양민호, 김소영, 하다해
디자인 쿠담디자인 • 제작 김명환 • 마케팅 김대현, 이선호 • 관리 윤정안
콘텐츠국 유권준, 정승채, 김희준
펴낸 곳 불광출판사 (03169) 서울시 종로구 사직로10길 17 인왕빌딩 301호
       대표전화 02) 420-3200 편집부 02) 420-3300 팩시밀리 02) 420-3400
       출판등록 제300-2009-130호(1979. 10. 10.)

ISBN 979-11-93454-10-7 (93220)

값 35,000원